구약 주석 방법론

제3판

신학생과 목회자를 위한 지침서

구약 주석 방법론

Old Testament Exegesis

더글라스 스튜어트

박문재 옮김

CH북스
크리스천
다이제스트

서문_

여러 고대어와 현대어들을 잘 알고, 학술 문헌들을 정기적으로 읽으며, 이미 주석에 대한 상당한 능력을 갖춘 신학생들과 목회자들은 분명히 이 입문서를 읽을 필요가 없을 것이다. 이 책자는 히브리어로 된 하나의 시편을 펴서 제대로 읽을 수 없고, *Vetus Testamentum*이 무엇을 의미하고 무엇을 담고 있는지를 잘 알지 못하는 사람들을 위해 씌어졌다(*Vetus Testamentum*은 라틴어로 "구약성서"를 의미하는데, 한 주요한 구약학 학술지의 제목이다). 이 책자는 호모이오텔류톤(homoioteleuton)이 무엇을 의미하는지를 알지 못하는 사람들을 위한 것이다(이 용어는 "동일한 종류의 어미"를 의미하는데, 몇몇 본문상의 문제들에 있어서 하나의 요인이다). 이 책자는 모든 신학생들과 목회자들 중 절대 다수를 위한 것이다.

이 책자는 매우 지성적인 사람들조차도 그들에게 어떤 식으로든 설명되지 않은 절차들과 개념들을 이해할 수 없고, 대부분의 신학 교수들은 내켜하지 않음에도 불구하고, 그러한 설명들을 요구하는 것은 결코 부끄러운 일이 아니라는 확신에서 씌어졌다. 구약성서 주석은 통상적인 절차들과 개념들을 가지고 있고, 이러한 것들은 배우고자 하는 모든 사람들에게 가르쳐질 수 있다. 스스로 구약성서 주석을 해낼 수 있다고 진정으로 자신하는 신학생들이 극소수이고, 대부분의 목회자들이 주석을 완전히 포기하고 있는 오늘날의 실정은 하나의 비극이다.

　그래서 나는 전문적이지 않으면서 이해하기 쉬우면서도 지나치게 단순화되어 있지 않고, 절차들만이 아니라 주석의 목표들까지 설명한 것으로서, 신학생들과 목회자들이 실제적인 주석 작업을 행할 때에 참고용 편람의 역할을 할 만한 구약성서 주석에 대한 단계별 지침서를 펴낼 결심을 하게 되었다.

　주석에 대한 나의 접근방법은 몇 가지 의도적인 편향들을 지니고 있는데, 이에 대해서 나는 변명하지 않을 것이다. 그 중에서 가장 논란이 될 수 있는 것은 주석은 주석을 위해 선택된 본문의 적용을 위한 지침들도 포함하여야 한다는 나의 소신이다. 분명히 주석은 신학적인 작업이고, 하나님의 백성의 삶에 적용되지 않는 신학은 죽은 것이다. 이런 이유로 나는 학자들에게는 매력적일지 몰라도 신학적으로 얻을 만한 것이 별로 없고 따라서 설교에도 별 가치가 없는(일부 학자들은 이러한 가치 판단을 못마땅해 하겠지만) 일부 비평 기법들(예를 들면, 구조주의, 편집비평)을 의도적으로 약하게 취급하였다. 또한 나는 공시적인(최종 형태의 본문에 관심을 갖는) 기법들과 통시적인(최종 본문에 이르기까지의 발전과정에 관한 역사에 관심을 갖는) 기법들을 균형 있게 다루고자 힘썼는데, 이것도 물론 실천적이고 신학적인 유익을 위한 것이다. 주석의 최종 종착지는 교회 안에서의 설교와 가르침이다. 신학생들과 목회자들은 이 점을 본능적으로 알고 있고, 주석과 그 밖의 다른 성경 연구로부터 이러한 관련성을 요구한다 ― 그들은 마땅히 그래야 한다.

　이 입문서는 신학생들 중에서 독일어나 그 밖의 다른 학문적인 언어들을 읽을 수 있는 사람이 극히 적다는 것을 염두에 두고 있다. 마치 그들이 그렇지 않다는 듯이 여기는 것이 무슨 유익이 있겠는가? 따라서 나는 제4장에서 참고문헌들에 관한 지침을 서술할 때에 가급적 영어로 된 저작들로 그 범위를 제한하였다.

본서의 독특한 장점은 목회자들을 위하여 한정된 시간 안에서 압축적으로 주석을 할 수 있는 기법을 소개해 놓은 제3장에 있다. 통상적으로 신학생들은 수십 시간의 연구와 집필을 통해서 본격적인 주석 논문을 어떻게 쓰는지를 적어도 개략적으로는 배운다. 그러나 그들이 그러한 능력을 활용하여 매주의 설교를 어떻게 준비할 수 있는지, 즉 설교 준비 중에서 주석 작업에 들일 수 있는 서너 시간을 이용하여 설교를 위한 주석을 어떻게 해낼 수 있는지를 말해주는 사람은 아무도 없다. 불과 서너 시간을 이용해서도 책임 있는 주석이 이루어질 수 있다 — 비록 철저하지는 못할지라도. 목회자는 먼저 제1장에 나오는 완전한 형태의 지침을 숙지하려고 애써야 한다. 제3장은 특별히 설교 준비를 염두에 둔 가운데 제1장에 나오는 내용을 압축하여 효율적으로 제시한 것이다.

히브리어를 모르면서도 구약성서를 주석하고 싶어하는 사람들도 본서에 나와 있는 지침을 잘 활용할 수 있을 것이다 — 물론, 적어도 어느 정도의 히브리어 실력을 갖추는 것이 신학생이나 목회자에게 귀중한 자원이 될 것임은 두말 할 필요가 없다. 나는 히브리어 실력이 약한 사람들이 본서를 잘 활용할 수 있도록 하기 위하여 최선을 다했다. 제4장에 실어 놓은 주석을 위한 보조도구들도 이러한 약점들을 극복하는 데 많은 힘이 되어 줄 것이다. 특히 컴퓨터 관주 사전들은 책으로는 많은 노력을 들여야 찾아볼 수 있는 광범위한 히브리어-헬라어 자원들을 즉각적으로 제공해준다. 실제로 설교를 준비할 때에 성경의 언어들(히브리어, 헬라어)을 직접 보며 충실하게 주석을 행하는 목회자는 처음에는 이러한 언어들에 대한 실력이 형편없었다고 하더라도 시간이 지나면서 상당한 정도의 실력을 갖추게 될 수밖에 없다. 나는 본서가 많은 목회자들에게 이러한 시도를 하게 만드는 용기를 주게 되기를 소망한다.

제3판에서 나는 몇 가지 새로운 설명들을 덧붙였고, 많은 문장들을 추가하거나 삭제하거나 바꾸었으며, 수십 가지의 서지(書誌)를 포함시켰고, 여러 저작들의 개정판을 소개하기 위하여 목록을 갱신하였으며, 그 밖에도 전체적으로 내용을 개선하고자 애썼다. 따라서 제3판은 상당 부분이 개정되고 증보되었다. 나는 많은 제안들을 내게 해주어서 이 최신판에 집어넣을 수 있게 해준 나의 제자들인 Wendy Wilcox Glidden과 Filip Vukosavovic에게 깊은 감사를 표한다. 책과 배움을 사랑하고 그 기쁨을 다른 사람들과 나누고자 하는 학생들과 함께 작업하는 것은 하나의 즐거움이다.

본서의 제1판과 제2판, 그리고 여러 외국어로 번역된 본서가 널리 많은 사람들에게 사용되어 온 것은 매우 기쁜 일로서, 정확하고 확신있게 성경을 토대로 한 설교와 가르침에 대한 지속적인 목마름을 보여주는 한 증거이다.

차례_

제2장 주석과 원문

제3장 설교 주석을 위한 간략한 지침

제4장 주석을 위한 도구들과 자원들

약어_

BH3   Biblia Hebraica, 3d ed.
(Stuttgart: Wiirttembergische Bibelanstalt, 1937)

BHS   Biblia Hebraica Stuttgartensia
(Stuttgart: Deutsche Bibelstiftung, 1977)

LXX   The Septuagint(칠십인역)

MT   The Masoretic Text(마소라 본문)

서론_

주 석(exegesis; 석의[釋義]라고도 번역됨)은 성경 본문에 대한 유익한 해석에 도달하는 것을 목적으로 하는 본문에 대한 철저한 분석적인 연구이다. 주석은 신비적인 작업이 아니라 신학적인 작업이다. 성경 본문들은 그 자체로 아주 다양하기 때문에, 그 결과물들도 겉보기에 서로 달라보일 수 있지만, 어떻게 주석을 행하는가에 대해서는 몇몇 기본적인 원칙들과 표준들이 존재한다.

구약성서 주석을 제대로 수행하기 위해서는 다방면에 대한 풍부한 지식을 소유하고 있어야 한다. 주석을 행하는 사람들은 단어들의 기능과 의미(언어학), 문학 및 발화(發話)에 대한 분석(어원학), 신학, 역사학, 성경 본문들의 전승 과정(본문 비평), 문체, 문법, 어휘 분석, 모호하게 정의되어 있지만 뗄래야 뗄 수 없을 정도로 중요한 분야인 사회학에 조예가 있어야 할 것이다. 천부적이고 직관적인 능력들이 도움이 되기는 하겠지만, 직접적이고 세심한 연구라는 고된 작업을 대체할 수는 없다. 주석은 매우 지루한 과정이 될 수 있다. 그러나 다행히도 그 결과물들은 흔히 우리를 흥분시키는 것들이 될 수 있다. 그 결과물들은 놀라운 것이든 아니든, 언제나 적어도 신자들에게 진정으로 실제적인 가치를 지니는 것이 되어야 한다. 만약 그렇지 않다면, 주석에 있어서 뭔가가 문제가 있는 것이다. 이 책은 초보자용으로서 주석과 관련된 전제들 또는 기법들에 대한 자세한 분석은 아니지만, 당신이 주석을 배우는 이유가 궁극적으로 그 결과물들을 기독교적인 설교나 가르침에 적용하는 것이라면, 이 책은 당신에게 큰 도움이 될 것이다.

　주석자는 많은 책들과 자료들을 가지고 작업하지 않으면 안 된다. 주석과 관련된 방법론 및 참고문헌을 살펴보는 데에 특히 네 가지 종류가 도움을 준다. 당신은 이 네 가지 종류 모두를 지니고 있어야 하는데, 다음과 같은 것들이 대표적인 것들이다:

Raymond Dillard and Tremper Longman, *An Introduction to the Old Testament* (Zondervan Publishing House, 1994)「최신 구약개론」(크리스챤 다이제스트)

또는

J. Alberto Soggin, Introduction to the Old Testament, rev. ed. (Westminster John Knox Press, 1999)

　이 두 권의 입문서들은 구약성서의 문학 유형들 및 분류, 학문적인 접근방법들, 각 책의 내용과 비평, 정경과 본문에 대한 명쾌하고 구체적인 설명들을 담고 있다. 게다가 이 두 권의 입문서에 나오는 참고문헌으로부터도 상당히 많은 것들이 얻어질 수 있다.

Frederick W. Danker, *Multipurpose Tools for Bible Study*, rev. ed. (Fortress Press, 1993)

　댄커(Danker)는 성경 주석과 관련된 온갖 종류의 책들, 방법론들,

자료들, 양식들에 대한 배경, 정의, 설명들을 제공해 준다. 그의 책은 그러한 정보를 위한 표준적인 참고 서적이다.

Richard N. Soulen, *Handbook of Biblical Criticism*, rev. and aug'd ed. (John Knox Press, 1985) 「성서 비평사전」(성서와 함께)

이 책은 정의(定義)들을 모아놓은 책이다. 실제로 당신이 만나게 될 주석과 관련된 거의 모든 용어들 및 기법들은 이 책에 자세하게 설명되어 있다.

Joseph A. Fitzmyer, *An Introductory Bibliography for the Study of Scripture*, 3d ed. (Loyola Press, 1990)

피츠마이어(Fitzmyer)의 이 책은 어휘사전들, 본문들, 문법서들, 성구사전들, 그리고 주석자들이 사용하는 그 밖의 다른 전문적인 보조수단들을 설명을 덧붙여서 잘 정리해 놓은 책들 중의 하나이다.

이 네 가지 종류의 책들을 지니게 되면, 당신은 주석에 있어서 어떤 것들이 쟁점이 되고 있고, 어떤 종류의 자료들을 활용할 수 있으며, 어디에서 그 자료들을 찾을 수 있는지를 알게 될 것이다.

이러한 네 가지 종류의 책들 외에도, 당신은 한 권의 히브리어 구약성서, 히브리어를 바탕으로 한 성구사전, 히브리어 사전, 히브리어 문법서, 종합적인 이스라엘의 역사, 성경 사전, "비평적인" 주석 총서(가능하다면)를 당신의 서가에 갖추어 놓아야 한다. 이것들을 가지고 구체적으로 무슨 작업을 하는지는 제4장에서 논의될 것이다. 당신이 히브리어를 모른다고 할지라도, 성구사전, 이스라엘 역사, 히브리어 사전, 주석 총서는 필수적이다. 적절한 도구들이 없다면, 주석이 제대로 될 수 없다. 물론, 이런 종류의 작업들이 컴퓨터 소프트웨어를 통해서 이루어진다면, 당신의 주석 작업은 좀더 빠르게 진행될 수 있을 것이다.

당신이 여기 나오는 지침을 사용할 때에 기억해야 할 것은 모든 단계들이 구약성서의 모든 본문들에 대하여 동일하게 적용되는 것은 아니라는 점이다. 예를 들면, 어떤 본문들은 역사적인 쟁점들에 좀 더 주안점이 두어지고 양식이나 어휘에는 별 신경을 쓰지 않아도 될 것이다; 또 어떤 본문들은 정반대의 경우가 될 것이다. 어느 쪽에 비중을 두어야 할지를 미리 자동적으로 결정할 수 있는 방법은 없다. 당신이 어떤 본문에 친숙하게 될 때, 각각의 단계의 상대적인 비중치를 어떻게 설정하고 그 세부적인 것들을 어떻게 배치해야 할 지가 당신에게 분명해지게 될 것이다.

이 지침서는 네 개의 단원으로 이루어져 있다. 제1장은 학기중 과제물이나 그 밖의 공식적인 주석 과제들을 위한 전문적이지 않은 주석 방식을 제공해 준다. 제2장은 본격적인 주석의 각 단계들에 대한 예시들을 보여준다. 제3장은 좀 더 긴 형태의 자세한 주석을 간단하고 압축된 형태로 제시된 주석 방식을 보여주는데, 이것은 특히 설교 준비를 위한 것이다. 제4장은 주석과 관련된 여러 다양한 보조수단들과 자원들을 다루는데, 특히 참고문헌들과 그것들을 어떻게 사용하는지를 설명해 준다.

제1장

여기에 서술된 각 단계들에는 당신으로 하여금 철저한 주석을 수행함에 있어서 한 점의 의혹도 남기지 않기 위한 목적으로 많은 보충설명들과 질문들이 첨가되어 있다. 중요한 것은 이러한 보충설명들과 질문들은 주로 하나의 제안으로 제시된 것이기 때문에 맹목적으로 따라서는 안 된다는 것이다. 실제로 어떤 질문들은 서로 중복되고, 어떤 질문들은 당신에게 쓸모없는 것일 수 있다. 또한 어떤 질문들은 특정한 본문을 주석할 때에 당신의 목적 또는 필요와 별 관계가 없는 것일 수도 있다. 따라서 독자들은 질문들을 선별적으로 사용해야 한다. 당신이 주석을 위해 선택한 본문이나 주석의 목적에 맞지 않는 것들은 무시하고, 관련된 것들에 집중하라.

주로 제3장에 나오는 설교용 주석을 위한 지침을 이용하고자 하는 목회자들은 제3장에 나오는 요약된 내용에 대한 토대를 이루는 이 장의 내용을 먼저 철저하게 숙지하지 않으면 안 된다.

1. 본문

1.1. 주석을 할 본문의 범위를 확정하라.

당신이 주석을 하기로 선택한 본문이 진정으로 하나의 완결된 단락(종종 단화[單話, pericope]라 부르는)인지를 확인하라. 한 편의 시를 연(聯)의 중간에서 자른다거나, 하나의 이야기를 단락의 중간에서 끊는 일을 피하라 — 당신이 그것을 과제로 받았거나 당신이 독자들에게 하나의 완전한 단락의 일부분을 주석하기로 선택한 이유를 분명하게 설명할 수 있는 경우를 제외하고는. 당신에게 일차적으로 도움을 주는 것은 상식(common sense)이다. 당신이 선택한 단락은 확실하게 식별 가능한 처음과 끝을 지니고 있는가? 그 단락은 당신이 볼 수 있는 어떤 유의 통일적이고 의미있는 내용을 지니고 있는가? 당신의 결정을 히브리어 본문과 현대어 번역문들에 비추어서 검토해 보라. 성경의 장절 구분을 믿어서는 안 된다. 성경에 나오는 장절 구분은 원문에 있는 것이 아니고, 우리를 철저하게 오도(誤導)하는 경우도 적지 않기 때문이다.

보충설명: 당신의 히브리어 실력이 변변치 않다면, 당신이 선택한 단락에 대한 본문 분석으로부터 시작하는 것이 당신에게는 당혹스러울 수 있다. 그러한 경우에는 해당 본문을 히브리어로부터 거칠고 딱딱하게 번역한 번역문을 먼저 준비하라. 이 시점에서 불필요하게 시간을 지체하지 말라. 믿을 만한 현대어 번역문이나 대역(對譯) 본문을 사용하라(4.2.2를 보라). 이렇게 해서 당신이 히브리어 단어들이 무엇을 의미하는지에 대하여 상당한 지식을 갖추게 되면, 당신은 본문 분석을 다시 재개할 수 있고, 이를 통해 큰 유익을 얻을 수 있다.

1.2. 판본 및 역본들을 비교하라.

해당 본문의 헬라어, 시리아어, 아람어, 라틴어 역본들 및 쿰란 사본들 같은, 당신이 읽을 수 있는 판본 및 역본들을 가능한 한 많이 참고해서, 당신이 주석하고 있는 히브리어 본문과 일치하지 않는 듯이 보이는 단어들이나 어구들을 찾아내라. 이러한 고대 역본이나 판본들은 모두 영어 번역본들이 있기 때문에(4.2.2를 보라), 당신은 이러한 언어들을 모른다고 해도 실제로 그 번역본들을 가지고 예비적으로 작업할 수 있다.

BHS에 나오는 비평장치(critical apparatus; 또는 구판인 BH3에 나

오는 비평장치)가 항상 완벽한 것도 아니고, 그 설명이 라틴어 약어로 씌어 있기 때문에 해독하기도 쉽지 않긴 하지만(약어 해독을 위해서는 4.1.5에 나오는 지침서들이 매우 도움이 된다), 그 비평장치를 참조하라. 그 차이들(이독[異讀, variant]들이라 불리는)을 검토하라. 이독들 중에서 어느 것이 히브리어 본문에 나오는 해당 단어들보다 그 단락에 더 적절할 가능성이 있는지(즉, 원문에 좀 더 가까울 수 있는지)를 최선을 다해서 결정하려고 노력하라. 이것을 하기 위해서, 당신은 거꾸로 이독(異讀)을 히브리어로 번역한 다음에(통상적으로는 영어를 거쳐서), 그것이 문맥에 더 잘 부합하는지를 판단해야 한다. 아주 자주 당신은 어떤 이독이 히브리어 본문의 훼손(고대에 필사할 때의 실수가 후대의 사본들에서 그대로 보존된 것)으로부터 정확히 어떻게 생겨나게 되었는지를 알 수 있게 될 것이다. 비평적인 주석서들을 비롯한 그 밖의 여러 보조도구들(4.1을 보라)을 참조해서 최선을 다해서 이러한 결정들을 행하라. 특히 시가(詩歌)의 경우에는 본문 훼손의 이유를 찾아내는 것이 거의 불가능한 경우가 비일비재할 것이다: 히브리어의 공인 본문 속의 표현이 의미가 잘 통하지 않는 것 같은데도, 당신은 그 확실한 대안을 찾아낼 수 없는 경우가 그것이다. 그러한 경우에는 현존 본문을 그대로 두라. 당신이 할 일은 본문을 개작하는 것이 아니라 하나님에 의해서 원래 영감된 대로의 본문을 가능한 한 최대로 재구성하는 것이다.

1.3. 본문을 재구성하고 주(註)를 달아라.

독자들을 위하여 당신이 히브리어 원문이라고 추정하는 것을 종이 위에 적어라. 재구성된 원문을 충실하게 모두 다 기록하라. 당신이 재구성한 원문이 공인 본문에 나오는 단어나 글자를 생략하고 있다면, 그 생략된 것들은 [ ]로 묶으라. 당신이 어떤 단어나 글자를 삽입하거나 대체했다면, 그렇게 해서 새롭게 들어간 부분은 〈 〉 안에 두어라. 그런 다음에 그 각각의 부분에는 위첨자를 사용하여 문자나 숫자로 각주 표시를 해두고(절 표시와 혼동되지 않도록 하기 위해서 문자를 사용하는 편이 좋다), 각주난에서는 당신이 그러한 수정들을 행한 이유를 명료하고 간단하게 설명하라. 또한 당신이 수정하지 않았으나 다른 사람이 수정되어야 한다고 생각했던 단어들에 대해서도 각주를 통해 설명을 붙여두는 것이 바람직하다. 독자들은 단순히 실제로 본문에 수정을 가한 것들에 대해서만이 아니라 수정하지 않은 것들에 대해서도 당신이 내린 모든 의미있는 결정들에 대한 설명을 들을 권리가 있다.

통상적으로 이러한 재구성된 본문은 서문, 목차, 서론 직후에 나와서 당신의 주석 논문의 시작 부분을 구성하게 된다. 본문상의 문제점들은 한 단락의 의미에 영향을 미칠 정도로 자주 등장하거나 중요한 것은 거의 없다. 한 단락의 의미에 상당한 영향을 미치는 드문 본문 수정(MT로부터의)은 주석 논문의 이 시점에서 철지하게 다루어져야 한다.

1.4. 시가(詩歌)는 운문 형태로 제시하라.

대부분의 경우에 당신은 시가라는 것을 확인하는 데 BHS(또는 BH3)를 신뢰할 수 있고, 시가의 행을 배열하는 데도 병행법과 운율(보격)에 대한 BHS 편집자의 감각을 신뢰할 수 있다. 배열 과정 및 배열 자체는 행 분석(stichometry)이라 지칭된다.

단어들 및 어구들 간의 병행법은 행 분석에 있어서 주된 판별기준이 된다. 이차적인 판별기준은 보격(步格, meter)이다. 당신이 해당 단락에 대해서 BH3 또는 BHS에 나오는 것(이 행 분석이 항상 옳은 것은 아니다)과 다른 행 분석을 채택하기로 결정했다면, 당신은 반드시 주(註)를 통해서 그 이유를 독자들에게 제시하지 않으면 안 된다. 현대 영역본들은 통상적으로 시가를 행 분석의 결과에 따라 배열하고 있다. 병행법이 어떻게 작용하고 있는지에 대한 이 영역본들의 감각은 우리에게 시사해 주는 바도 있고 또한 시간 절약도 될 수 있기 때문에, 그것들도 참조하는 것이 좋다.

2. 사역(私譯)

2.1. 당신이 재구성한 본문에 대한 잠정적인 사역을 준비하라.

처음부터 새롭게 시작하라. 당신이 그 의미 범위 전체를 확실하게 알고 있지 않은 모든 단어들을 Holladay 사전 같은 히브리어 사전에서 찾아보라(4.8.1을 보라). 좀 더 중요한 단어들에 대해서는 Koehler-Baumgartner 또는 Brown-Driver-Briggs 같은 대사전들에 나오는 좀 더 상세한 항목을 적어도 훑어볼 필요가 있다(4.8.1을 보라). 당신이 선택한 본문의 의미와 관련해서 중심적이거나 중추적으로 보이는 단어들에 대해서는 이 시점에서 또는 어휘사전 내용에 대한 분석(단계 8.3)에서 4.8.3에 언급된 보조도구들에 나오는 자세한 단어 연구(개념 연구)를 참조하는 것이 바람직하다. 대부분의 단어들은 하나의 의미만을 지니는 것이 아니라 여러 가지 의미들을 지닌다는 것과 단어와 개념은 서로 다르다는 것(이것에 대해서는 8.3에서 좀 더 자세하게 설명된다)을 명심하라. 하나의 히브리어 단어가 영어의 한 단어와 정확히 대응하는 경우는 드물고, 그 의미가 영어의 여러 서로 다른 단어들의 전부 또는 일부에 걸쳐 있는 경우가 흔하다. 그러므로 번역은 필연적으로 선별을 내포할 수밖에 없다.

2.2. 본문과 사역이 서로 일치하는지를 검토하라.

히브리어 본문을 여러 번 읽어서 아주 익숙하게 만들어라. 원문의 여러 부분들을 가급적 암기하도록 하라. 당신의 사역을 여러 번 읽어라(큰 소리로). 히브리어 원문과 당신이 번역한 사역이 당신의 마음속에서 동일한 것으로 느껴지는가? 흔한 또는 단순한 히브리어 단어를 번역하기 위하여 희귀하거나 복잡한 영어 단어를 사용한 것은 아닌가? 만약 그랬다면, 의미를 더 정확하게 표현하려는 의도로 인해서 독자나 청중에게 혼란을 야기시키는 결과가 더 많이 생겨난 것은 아닌가? 당신은 하나의 히브리어 단어의 의미를 전달하기 위하여 여러 영어 단어들을 사용할 가능성을 생각해 보았는가? 또는 그 반대의 경우를 생각해 보았는가? 당신이 선택한 단락이 원문에서 이미 그 의미가 모호한 단어들이나 어구들을 포함하고 있는가? 만약 그렇디면, 당신의 사역에서 원문의 모호성을 감추려고 하기보다는 오히려 그대로 재현하도록 노력하라. 좋은 사역이란 전달하고자 하는 특정한 원문의 내용을 왜곡함이 없이 독자들에게 원문과 동일한 전체적인 인상을 주는 그러한 번역문이다.

2.3. 주석 작업을 해 나가면서 당신의 사역을 개정하라.

해당 본문에 대한 주석을 진행해 나가면서, 특히 당신이 문법적 및 사전적인 자료들을 주의깊게 검토함에 따라서, 당신은 거의 틀림없이 당신의 잠정적인 번역문인 사역을 개선할 수 있을 정도로 충분히 알게 될 것이다. 당신이 이렇게 사역을 다시 개선하여야 하는 이유는 해당 본문의 특정한 대목에서 선택하는 단어들이 문맥 전체와 잘 부합할 필요가 있기 때문이다. 단락 전체에 관하여 당신이 더 잘 알면 알 수록, 당신은 특정한 부분에서 적절한 단어, 어구 또는 표현을 선택함에 있어서 적절한 "감각"을 가지게 될 것이다. 각 부분은 전체와 부합하여야 한다. 또한 당신이 선택한 단락의 문학적 및 신학적 맥락에 관한 결정들을 함에 따라, 당신은 사역에 관한 더 나은 판단을 발전시키게 될 것이다. 폭넓은 맥락들(주석 본문이 속한 성경의 한 책, 구약성서, 성경 전체) 및 직접적인 맥락들(당신이 선택한 주석 본문이 속한 단락, 장, 그 주변의 장들) 속에서 당신이 번역어로 선택한 단어, 어구 또는 표현의 사용을 평가하도록 노력하라. 그 차이는 중요한 것일 수 있다. 예를 들면, 히브리어 단어인 בַּיִת (바이트)가 당신이 선택한 본문 속에서 "집"을 의미한다고 당신은 추정했는데, 구약성서 전체에 걸쳐서 이 단어의 용례를 좀 더 폭넓게 살펴본 결과, בֵּית דָּוִד (베트 다윗) 같은 표현 속에서 이 단어가 "가문", "왕조", "혈통"을 의미할 수 있다는 것이 드러난다. 어느 것이 당신의 주석 본문에 더 잘 어울리는가? 어느 의미가 당신의 주석 본문을 독자들에게 더 분명하게 그 의미를 전달해 주는가? 이러한 질문들을 던짐으로써, 당신은 잠재적으로 유익한 번역 대안들을 간과해 버리는 어리석음을 범하지 않는 데에 도움을 받을 수 있다.

2.4. 완성된 사역을 제시하라.

당신의 연구가 완결되고 최종적인 원고를 쓸 준비가 된 후에, 완성된 사역을 본문 바로 다음에 두어라. 독자들에게 의외로 생각되거나 분명치 않은 단어 또는 표현의 선택들에 대해서는 주를 사용하여 설명하라(각주 — 절 표시와 혼동을 일으키지 않도록 하기 위하여 숫자보다는 문자를 사용하는 편이 더 낫다). 그러나 당신은 몇몇 현대어 역본들이 선택한 번역문들이 어떤 식으로든 당신에게 의심스러운 것으로 보이지 않는 한, 현대어 역본들이 선택한 단어들을 모두 설명할 필요는 없다. 독자들에게 당신이 더 낫다고 생각하는 어떤 단어 또는 어구에 대한 그 밖의 다른 번역들을 말해주는 데에 각주들을 사용하라. 특히, 당신이 두 가지 이상의 대안들 중에서 선택하기가 곤란하다고 생각될 때마다 그렇게 하라.

3. 역사적 배경

3.1. 역사적 배경을 조사하라.

당신의 연구에서 다음과 같은 질문들에 대답하고자 노력하라: 당신이 주석하기로 선택한 해당 본문의 배경은 무엇인가? 해당 본문이 있는 대목에 이르기까지 정확히 어떠한 사건들이 진행되어 왔는가? 이스라엘 또는 고대 세계의 나머지 부분 속에서의 주요한 동향들 또는 발전들이 이 본문 또는 그 내용의 어느 부분에 영향을 미쳤는가? 성경 속에 이와 동일한 역사적 상황들과 관련이 있는 듯이 보이는 어떤 병행되는 또는 비슷한 본문들이 존재하는가? 만약 그렇다면, 그 본문들은 당신이 선택한 본문에 대한 어떤 통찰을 제공해주고 있는가? 해당 본문은 어떠한 역사적 상황들 아래에서 씌어졌던 것으로 보이는가? 또한 해당 본문이 매우 다른 역사적 상황들 속에서 씌어졌을 가능성이 있는가? 만약 그렇지 않다면, 그 이유는 무엇인가? 해당 본문은 어떤 사건 또는 개념의 진보에 있어서 특정한 단계 또는 끝을 나타내는가? 이러한 점들에 답하면서, 당신이 해당 본문에 관하여 알게 된 정보가 그 본문에 대한 해석에 어떤 영향을 미치는지를 주목하라. 이러한 역사적 정보가 해당 본문을 특정한 방식으로 이해하는 데 어떻게 기여하는지를 설명하라. 해당 본문에 관하여 존재하는 고고학적 자료들은 모두 다 활용하도록 노력하라. 어떤 경우에는 당신이 선택한 본문의 역사적 배경에 관한 구체적인 내용을 확인하기가 불가능할 수도 있다. 예를 들면, 모든 시대와 장소에 적용하기 위한 목적으로 만들어진 시편들이나 잠언들 같은 시적인 문구들이 종종 그런 경우에 속한다. 그러한 경우에는 그것을 독자들에게 설명하라. 당신이 선택한 본문의 분명한 역사적 배경이 존재하지 않는 것이 지니는 의미들을 독자들에게 설명하라.

3.2. 사회적 배경을 조사하라.

다음과 같은 질문들에 대답하려고 노력하라: 해당 본문의 내용이나 사건들은 이스라엘의 삶 속에서 어느 지점에 위치해 있는가? 어떠한 사회적 및 공공의 제도들이 해당 본문과 관련이 있는가? 그러한 것들은 해당 본문을 어떻게 조명해 주는가? 해당 본문 또는 그것의 일부가 오직 고대 이스라엘 사람들에게만 직접적으로 연관이 있는 것인가(즉, 문화적으로 "제약된"), 아니면 오늘날에도 유익하고 유의미한가, 만약 그렇다면, 어느 정도로 그러한가? 해당 본문의 사건들(또는 그 개념들)은 이스라엘 사람들(또는 그 밖의 다른) 문화 속에서 어느 기간에 걸쳐서 존재했던 것인가? 그 사건들 또는 개념들은 이스라엘 특유의 것인가, 아니면 다른 곳에서도 일어나거나 표현될 수 있었던 것인가?

3.3. 역사적 전경(前景)을 조사하라.

해당 본문 다음에는 무엇이 나오는가? 해당 본문은 무엇으로 이어지는가? 해당 본문에 나오는 사람들, 장소들, 사물들, 개념들과 관련하여 궁극적으로 중요한 그 무슨 일이 일어나고 있는 것인가? 해당 본문은 나중에 일어나거나 말해지는 그 밖의 다른 어떤 것을 이해하는 데에 필수적인 정보를 담고 있는가? 해당 본문은 어떤 새로운 발전들의 시작에 위치하는가? 해당 본문은 구약성서의 역사의 전체적인 범위 속에서 어느 지점에 부합하는가? 해당 본문이 지니는 그러한 위치로부터 도출되는 어떤 함의들이 존재하는가?

3.4. 지리적 배경을 조사하라.

해당 본문은 출처(지리적 배경 또는 "기원")를 가지고 있는가? 해당 본문의 사건들 또는 개념들은 어느 나라, 지역, 지파 영토, 촌락과 관련이 있는가? 예를 들면, 그 본문은 북왕국 또는 남왕국과 관련된 본문인가(즉, 북왕국 또는 남왕국에 그 기원을 가지고 있거나, 특히 북왕국 또는 남왕국의 문제들에 초점을 맞추고 있는지), 또는 이스라엘 내부와 관련된 본문인지 이스라엘 외부와 관련된 본문인지, 아니면 그러한 것들을 식별하기가 불가능한 것인가? 해당 본문은 민족 또는 지역의 관점을 지니고 있는가? 해당 본문은 어떤 식으로든 지역화되어 있는가? 해당 본문과 관련하여 기후, 지지(地誌), 인종적 분포, 지역적 문화, 경제 같은 문제들이 어떤 역할을 하고 있는가? 지리의 성격에 관한 그 밖의 어떤 것들이 해당 본문의 내용을 어떤 식으로든 조명해 주고 있는가?

3.5. 해당 본문의 연대를 설정하라.

해당 본문이 역사적인 이야기라면, 거기에 서술된 사건들이 일어
난 연대를 조사하라. 해당 본문이 예언적 신탁(계시된 메시지)이라
면, 선지자가 그 예언을 전한 연대를 조사하라. 해당 본문이 어떤 유
의 시가라면, 그것이 씌어진 연대를 결정하도록 노력하라.

정확한 연대를 찾아내는 일이 언제나 가능한 것은 아니다. 이차적
인 문헌을 사용하는 것은 특히 조심해야 한다. 왜냐하면, 어떤 학자
의 비평학적 방법론은 그가 성경의 어떤 부분들을 "진정한 것" —
그 부분들이 말하고 있는 시기와 사건들을 진정으로 대표하고 있다
는 것 — 또는 "진정하지 않은 것" — 역사적으로 후대의 시기의 산
물들 — 이라고 판단해서 그에 따라 각 부분들의 연대를 설정하는
경향이 있기 때문이다.

구체적인 연대를 제시할 수 없다면, 적어도 그 본문이 생겨나거나
씌어질 수 없었던 연대(상한시점[terminus a quo]이라 불리는), 그 본
문이 분명히 이미 존재하고 있었거나 씌어져 있었을 연대(하한시점
[terminus ad quem]이라 불리는)를 제시하라. 해당 본문의 배경과 내
용은 거기에 사용된 어휘들과 아울러, 당신이 그 본문의 연대를 설
정할 때에 주요한 지침들이 된다.

예언적인 단락들의 정확한 연대를 설정하는 일은 흔히 어렵거나
불가능하다. 대부분의 경우에 우리가 할 수 있는 유일한 길은 해당
본문의 메시지를 구약성서의 역사서들이나 그 밖의 다른 고대 근동
의 역사 자료들로부터 알려져 있는 역사적 상황들과 연결시키고자
하는 시도이다. 그러한 경우들에 있어서 바로 이것이 전형적으로
주석자들이 하는 일이다. 종종 한 예언 또는 그 예언의 주제를 위한
배경을 이루는 역사적 상황을 찾아내는 것이 가능하다. 그러나 많

은 경우에는 그러한 일이 가능하지 않기 때문에, 특정한 예언의 연대는 그 예언이 나오는 성경의 한 책 전체의 연대 범위 내에서 설정될 수밖에 없다.

4. 문학적 배경

역사적 배경과 문학적 배경 사이에는 어느 정도의 중복이 불가피하다. 구약성서는 역사적으로 정향(定向)된 계시이고, 따라서 구약성서의 문학적 진보들과 배열들은 야훼가 그의 백성을 다룬 일들에 관한 실제의 역사와 상응하는 경향을 보여주게 된다.

4.1. 문학적 기능을 검토하라.

당신이 주석을 위하여 선택한 본문은 처음과 중간과 마지막을 식별해 낼 수 있는 한 이야기 또는 하나의 문학적 단위의 일부분인가? 해당 본문은 그것이 속해 있는 성경의 한 책 또는 대단락에 삽입되어 있는 것인가, 덧붙여져 있는 것인가, 그 도입부를 이루고 있는 것인가, 마무리하고 있는 것인가, 보충하고 있는 것인가? 해당 본문은 그 자체로 독립적인가? 해당 본문은 다른 곳에 둘 수도 있는 것인가, 아니면 현재의 맥락 속에 있는 것이 필수적인가? 해당 본문은 전체적인 그림에 무엇을 더하고 있는가? 전체적인 그림은 해당 본문에 무엇을 더하고 있는가?

4.2. 위치를 조사하라.

해당 본문은 그 본문이 속한 대단락, 그 본문이 속한 성경의 한 책, 성경의 대분류(오경, 역사서, 예언서, 성문서 등), 신구약성서, 성경 전체 속에서 어디에 자리를 잡고 있는가? 당신은 해당 본문의 양식, 유형, 목적, 문학적 통합성의 정도(해당 본문이 그 본문이 속해 있는 책의 나머지 부분과 연결되거나 "짜여져 있는" 정도), 문학적 기능 등등에 관하여 무엇을 발견할 수 있는가? 해당 본문은 동일한 책 또는 구약성서 전체에 나오는 많은 비슷한 본문들 중의 하나인가? 해당 본문의 성격은 어떤 의미에서 그 주변의 내용들에 비해서 독특한가, 그리고 해당 본문이 그 내용들 속에서 차지하는 위치는 어느 정도나 독특한가?

4.3. 세부적인 내용을 분석하라.

해당 본문은 얼마나 포괄적인가? 해당 본문이 역사적인 것이라면, 그 본문은 얼마나 선별적인가? 해당 본문은 어떤 일들에 집중하고 있고, 무엇을 말하지 않은 채로 남겨두고 있는가? 해당 본문은 특별한 관점에서 사건들을 보도하고 있는가? 만약 그렇다면, 해당 본문의 특별한 목적에 관하여 당신에게 말해주는 것은 무엇인가? 해당 본문의 관점은 좀 더 큰 맥락과 어떤 식으로 연결되어 있는가? 해당 본문이 시가라면, 그 본문의 범위는 얼마나 좁거나 넓은가? 어떤 세부적인 내용들이 당신으로 하여금 해당 본문이 특별한 문화적 또는 역사적 상황과 관련하여 씌어졌는지의 여부를 결정하는 데 도움을 주는가? 어떤 세부적인 내용들이 당신에게 저자의 의도들에 대한 통찰을 제공해 주는가?

4.4. 저자를 분석하라.

해당 본문의 저자는 확인되어 있거나 확인될 수 있는가? 저자가 확인될 수 있다면, 저자의 정체성은 어느 정도나 확실한가? 해당 본문이 익명의 저자의 것이라면, 하나님이 자신의 말씀을 전하기 위하여 사용했을 사람이나 환경을 일반적으로 제시하는 것은 가능한가? 저자의 정체성을 확실하게 알 수 있든 없든, 해당 본문이 씌어진 시기는 식별될 수 있는가? 원래 다른 사람에 의해서 씌어진 내용이 후대의 영감받은 "기자" 또는 "편집자"에 의해서 좀 더 큰 구조 속에 재사용되거나 각색되거나 통합된 것은 아닌가? 이것은 당신에게 신학적으로 어떤 것을 말해 주는가? 그것은 당신이 해당 본문의 논리를 더 잘 따라가는 데에 도움을 주는가? 저자가 명시적으로든 암묵적으로든 알려져 있다면, 그러한 지식은 당신이 해당 본문, 그리고 그 본문의 모티프들, 양식, 어휘 등등을 동일한 저자가 쓴 성경의 다른 부분들과 연결시키는 데 도움을 주는가? 이것은 어떤 식으로든 해당 본문의 해석에 도움이 되는가? 여기서 저자는 어떤 독특한 특징들(예를 들면, 문체상으로)을 나타내 보여주고 있는가, 아니면 해당 본문은 다른 곳에 나오는 그의 글의 전형적인 특징들을 지니고 있는가?

5. 양식

5.1. 일반적인 문학 유형(장르)을 찾아내라.

먼저 해당 본문을 구약성서에 나오는 폭넓고 일반적인 문학 유형들의 범주들 속에 위치시켜라. 당신이 선택한 본문이 산문 유형인지, 격언인지 "시가"인지, 아니면 그러한 것들이 결합된 것인지를 결정하라(그러한 기본적인 범주들은 4.1.2에 열거된 양식 분석에 대한 일반적인 지침들 속에 정의되어 있다).

5.2. 구체적인 문학 유형(양식)을 찾아내라.

해당 본문이 실제로 정확히 어떤 종류의 산문 유형, 격언 또는 시가인지를 좀 더 정확하게 가려내라. 예를 들면, 해당 본문이 역사적 이야기라는 것을 알아내었다면, 당신은 계속해서 그것이 보도문인지, 민간 역사인지, 일반적인 자서전인지, 꿈-환상 기사인지, 예언적 자서전인지, 또는 그 밖의 다른 어떤 특별한 종류의 역사적 이야기인지를 판단해야 한다. 해당 본문이 속한 구체적인 유형을 찾아내게 되면, 당신은 그것을 그 밖의 다른 그러한 유형들과 비교해 볼 수 있게 되고, 그렇게 함으로써 당신이 선택한 본문 속에서 어떤 요소들이 그러한 문학 양식에서 전형적인 것이고, 어떠한 요소들이 독특한 것인지를 파악해내서, 다른 것들과 대비해서 해당 본문을 해석하는 데에 특별한 가치를 지니고 있는 요소들이 무엇인지를 알 수 있게 된다.

해당 본문의 양식(또는 양식들)을 분석할 수 있기 위해서는, 당신이 선택한 본문의 일반적인 문학 유형과 구체적인 문학 유형, 둘 모두를 알아야 한다. 일반적인 유형들이 아니라, 오직 구체적인 유형들만이 "양식들"을 가진다. 즉, 모든 구체적인 문학 유형은 그것을 하나의 양식이 되게 하는 몇몇 식별 가능한 특징들(그 내용들 또는 "구성 요소들"과 그러한 구성 요소들이 나오는 순서를 포함한)을 지니고 있기 때문에 식별이 가능하다. 예를 들면, 구약성서에 나오는 각각의 "꿈 기사"는 그 밖의 다른 모든 꿈 기사들과 공유하는 몇 가지 특징들을 지니고 있는 경향을 보여 준다. 여러 가지 꿈 기사들의 구체적인 내용들은 서로 다를 수 있지만, 특징들은 서로 다르지 않다; 각각의 꿈 기사는 대체로 동일한 종류의 것들을 담고 있다. 그것들은 우리가 "꿈 기사 양식"이라고 부르는 동일한 양식을 지니고 있는 것이다.

5.3. 하위 범주들을 찾아라.

양식 분석의 주된 목적은 당신이 선택한 본문을 그 본문과 비슷한 양식으로 되어 있는 그 밖의 다른 본문들과 비교해서 그러한 비교로부터 도출되는 지식을 활용하는 데 있다. 그러므로 하나의 양식을 가능한 한 아주 구체적으로 서술해서 독특한 것이 남아 있지 않게 하는 것이 가장 좋다. 예를 들면, 당신이 선택한 본문이 천사와 선지자 간의 대화를 포함하는 꿈 기사를 담고 있다면, 당신은 당신이 선택한 꿈 기사를 일반적인 모든 꿈 기사들이 아니라 선지자와 천사 간의 대화를 담고 있는 그 밖의 다른 꿈 기사들과 비교해 봄으로써 좀 더 실속 있는 주석 자료들을 얻어낼 수 있을 것이다. 심지어 당신은 잠정적으로 당신이 선택한 양식을 "선지자-천사 대화 꿈 기사"라고 부르기로 결정할 수도 있다. 당신이 이직 모르고 있다면 곧 알게 되겠지만, 양식 분석에 있어서 학자늘이 사용해 온 용어들은 그리 표준화되어 있지 않다 ― 당신이 용어들을 아주 조심스럽게 적용하거나 만들어 낼 자유를 배제할 정도로 그렇게 표준화되어 있지 않다는 말이다. 그러나 당신의 본문을 지나치게 세분된 범주로 분류하는 식으로 하나의 범주를 새롭게 만들어 내지는 말라. 그 정도가 되어 버리면, 양식에 관하여 말한다는 것 자체가 무의미하게 되어 버리고, 비교에 의한 아주 중요한 유익들이 사라져 버리고 말기 때문이다. 비교될 수 없는 그러한 요소들은 당신의 주석 속에서 특별한 주의를 요구하고, 당신이 선택한 본문의 그 밖의 다른 것들로부터 구별시켜 주는 특별한 요소들이다. 그러나 그러한 요소들이 지닌 독특성이 양식을 규정하는 것은 아니다. 양식은 오히려 전형적인 것 또는 다른 단락들과 공유되는 것에 의해서 정의된다.

5.4. 삶의 자리를 추정하라.

해당 본문을 그것이 사용된 실제 상황과 결부시키려고 노력하라(본문을 양식이라는 관점에서 보아서). 종종 본문 자체가 당신에게 이것을 말해줄 것이다. 그렇지 않은 경우에는 당신은 주의깊게 추론을 통해서 삶의 자리를 추정해 내어야 한다. 선지자가 실제의 장례 상황으로부터 장례 때의 애가 양식을 빌려와서 그 양식을 예언적인 방식으로, 예를 들면 장차 야훼에 의해서 멸망받게 될 이스라엘에 대한 애가를 예언적으로 부르는 데에 사용하였다는 것은 분명한 것 같다. 그러나 "공동체 탄식" 시편의 삶의 자리가 어떤 것이었는지는 그리 분명치 않다. 원래의 삶의 자리(흔히 Sitz im Leben이라 불리는)를 알게 되면, 통상적으로 당신은 해당 본문을 구체적인 방식으로 이해하는 데 도움을 받을 수 있다. 그러나 삶의 자리에 대한 지나친 강조는 역효과를 초래할 수 있다. 예를 들면, 어느 한 시편이 왕의 대관식 노래의 양식을 지니고 있다는 사실은 그 시편이 구약성서(또는 오늘날의 그리스도인들 사이에서) 고대 예루살렘의 대관식의 일부로서의 기능 이외의 다른 기능이나 의미를 지니고 있지 않다는 결론으로 귀결되어서는 안 된다. 하나의 양식이 속해 있는 원래의 삶의 자리와 그 양식이 아주 다양한 이차적인 삶의 자리들(문학적, 문화적, 신학적 등등)에 각색되어서 다시 사용될 잠재력을 지니고 있다는 것은 별개의 문제이기 때문이다. 그러므로 특정한 양식이 원래 이론상 속해 있었던 삶의 자리에 대한 감수성과 그 양식이 당신이 선택한 본문의 맥락 속에서 실제로 어떻게 사용되고 있는지에 대한 인식 간의 균형 감각을 갖추도록 노력하라.

5.5. 양식이 완전한지를 분석하라.

당신이 선택한 본문을 그것과 동일한 양식을 지닌 그 밖의 다른 본문들과 비교하라. 당신이 선택한 본문의 경우에, 해당 양식이 얼마나 완전하게 표현되어 있는가? 그 양식에 속한 모든 통상적인 요소들이 존재하는가? 만약 그렇다면, 그 양식에 이질적인 어떤 것은 존재하는가? 모든 요소들이 존재하는 것이 아니라면, 어떠한 요소들이 결여되어 있는 것인가? 해당 본문이 논리적으로 생략법을 사용하고 있기 때문에(몇몇 분명한 요소들은 표현되지 않은 채로 남겨질 수 있다) 그러한 요소들이 존재하지 않는 것인가, 아니면 해당 본문이 그러한 요소들을 의도적으로 수정하고 있는 것인가? 그러한 생략 또는 수정은 당신에게 해당 본문이 무엇에 초점을 맞추고 있는 것인지, 또는 해당 본문의 특별한 강조점들이 무엇인지에 관하여 무엇을 말해 주는가? 당신이 선택한 본문과 본질적으로 동일한 양식에 속한 그 밖의 다른 모든 본문들 사이의 차이짐들은 당신이 선택한 본문을 성경 속에서 독특하게 만들고 특별한 기능을 하게 만드는 것들이다. 가능한 한 그러한 독특성과 그 기능을 이해하도록 노력하라.

많은 본문들이 그러하듯이, 당신이 선택한 본문은 하나 이상의 양식을 포함하고 있는가? 만약 그렇다면, 그러한 양식들은 어떻게 분리되고 구분될 수 있는가? 해당 본문은 하나의 양식 속에서 여러 양식들을 혼합하고 있는가(예를 들면, 꿈 기사 속에서의 수수께끼, 또는 재앙 신탁 속에서의 사자[使者] 발언)? 아니면, 당신이 선택한 본문은 좀 더 큰 하나의 양식의 일부로서, 그 양식 전체의 범위는 당신이 선택의 본문의 범위를 넘어서는 것인가? 만약 그렇다면, 당신이 선택한 본문과 그 양식은 좀 더 큰 양식 속에서 어떤 역할을 하고 있는가?

5.6. 부분적인 또는 나누어진 양식들에 주의하라.

대부분의 경우에 특정한 양식의 모든 알려진 요소들이 그 양식을 사용한 구체적인 어느 한 본문 속에 모두 다 존재하지는 않을 것이다. 그 양식이 흔하게 사용되면 될 수록, 그 양식은 부분적일 가능성, 즉 그러한 양식의 가장 완전하고 자세한 예 속에서 발견될 수 있는 모든 요소들 가운데에서 오직 일부만을 담고 있을 가능성은 더욱 커진다. 예를 들면, 선지자들이 야훼의 말씀을 소송 양식(rib form)으로 되풀이해서 전할 때, 그들은 흔히 고소의 말 또는 심판 선고 같은 오직 하나의 측면만을 제시할 수 있다. 청중들은 이러한 부분적인 양식으로부터 즉시 신적 소송이 서술되고 있다는 것을 알아차리게 될 것이다. 마치 우리가 "잠시 방송을 중단하고 방금 들어온"이라는 말만 듣고도 그 양식이 오늘날 중요한 긴급 뉴스를 전할 때에 사용되는 것이라는 것을 알아차리는 것과 마찬가지로 말이다. 부분적인 양식은 완전한 형태의 양식이 필요로 하는 쓸데없이 자세하고 많은 분량을 사용함이 없이 완전한 형태의 양식의 목적, 어조, 문체, 청중을 상기시키는 기능을 한다. 또한 하나의 양식이 그 양식 속에 다른 내용이 끼어들므로써 나누어져서 분리되어, 그 구성 부분들이 서로 꽤 멀리 떨어져 있는 경우도 있을 수 있다. 종종 어느 한 양식의 처음과 끝은 내용상으로 본래의 양식에 이질적인 내용을 포함시키기 위하여 양쪽 끝에 사용된다. 이러한 샌드위치 기법은

수미쌍관법(inclusio)이라는 이름으로 알려져 있다. 그러한 수미쌍
관법적 구조 속에서 가운데 부분에 삽입되어 있는 내용은 통상적으
로 그 양식과 관련이 있긴 있지만 엄밀하게 말해서 그 양식의 일부
는 아니다. 그러한 구조가 해당 본문의 해석에 미치는 효과를 분석
하려고 노력하라.

　역사적 평가와 원자화(atomization)를 조심하라. 많은 양식 비평가
들이 과거에 행해왔던 이러한 두 가지 관행에 대하여 그 동안 상당
한 비판이 있어 왔다. 역사적 평가는 어떤 종류의 양식들은 다른 것
들보다 더 진정한 역사적 자료들을 보존하고 있다는 이론 하에서
특정한 양식 속에 나오는 역사적 내용의 일부 또는 전부의 정확성
에 의문을 제기하는 관행이었다. 원자화는 가장 기본적인 양식들은
가장 작은 단위들 — 예를 들면, 한 절 또는 두 절로 된 단위들 — 에
서 발견되고, 좀 더 큰 단위들은 이차적인 것이라고 전제하는 관행
이었다. 이러한 두 가지 관행은 지금은 널리 의심스러운 것으로 여
겨지는 전제들에 의거한 것들이다. 당신은 당신의 주석 작업 속에
서 이러한 것들을 피해야 한다.

6. 구조

6.1. 해당 본문의 개요를 작성하라.

　주요한 정보 단위들을 진정으로 나타내 주는 개요를 작성하도록
하라. 달리 말하면, 개요는 해당 본문의 인위적인 산물이 아니라 자
연스러운 산물이어야 한다. 각각의 주제 아래에 얼마나 많은 구성
요소들이 포함되어 있는지를 주목하고(양적인 측면), 또한 구성 요
소들의 집중도 또는 전체적인 중요성을 주목하라(질적인 측면). 해

당 본문으로 하여금 스스로 말하게 하라. 새로운 주제, 제재, 쟁점, 개념 등등을 보게 될 때, 당신은 새로운 주제를 당신의 개요 속에 추가해 넣어야 한다. 개요를 작성하는 데 있어서 기계적인 기준은 존재하지 않는다. 얼마나 반복되는지를 계산하거나 "이행을 위한" 단어들("그러므로"[לָכֵן]와 같은)을 찾아내서 기계적으로 해당 본문의 개요를 도출해 낼 수 있다는 주장에 속지 말라. 당신이 작성하는 개요는 해당 본문 속에서 주요한 정보 단위들이 논리적으로 어떻게 짜여질 수 있는지에 대한 당신의 최선의 판단에 따라야 한다. 일부 학식있는 이론가들은 대부분의 사람들은 여섯 가지 이상의 추상적인 요소들을 한 번에 기억하거나 이해하기가 어렵고, 세 가지보다 적은 요소들로는 적절하게 서술된 개요 역할을 할 수 없다는 이유를 들어서, 세 가지에서 다섯 가지의 주요한 단위들로 개요를 구성할 것을 제안한다. 그러나 당신이 작성하는 개요는 당신이 선택한 본문의 논리적 구조에 관한 당신의 최선의 판단을 반영하는 것이 되어야 하고, 그 개요 속에 나오는 요소들의 수는, 그 수가 아무리 많다고 할지라도, 주요한 정보 단위들을 반영하는 것이 되어야 한다.

주요한 구분들을 위주로 개요를 작성한 후에, 계속해서 문장들, 절들, 어구들 같은 좀 더 세밀한 구분들을 행해 나가라. 물론 이러한 작은 구분들은 주요한 구분들 아래에 가시적으로 포섭되어야 한다. 개요는 억지스럽거나 인위적인 느낌을 주지 않는다면 할 수 있는 한 자세하게 작성하는 것이 좋다. 그런 다음에 당신은 그러한 개요를 근거로 전체적인 구조에 관한 고찰들을 행해 나갈 수 있다.

6.2. 패턴들을 찾아라.

당신이 주석하고자 하는 성경 본문의 처음과 끝의 범위를 적절하게 설정했다면, 그 단락은 유의미한 사고 패턴들로 이루어진 일관된 논리를 지니게 될 것이다. 패턴들, 특히 전개들, 반복들, 독특한 형태의 어구들, 중심적인 또는 주축이 되는 단어들, 병행법들, 교차대구법들, 수미쌍관법들, 그 밖의 반복적인 또는 점층적인 패턴들 같은 중요한 특징들을 찾아내도록 하라. 패턴들을 찾아내는 열쇠는 대체로 반복(repetition)과 전개(progression)이다. 어떤 개념, 단어, 어구, 표현, 어근, 음, 또는 그 밖의 식별 가능한 특징의 반복에 대한 증거를 찾고, 반복의 순서를 분석하라. 전개들과 관련해서도 마찬가지 것들을 찾아내어, 그것들을 분석하라. 이러한 분석으로부터 매우 도움이 되는 통찰들이 나올 수 있다. 시가는 그 성격상 흔히 산문보다 더 많은(그리고 더 두드러진) 구조적 패턴들을 지니고 있다. 그러나 적절하게 범위가 설정된 단락은 어느 것이나 독자들을 위하여 분석되어야 할 구조적 패턴들을 지니고 있고, 그 결과들은 독자들을 위하여 해석되어야 한다. 특히 예상치 않은 패턴들 또는 독특한 패턴들을 지적하라. 왜냐하면, 그러한 것들은 당신이 선택한 본문을 그 밖의 다른 본문들로부터 구별되게 하고 다르게 만들므로써 그 본문이 지니는 특별한 성격과 의미에 기여하는 것의 일부들이기 때문이다.

6.3. 큰 단위로부터 시작해서 내림차순으로 구조에 관한 논의를 구성하라.

먼저 전반적인 개요 패턴, 즉 세 가지 내지 다섯 가지(또는 그 이상)의 주요한 단위들을 논의하라. 그런 다음에 주요한 단위들 속에 나오는 하위 패턴들 가운데서 당신이 중요하다고 생각되는 것들을 한 번에 하나씩 논의하라. 큰 것으로부터 작은 것으로 움직여가라. 즉, 단락, 소단락, 절들, 어구들, 단어들, 음들 순으로 말이다. 가능한 한, 어느 패턴이 주요한 것인지, 이차적인 것인지, 아니면 단순히 사소한 것인지에 대한 당신의 느낌을 설명하고, 그 패턴이 해당 본문의 해석에서 얼마나 중요한지도 설명하라.

6.4. 작은 패턴들의 의도를 평가하라.

충분한 시간이 주어진다면, 대부분의 사람들은 해당 본문 속에서 눈에 잘 띄지 않는 온갖 종류의 작은 패턴들을 모두 발견해 낼 수 있다: 특정한 모음들을 선호하고 있는 것, 동사 어근의 반복, 두 개의 서로 다른 절들 속에서 한 단어 다음에 한참 후에 특정한 단어가 나오는 것 등등. 여기서 던져야 할 질문은 이것이다: 이러한 작은 패턴들은 우연에 의한 것인가(몇몇 사람들이 "평균의 법칙"이라고 부르는 것에 따라서), 아니면 고대의 영감받은 화자(話者) 또는 기자(記者)에 의해서 의도적으로 구성된 것인가? 우리는 주요한 패턴들은 아주 뚜렷하게 드러나기 때문에 의도적인 것이라고 전제할 수 있다. 또한 우리는 많은 작은 패턴들도 특히 그러한 패턴들이 구약성서의 특정한 책 전체에 걸쳐서 또는 그 일부에 반복해서 나타나거나 다른 책들과의 병행들 속에서 나타나는 경우에는 의도적인 것이라고 전제할 수 있다.

그러나 그것을 우리는 어떻게 확인해야 하는가? 오직 하나의 판별 기준이 존재한다: 고대의 화자/기자가 그 패턴을 의도적으로 사용했을 가능성이 있는지, 그리고 고대의 독자/청자가 해당 본문을 듣거나 읽을 때에 그 패턴을 알아차렸을 것이라고 예상될 수 있는지를 물으라. 당신이 판단하기에 그 대답이 긍정이라면, 그 패턴은 의도적인 것으로 평가해도 좋을 것이다. 그러나 그렇지 않다면, 그 패턴은 아마도 의도적이지 않을 것이기 때문에, 그것에 의거해서 주석과 관련된 추론들을 행하는 것을 조심해야 한다.

6.5. 해당 본문이 시가라면, 시가에 맞게 분석하라.

의미론적 병행법(semantic parallelism)을 지침으로 삼아서, 시가의 행들을 서로서로 병행이 되게 배열하라. 그런 다음에 각 행의 보격을 확인하려고 시도하라. 할 수만 있다면, 가능한 한 원래의 발음을 반영할 수 있도록 본문의 모음점을 다시 찍고, 각 행의 음절들에 따라 보격을 설명하라(가장 정확한 방법). 그렇게 하지 않는 경우에는 강세들에 따라 보격을 설명하라(덜 정확한 방법이지만 여전히 유용한 방법). 특별한 보격상의 특징들이나 패턴들에 주목하라. 보격 계산에 의해서 추정되는 의미 단락들에 주목하라. 연(聯, stanza)과 절(節, strophe) 같은 개념들은 원래의 히브리어 시가에는 있었던 것이 아니지만, 그러한 구분이 실제로 그 시 속에 내재해 있다고 생각이 드는 경우에는, 당신은 장면, 주제, 문체의 전환을 토대로 하나의 시를 여러 단락들로 구분할 수 있다. 압운법(rhyme)이나 답관체(acrostic) 패턴은 드물긴 하지만, 만약 그러한 패턴들이 존재한다면 주의깊게 관심을 기울일 필요가 있다.

또한 정형어구들(특정한 개념을 표현하기 위하여 구약성서 속에서 보격과 관련된 맥락들 및 패턴들 같은 것에서 여러 차례 사용되는 단어들 또는 어구들)을 유심히 살펴라. 정형어구들은 시, 특히 노래에 나오는 "상투어구들"이다. 당신이 선택한 본문 속에서 나오는 특정한 정형어구의 사용을 그 밖의 다른 곳에서의 그 정형어구의 사용과 비교해 보라. (또한 단계 8을 보라.) 또한 시가에 자주 등장하는 각운법(epiphora, 마지막 음들이나 단어들의 반복)을 비롯한 그 밖의 여러 패턴들에 주목하라. 의도적으로 사용된 유운법(assonance, 비슷한 음들을 반복하거나 나란히 병치시키는 것), '파로노마시아'(paronomasia, 말장난을 포함한 단어 유희), '피구라 에티몰로기카'(figura etymologica, 흔히 인명들을 포함해서 단어 어근들을 변형시켜 사용하는 것), 그 밖의 다른 시적 장치들을 찾아내라. 그러나 압운법을 찾지는 마라. 아주 많은 히브리어 단어들이 비슷한 음으로 끝나기 때문에(대부분의 여성 단수형 명사는 -ah로 끝나고, 대부분의 여성 복수형들은 -oth로 끝나며, 대부분의 남성 복수형들은 -im으로 끝난다), 압운법은 너무도 흔해서 "값싼" 것으로 여겨졌을 것이다. 그 밖의 다른 시적 장치들은 한 시인의 솜씨를 볼 수 있는 훨씬 더 좋은 시금석들로서, 압운법이 할 수 없었던 방식으로 시적인 표현에 있어서 청중의 질(質을) 보여주는 것이었다.

7. 문법적 자료들

7.1. 문법적으로 중요한 문제들을 분석하라.

문법에 대한 정확한 이해는 해당 본문에 대한 적절한 해석에 있어서 필수적이다. 어떠한 문법 사항들이 의심스러운가? 문법을 다르게 해석하는 경우에 어떤 문장, 절들, 또는 어구들이 다르게 읽혀질 수 있는가? 동사의 어근만이 아니라 특정한 동사의 변화들 속에 내재하는 의미의 뉘앙스들을 당신이 적절하게 고려하였는지를 확인하였는가? 구문상의 사소한 차이들도 의미에 있어서 중요한 차이를 가져올 수 있다. 당신이 선택한 본문 속에서 구문상의 형태들은 분명하게 이해되고 있는가? 이에 따라서 당신의 사역(私譯)은 개정할 필요가 있거나 주(註)를 덧붙일 필요가 있는가? 해당 본문의 어느 부분에 대한 명확한 해석을 불가능하게 만드는 진정한 모호성들이 존재하는가? 만약 그렇다면, 그 대안들로는 무엇이 있는가? 어느 대목에서 변칙적인(예상치 않은) 문법이 사용되고 있는가? 만약 그렇다면, 당신은 그 변칙에 대하여 어떤 설명을 제시할 수 있는가? 또한 생략법(ellipsis), 접속사 생략법(asyndeton), 프로스탁시스(prostaxix), 병렬 구문(parataxis), 파격 구문(anacoluthon), 그 밖에 해석과 관련된 특별한 문법적 특징들에 주목하라. (이러한 용어들의 정의에 대해서는 본서의 서론에서 언급한 Soulen의 *Handbook*을 보라.)

7.2. 연대 설정을 위하여 정서법과 형태론을 분석하고, 그 밖의 다른 유사점들을 분석하라.

히브리 성경의 모든 주요한 본문들은 페르시아 시대(포로기 이후 시대)의 특유한 정서법(철자를 쓰는 방식)으로 되어 있다. 왜냐하면, 주후 1세기의 랍비들이 공식적으로 선택한 본문들은 페르시아 시대의 글에 대한 사본들이있기 때문이나. 그러나 많은 중요한 점들에서 그것보다 좀 더 오래된 정서법들의 흔적들도 존재한다(Cross and Freedman, *Early Hebrew Orthography*[4.7.2]를 보라). 해당 본문이 이러한 것들 중의 어느 것 또는 고대의 형태론적 특징들의 흔적들을 지니고 있는가? 형태론이란 접미어들과 접두어들 같은 단어의 의미에 영향을 미치는 부분들을 가리킨다. (예를 들면, David A Robertson, *Linguistic Evidence in Dating Earky Hebrew Poetry*; Scholars Press, 1973을 보라.) 만약 형태론과 관련된 특징들이 존재한다면, 그것들은 당신이 선택한 본문의 기록 연대 또는 심지어 지리적 기원을 확인하는 데 도움이 될 수 있고, 그러한 특징들이 나타나는 다른 본문들과 당신이 선택한 본문을 비교하여 분류를 가능하게 해 준다. 보충설명: 이러한 작업을 위해서는 적어도 중급 수준의 히브리어 지식이 요구된다.

8. 사전적 자료들

8.1. 뜻이 분명치 않은 모든 단어들과 개념들을 설명하라.

단어와 개념은 서로 다르다는 것을 명심하라. 특정한 개념은 많은 서로 다른 단어들 또는 표현들을 통해서 나타내질 수 있다. 이것을 아주 잘 보여주는 사례는 누가복음 10장에 나오는 예수의 선한 사마리아인 비유이다. 예수는 이 비유를 이웃을 내 몸과 같이 사랑한다는 것이 무엇을 의미하는지를 예시하기 위하여 사용하지만, 이 비유 속에는 "사랑," "이웃," "내 몸" 같은 단어들이 나오지 않는다 ─그럼에도 불구하고, 이 비유는 이웃을 내 몸과 같이 사랑하라는 개념을 강력하게 제시한다. 그러므로 사전적 자료들을 분석함에 있어서 당신의 목적은, 그러한 개념들이 하나의 단어, 또는 여러 단어들, 또는 모든 단어들이 하나로 결합되어서 통일적인 단화(單話)를 이루는 방식으로 전달되는지와는 상관 없이, 당신이 선택한 본문의 개별적인 개념들을 이해하는 데 있다는 것을 깨닫는 것이 중요하다.

전체 문장들, 또는 한 무리의 문장들로부터 시작해서 구절들, 어구들(관용어구들과 같은), 단어들, 단어를 이루는 부분들 순으로 큰 것에서 작은 것으로 내림차순으로 작업하라. 여러 다양한 보조도구들을 사용해서(4.8를 보라), 뜻이 분명치 않거나 독자들에게 주의를 환기시키지 않는 경우에는 그 의미를 잘 파악할 수 없는 개념들, 단어들, 표현들을 독자들을 위하여 정의하도록 노력하라. 이러한 설명들은 아주 짤막한 것이 될 수도 있고, 꽤 자세한 것이 될 수도 있다. 고유명사들은 거의 언제나 관심을 둘 필요가 있다. 관용어구들도 마찬가지인데, 이는 관용어구는 정의상 문자 그대로, 즉 단어 대 단어로 번역될 수 없는 표현이기 때문이다. 해당 본문으로부터 단어들을 인용할 때에는, 히브리어 문자들이나 음역(音譯)에 밑줄을 그어서 사용하라.

8.2. 가장 중요한 개념들, 단어들, 표현들에 집중하라.

큰 것에서 작은 것으로 내림차순으로 작업하면서, 당신이 해당 본문의 해석에 있어서 특별히 중요하거나 핵심적인 것이라고 생각되는 것들을 다 골라내라. 6개에서 12개 정도의 그러한 중요한 개념들, 단어들, 표현들을 골라내서 목록으로 만들어라. 그런 다음에, 그것들을 가장 중요한 것으로부터 별로 중요치 않은 것으로 순서대로 순위를 매겨라. 이러한 것들에 집중해서, 독자들에게 그것들이 해석에 왜 중요한지를 설명해 주라. 본문의 의미는 그 개념들의 의미에 의거해서 세워지기 때문에, 개념들이 더 명확하게 설명되면 될수록, 해당 본문은 더 분명하게 이해될 가능성이 커진다.

8.3. 가장 중요한 단어들 또는 표현들에 대한 "단어 연구"(실제로는, 개념 연구)를 행하라.

4.8.3에 서술된 절차에 따라서, 해당 본문 속에 나오는 핵심적인 단어들 또는 표현들 중에서 가장 중요한 것들 — 따라서, 그리 많지

않은 단어들 ― 을 분석하도록 하라. 독자들에게 당신이 그러한 절차를 거쳐서 발견해 낸 것들에 대한 요약을 제시하라. (통계학적 및 절차적인 정보에 관한 많은 부분들은 각주에서 다루어질 수 있을 것이다.) 다양한 의미 범위들을 고찰하는 가운데, 단어 또는 표현이 지닌 특별한 신학적 의미를 간과하지 말라. 아울러 당신은 개별 단어들만이 아니라 단어들의 결합 ― 그 중간에 끼인 단어들 때문에 종종 서로 분리되어 있는 단어 결합들을 포함해서 ― 을 분석하도록 하라. 왜냐하면, 단어들의 결합도 마찬가지로 개념들을 전달해 주기 때문이다. 가능한 한 귀납적이 되도록 애써라. 따라서 신학 사전들로부터 결론들을 도출해 내기보다는 당신이 스스로 얻어낸 결론들을 신학 사전들에 비추어서 검토해 보는 것이 바람직하다.

8.4. 특별한 의미론적 특징들을 찾아내라.

해당 본문의 의미론(내용과 의미 간의 관계)은 흔히 아이러니(irony), 처음 단어를 반복하는 것(anaphora), 끝 단어를 반복하는 것(epiphora), 단어 유희(paronomasia), 환유법(metonymy), 이사일어(hendiadys), 정형구 사용(formulas), 차용어들(loanwords), 의도적인 고어체 사용, 어원론적으로 이상한 것들 같은 특징들에 의해서 영향을 받는다. 이러한 것들을 찾아내서, 독자들에게 그것들에 대한 주의를 환기시켜라. 가능하다면, 그것들에 어떻게 해석에 영향을 미치는지를 보여주어라.

9. 성경적 배경

이 시점에서 당신은 해당 본문의 특정한 "메시지"를 좀 더 폭넓게 그 직접적인 배경 및 좀 더 폭넓은 배경의 메시지와 연관시키는 데에 집중하기 위하여 앞의 여러 단계들에서 발견해 낸 중요한 결론들을 당신의 사고 속에서 잠정적으로 한데 결합시켜서 묶어내는 일을 시작하여야 한다. 달리 말하면, 당신은 더 이상 해당 본문의 개별적인 특징들에만 관심을 집중시켜서는 안 된다는 말이다. 지금부터는 하나의 완결된 단위로서의 해당 본문이 실제로 좀 더 폭넓은 일련의 진리의 맥락 속에 어떻게 부합하는지가 당신이 관심을 가져야 할 내용이다.

이 단계에서 당신이 해당 본문의 메시지라고 생각하는 것 — 그 중심적인 내용들, 본질적인 특징들, 명확한 함의들 등등을 포함한 — 을 스스로 요약해 보는 것이 도움이 될 것이다. 그러한 요약은 아주 잠정적인 것이 될 수밖에 없지만, 해당 본문이 지니는 성경적·신학적 의의를 밝히는 일에 당신이 집중하는 데 도움을 준다. 아래에 서술된 세 가지 절차들은 당신이 해당 본문과 성경의 나머지 부분과의 연결관계에 관하여 작업을 해 나가는 데 도움을 주기 위한 것이고, 단계 10에 나오는 세 가지 절차들은 당신이 해당 본문을 좀 더 일반적인 조직신학과 연관시키는 데 도움을 줄 것이다.

9.1. 해당 본문이 성경의 다른 곳에서 어떻게 사용되고 있는지를 분석하라.

해당 본문 또는 그 일부가 성경의 다른 곳에서 직접적으로 인용되거나 간접 인용되고 있는가? 그렇다면, 어떻게, 그리고 왜 그렇게 직접적으로 또는 간접적으로 인용되고 있는 것인가? 직접적 또는 간접적으로 인용되고 있는 대목이 한 군데 이상이라면, 어떻게, 그리고 왜 인용되고 있으며, 그 차이들은 무엇인가? 다른 곳에서 직접적 또는 간접적으로 인용된 해당 본문은 그것이 어떻게 해석되었는지에 관하여 당신에게 무엇을 말해 주는가? 해당 본문이 간접 인용되고 있다면, 그 간접 인용은 그 간접 인용이 나오는 맥락 속에서 해당 본문이 어떻게 이해되고 있는지에 대하여 어떠한 빛을 비춰 주는가? 해당 본문이 직접 인용되고 있다면, 그것이 직접 인용되고 있는 상황은 해당 본문에 대한 해석에 있어서 어떠한 도움을 주는가? 해당 본문의 한 부분이 성경의 다른 곳에 직접 인용되고 있다는 사실만으로도 해당 본문의 의도된 효과, 해당 본문의 독특성, 해당 본문이 지니는 신학적인 토대로서의 성격 등등에 관하여 많은 것들을 말해 줄 수 있다.

9.2. 해당 본문과 성경의 나머지 부분과의 관계를 분석하라.

해당 본문은 그 본문이 속한 대단락, 본문이 속한 책 전체, 성경의 대분류(오경, 예언서 등등), 신구약성서, 성경 전체 속에서 교의학적으로(즉, 메시지를 가르치거나 전달하는 것으로서) 어떻게 기능하는가? 해당 본문은 외경 또는 위경들과 어떤 특별한 관계를 갖고 있는가? 해당 본문 또는 그 요소들은 동일한 종류의 문제들에 대하여 말하고 있는 그 밖의 다른 본문들과 비교할 때에 어떠한가? 해당 본문은 무엇과 비슷하거나 상이한가? 만약 당신이 판단하기에 해당 본문의 여러 부분들이 여러 개별적인 단언들을 행하고 있다면, 이러한 질문들을 해당 본문의 각 부분에 대하여 제기할 필요가 있을 것이다. 그러나 일차적인 목표는 해당 본문의 전체적인 메시지가 성경의 전반적인 계시 속에서 어떤 위치에 있는지를 알아보는 것이다.

9.3. 성경을 이해함에 있어서 해당 본문의 취지를 분석하라.

성경의 다른 곳에서 무엇이 해당 본문을 전제하고 있는가? 성경에 나오는 그 밖의 다른 어떤 요소들이 해당 본문을 이해하는 데에 도움이 되는가? 그 이유는 무엇이고, 어떻게 도움이 되는가? 해당 본문은 문학적인 노선들 또는 역사적인 노선들을 뛰어넘는 방식으로 성경의 다른 부분들의 의미 또는 가치에 영향을 미치는가? 해당 본문은 성경의 다른 곳에서 동일한 방식 또는 다른 방식으로 다루어지고 있는 문제들에 관한 것인가? 해당 본문은 일차적으로 성경의 다른 부분들로부터 이미 알 수 있는 것을 강화하기 위하여 존재하는가, 아니면 해당 본문은 진정으로 다른 본문들에서는 말하고 있지 않은 특별한 기여를 하고 있는 것인가? 해당 본문이 성경에 전혀 나오지 않는다고 가정해 보라. 만약 해당 본문이 존재하지 않는다면, 무엇이 잃어버려지거나 성경의 메시지가 어떻게 불완전해지게 되는가?

10. 신학

10.1. 해당 본문의 신학적인 위치를 정하라.

해당 본문은 기독교(교의적인) 신학을 포괄하는 계시 전체 속에서 어디에 자리잡고 있는가? 해당 본문은 어떠한 계약 아래에 소속되어 있는가? 해당 본문의 몇몇 측면들 — 이를테면, 희생 제사와 관련된 몇몇 관습들 또는 지파의 책임들에 관한 몇몇 규정들 — 은 부분적으로 또는 전체적으로 옛 계약에 한정되는가? 만약 그렇다면, 해당 본문은 인간들에 대한 하나님의 관계를 보여주는 역사적인 사례로서, 또는 하나님의 거룩하심, 기준들, 공의, 내재성, 초월성, 연민 등등을 보여주는 것으로서 여전히 유효한 것인가? (신학이 신학이라 불리는 이유는, 우리가 하나님을 더 잘 이해하면 할수록 우리는 인생이 무엇이며, 어떠한 진리들과 실천들이 필수적이거나 중요한지, 어떠한 가치들이 하나님에 대한 불순종을 가장 잘 막아낼 수 있는지를 더 잘 이해할 수 있다는 사실에 있다. 우리는 비록 이스라엘에게 계시된 계약의 하나님의 여러 측면들이 새로운 계약에 의해서 지양(止揚)되었다고 하더라도 그러한 계약의 하나님으로부터 하나님에 관한 많은 것들을 이해할 수 있다.)

해당 본문은 옛 계약과 새 계약 중 어느 하나에 엄밀하게 속박되지 않고 이 두 계약 모두를 포괄하는 훨씬 더 폭넓은 신학적 관심들과 관련이 있는가? 해당 본문은 어떠한 교리(들)와 관련이 있는가? 해당 본문은 하나님, 인간, 천사, 죄, 구원, 교회, 종말론 등등에 관한 고전적인 교리적 개념들과 어떤 관계를 가지고 있는가? 해당 본문은 거기에 나오는 명시적인 어휘 또는 내용으로 인하여 또는 조금 덜 분명한 암묵적인 내용들로 인하여 교리의 이러한 분야들과 관련이 있는가? (우리에게 하나님의 사랑의 성격을 보여주는 본문은 사랑, 하나님, 우리라는 말을 직접적으로 언급하고 있지 않을 수도 있다.)

10.2. 해당 본문에 의해서 제기되거나 해결되는 특정한 문제들을 찾아내라.

해당 본문 속에서 다루어지고 있는 일반적인 교리의 분야들을 넘어서서, 구체적이고 특정한 문제들을 찾아내라. 해당 본문이 뭔가를 말해주고 있는 문제들, 축복들, 관심들, 확신들 등등은 과연 무엇인가? 해당 본문은 이러한 것들에 대하여 무엇이라고 말하고 있는가? 그러한 것들은 해당 본문 속에서 얼마나 분명하게 다루어지고 있는가? 해당 본문은 어떤 교리들을 해결해 주고 있고, 어떤 교리들에 대해서 분명한 난점들을 제기하고 있는가? 만약 그렇다면, 이러한 상황을 조직신학적으로 및 독자들에게 도움이 되는 방식으로 다루도록 하라.

10.3. 해당 본문의 신학적 기여를 분석하라.

해당 본문은 교리적인 문제들의 해결에 기여하는 그 무엇을 담고 있거나, 성경의 다른 곳에서 제시된 해법들을 밑받침해 주는 그 무엇을 담고 있는가? 해당 본문의 기여는 얼마나 주요한 것인가, 아니면 얼마나 사소한 것인가? 해당 본문이 적절하게 이해되었을 때에 당신이 거기에 부여하고자 하는 신학적인 의미를 지니고 있다는 것을 당신은 어느 정도나 확신할 수 있는가? 당신의 접근방법은 해당 본문에 대하여 지금까지 말해 왔던 것으로 알려져 있는 그 밖의 다른 학자들이나 신학자들의 접근방법과 일치하는가? 해당 본문은 기독교 신학 속에서의 신리 제세 선제와 신학적으로 어느 성노나 합치하는가? (신학은 전체적으로 일관되고 서로 모순이 없이 통일되어 있어야 한다는 것이 기본적이고 필수적인 전제이다.) 당신이 선택한 본문은 좀 더 큰 신학적 전체와 어느 정도나 부합하는가? 해당 본문은 어떤 점에서 신학 전체에 대하여 중요하다고 할 수 있는가? 해당 본문은 그 어떤 의심스럽거나 극단적인 신학적인 입장을 보완해 주거나 교정해 주는 기능을 하고 있는가? 해당 본문과 관련하여 기독교 신학의 특정한 내용과 쉽게 연관되지 않는 듯이 보이는 그 어떤 것이 존재하는가? (성경은 일차적이고 신학 체계들은 이차적이라는 것을 명심하라.) 당신은 비록 잠정적일지라도 어떤 문제점들에 대하여 어떠한 해법을 제시할 수 있는가? 해법이 쉽게 떠오르지 않는다면, 그 이유는 무엇인가? 해당 본문이 모호하기 때문인가, 아니면 당신의 지식이 부족하기 때문인가, 아니면 해법을 제시함에 있어서 요구되는 전제들과 성찰들이 너무 광범위해서 설득력이 없기 때문인가? 성경은 인간의 관점에서 볼 때에 이해하기 힘들거나 심지어 모순되어 보이는 것 같은 것들을 어느 정도 포함하고 있다. 당신이 선택한 본문은 너무도 많은 미지(未知)의 것들이 존재하기 때문에 그 신학적 기여의 몇몇 측면들을 찾아내는 일을 꺼려하게 만드는 그런 분야를 다루고 있는가? 만약 그렇다면, 독자들은 그러한 말을 들을 필요가 있지만, 파괴적인 방식으로가 아니라 건설적인 방식으로 당신은 그러한 말을 독자들에게 전하는 것이 좋을 것이다. 해당 본문이 지니고 있는 신학적인 가치를 도출해 내는 데에 당신이 할 수 있는 모든 것을 하라. 그러나 해당 본문으로부터 어떤 것을 억지로 이끌어내려고 하거나, 해당 본문 속에 어떤 것을 억지로 집어넣으려고 하지는 말아라.

11. 이차적인 문헌들

11.1. 해당 본문에 관하여 다른 사람들이 말해 왔던 것을 조사하라.

당신이 앞서의 10개의 단계들을 끝마치는 과정 속에서 주석서들, 문법서들, 그리고 그 밖의 많은 종류의 책들과 논문들을 참조해 왔을 것이지만, 당신은 이제 당신이 선택한 본문에 적용할 수 있는 이차적인 문헌들을 좀 더 체계적으로 검토해야 한다. 주석이 다른 사람들의 견해들을 기계적으로 수집해 놓는 것이 아니라 당신 자신의 독자적인 작업이 되기 위해서는, 가능한 한 이 단계 이전에서 당신 스스로 생각을 해서 당신 자신의 결론들에 도달하는 것이 현명한 일이다. 그렇지 않는다면, 당신은 해당 본문에 대한 독자적인 주석을 행한 것이라기보다는 다른 사람들이 해 놓은 주석들을 평가하는 것에 불과한 것이 되고 말 것이다 — 그러므로 이럴 때에 당신이 다른 사람들이 이미 이루어 놓은 것을 뛰어넘지 못할 것은 너무도 자명한 일이다.

그러나 이제는 여러 다양한 학자들이 해당 본문에 관하여 어떻게 생각하였는지를 물어볼 때가 되었다. 그들은 당신이 간과한 어떤 것들을 이미 밝혀 놓았는가? 그들은 어떤 것에 대하여 당신보다 더 잘 말해 놓았는가? 그들은 당신보다 더 큰 비중을 무엇에 두었는가? 또는 역으로, 당신은 그들의 견해들 속에서 무엇을 거부해야 한다고 느끼는가? 당신은 그들이 의심스럽다거나 부정확하다고 말해 왔던 것들을 지적할 수 있는가? 이러한 학자들의 견해들에 당신이 동의하지 않는다면, 사소한 차이들에 대해서는 각주를 사용하고, 좀 더 중요한 차이들에 대해서는 논문의 본론을 사용해서 그 점을 지적하라.

보충설명: 보통 그러하듯이, 당신이 어느 학자의 견해들에 동의하지 않는다고 할지라도 당신이 선택한 본문에 대하여 그가 제시한 견해들 중에서 당신이 동의하는 부분들을 거론한 후에 당신 자신의 결론들을 의기양양하게가 아니라 겸손하게 제시하는 것이 훨씬 더 설득력이 있다.

11.2. 비교하고 조정하라.

다른 학자들의 결론들은 당신이 당신의 분석을 어떤 식으로든 수정하는 데에 도움을 주었는가? 다른 학자들은 해당 본문 또는 그 몇몇 측면들을 별로 설득력이 없는 방식으로 분석하고 있는가, 아니면 좀 더 만족스러운 일련의 결론들에 도달하는 방식으로 분석하고 있는가? 그들은 그들의 주석을 좀 더 나은 방식으로 조직하고 있는가? 그들은 당신이 고려하지 못했던 함의(含意)들을 고려하고 있는가? 그들은 당신 자신이 발견한 것들을 보완해 주는가? 만약 그렇다면, 단계 1로부터 단계 10에 이르기까지에 걸쳐서 당신 자신이 얻은 결론들 또는 절차들을 수정하기를 주저하지 말고, 그렇게 수정할 때마다 그러한 수정에 기여한 출처를 밝히도록 한다. 그러나 당신의 주석 속에서 다른 사람들이 하고 있는 모든 것을 다 포괄해야 한다고 생각하지는 말라. 밀접한 관계가 없는 듯이 보이는 것을 과감히 잘라내고, 꼭 다루지 않아도 될 부분들은 제한하라. 다른 학자들이 이것을 결정하는 것이 아니라, 당신이 결정하는 것이다.

11.3. 당신의 발견들을 당신의 주석 논문 전체에 걸쳐서 적용하라.

당신의 주석 논문의 초고 속에는 이차적인 문헌들로부터 나온 발견물들로 이루어진 별도의 단원을 포함시키지 말라. 이 단계를 논문 속에서 하나의 단원을 이루는 것으로 보지 말라. 달리 말하면, 단계 11은 당신의 연구 과정 속에서의 한 단계이지, 당신의 최종적인 논문 작성 속에서의 한 단계는 아니다. 당신의 발견들은 당신의 주석 전체에 걸쳐서 많은 부분들에서 첨가들 또는 수정들을 낳아야 한다. 어느 한 대목에서의 수정 또는 첨가가 논문의 다른 곳에 나오는 진술들과 모순되지 않는지 확인하라. 모든 수정들의 함의들을 고려하라. 예를 들면, 당신이 이차적인 문헌들 속에 나오는 어떤 것으로부터 알아낸 것을 토대로 본문 분석(단계 1)을 수정한다면, 그것이 사역(私譯), 사전적 자료들, 그리고 주석의 다른 부분들에 어떤 영향을 미치게 될 것인가? 논문 전체에 걸쳐서 일관성을 유지하는 것을 목표로 삼아라. 이것은 독자들이 당신의 결론들을 평가하는 데에 상당한 영향을 미치게 될 것이다. 각주와 참고문헌을 통해서 이차적인 자료들을 일일이 주의를 기울여서 밝히도록 하라.

12. 적용

주석이 추구하는 것은 성경의 한 본문의 의미를 결정하는 것이라는 데에는 누구나 다 동의한다. 그러나 많은 주석자들은 그들의 책임이 과거에서 그치는 것이라고 믿는다 — 즉, 주석은 본문이 현재 무엇을 의미하는지를 밝히려는 시도가 아니라, 본문이 과거에 무엇을 의미했는가를 밝히려는 시도라는 것이다. 주석에 대하여 그러한 자의적인 제한들을 가하는 것은 세 가지 이유에서 불만족스러운 것이다.

첫째, 그러한 제한은 엄청나게 많은 수의 사람들이 주석 직업에 참여하거나 주석의 결과들에 관심을 갖는 궁극적인 이유를 무시하는 것이다: 그들은 해당 본문 속에서 발견되는 하나님의 말씀을 듣고 거기에 순종하기를 원한다. 달리 말하면, 주석은 적용과 동떨어져 있는 경우에는 공허한 지적 놀음에 불과한 것이 되고 만다는 뜻이다.

둘째, 그러한 제한은 마치 하나님의 말씀이 오직 당시의 세대들을 위해서만 의도된 것이고, 우리나 우리 다음에 올 세대들을 위한 것은 아니라는 식으로 의미의 오직 한 측면 — 역사적인 의미 — 만을 대답해 주는 것이다. 성경은 단지 옛날 사람들의 성경일 뿐만 아니라 우리의 성경이기도 하다.

끝으로, 그러한 제한은 실제의 개인이나 공동체가 해당 본문을 실존적으로 해석하고 사용하는 과제를 각자의 주관에 맡겨 버리는 것이 된다. 곧, 그것은 해당 본문을 가장 잘 알게 된 주석자가 독자들이나 청자들의 관심이 가장 첨예한 모든 대목들 속에서 해당 본문을 읽는 독자나 듣는 청자를 돕기를 거절하는 셈이다. 그것은 주석자가 아주 중요한 기능 — 반응 — 을 해당 본문을 거의 알지 못하는 독자나 청자의 주관적인 감수성에 완전히 일임하는 것이다. 당연히 주석자는 독자가 해당 본문에 대한 반응으로 무엇을 행할 것인지를 실제로 통제할 수 없다. 그러나 주석자는 어떤 것들이 신실한 응답이 되는지를 정의하고, 필요하다면 해당 본문이 겉보기에는 요구하는 것 같지만 실제로는 주석의 결과들에 의해서 정당화되지 못하는 그러한 종류의 응답들을 정의하는 데에 최선을 다할 수 있고 또한 최선을 다해야 한다.

적용에 관한 결정들을 하는 것은 학문이라기보다는 기술에 가깝다; 그것은 질적인 것이 아니라 양적인 것이다. 그럼에도 불구하고, 다음과 같은 절차들은 당신이 해당 본문으로부터 적용 가능한 문제들을 체계적으로 추출해 내는 것을 도울 것이고, 당신이 주석을 통해서 얻어낸 결과물들을 유용하게 활용할 수 있는 개인들이나 집단들에게 그러한 문제들을 적절하게 연결시킬 가능성들을 극대화시켜 줄 것이다. 적용은 주석 과정 속에서 그 밖의 다른 단계들과 마찬가지로 엄격하고 철저하고 분석적으로도 건전해야 한다. 적용은 일종의 영적인 묵상으로 취급되어, 주석의 나머지 부분에 단순히 부가되는 것이 되어서는 안 된다. 나아가, 적용이 설득력이 있기 위해서는 해당 본문의 자료들을 세심하게 반영하는 것이 되어야 한다. 당신은 해당 본문에 대한 주의깊고 분석적인 연구(주석)의 전 과정의 자연스럽고 최종적인 단계로서 적용이 도출되었다는 것을 독자들에게 보일 필요가 있다.

주관성은 훌륭한 적용의 일차적인 적이다. 사람들이 어떤 본문으로부터 다른 사람들에게는 별 관계가 없고 그들에게만 관련이 있거나 한 본문에 독특하긴 하지만 그 본문과 아주 비슷한 본문들의 적용들과는 비교될 수 없는 적용을 도출해 낼 수 있다고 생각한다면, 논리적 일관성은 손상되고, 정확성은 위협받게 된다.

적용에 있어서의 객관성은 아래에 개략적으로 서술된 체계적인 과정을 따름으로써 가장 잘 확보될 수 있다. 또한 적절한 적용을 훼손시키는 가장 흔한 해석학적 오류들에 관해서는 본서의 부록을 보라.

12.1. 삶의 문제들을 목록으로 작성하라.

특정한 본문에 대한 적절한 적용을 위한 출발점은 삶의 문제들을 검토하는 것이다. 특정한 본문을 적용하기 위해서는 당신은 그 본문의 핵심적인 문제들이 무엇이고, 그 본문 속에 나오는 어떤 문제들이 부차적인 것인지를 결정하도록 노력해야 한다. 달리 말하면, 해당 본문은 삶의 어떤 측면들에 실제로 관심을 갖고 있는가? 당신은 그러한 문제들이 오늘날의 개인 또는 공동체의 삶 속에서 여전히 어느 정도나 유효한 것인지를 결정하려고 노력해야 한다. "나" 또는 "우리"는 오늘날 해당 본문이 다루고 있는 것과 비슷하거나 적어도 연관이 있는 문제를 만나는가? 삶의 문제들은 한편으로는 주석 자료들로부터 드러나고, 다른 한편으로는 세상에 대한 당신 자신의 지식으로부터 드러날 것이다.

먼저 해당 본문 속에 포함되어 있는 모든 가능한 삶의 문제들을 찾아내라. 그런 다음에, 그러한 문제들이 해당 본문으로부터 오늘날의 상황 속으로 옮겨질 수 있는지를 확인하는데, 다음과 같은 단계들을 사용하면 그러한 전환을 정확하게 행하는 데에 도움을 받을 수 있다. 당신이 주석을 하면서 염두에 두고 있는 청중은 당신이 삶의 문제들을 추출해 내는 방식에 영향을 미칠 수 있지만, 그 자체가 문제 자체를 수정해서는 안 된다.

12.2. 적용의 성격을 분명히 하라(정보를 제공해 주기 위한 것인가, 아니면 지시하기 위한 것인가?)

적용은 일반적으로 두 가지 종류에 속할 수 있을 것이다: 기본적으로 독자들에게 정보를 제공해 주는 적용과 기본적으로 독자들에게 지시하는 적용. 하나님의 사랑에 관한 어떤 측면을 설명하는 기능을 하는 본문은 일차적으로 정보를 제공하기 위한 것으로 생각될 수 있을 것이다. 독자들에게 전심으로 하나님을 사랑하라고 명령하는 기능을 하는 단락은 일차적으로 지시적인 것이다. 물론, 정보를 제공하는 것과 지시하는 것 사이에는 상당한 정도의 중복이 존재하고, 한 본문이 정보를 제공해 줌과 동시에 지시하는 것이기도 한 요소들을 담고 있을 수 있다. 그럼에도 불구하고, 당신이 적용 가능성을 적어도 잠정적으로 이런 식으로 구분한다면, 당신의 적용의 취지는 훨씬 더 분명해지고 좀 더 구체적인 것이 될 것이다. 처음에는 최대한으로 설정하라 — 좀 더 분석을 진행한 후 나중에는 몇몇 부분들 또는 대부분을 버리는 일이 있더라도 처음에는 모든 가능성들을 포함시켜라.

보충설명: 이야기로 된 본문들은 일반적으로 어떤 것을 직접적으

로 가르치지 않는다; 오히려, 그러한 것들은 다른 곳에서 직접적으로 가르쳐진 것을 예시하는 역할을 한다.

12.3. 적용이 가능한 분야(믿음 또는 행위)를 분명히 하라.

적용은 두 가지의 일반적인 분야로 나누어질 수 있다: 믿음과 행위. 실제로 믿음과 행위는 궁극적으로는 분리될 수 없다 — 진정한 그리스도인은 이 둘 중의 어느 한 가지를 결여한 채 다른 한 가지를 지닐 수 없다. 그러나 이 두 가지가 그리스도인의 삶 속에서 서로 결합되어 있어야 한다고 할지라도, 믿음과 행위는 독립적인 실체들로 생각될 수 있고, 특정한 본문의 일부 또는 전체는 이 둘 중의 어느 하나에 더 집중할 수 있다. 그러므로 믿음과 행위라는 범주들로 잠정적으로 나누어서, 해당 본문 속에 포함된 내용이 적용될 수 있는 분야를 결정하도록 노력하라. 처음에는 포괄적으로 설정하라; 그런 후에 나중에 버릴 것은 버려라.

12.4. 적용의 대상(청중)을 확인하라.

적용을 해야 할 대상으로는 일차적으로 두 부류의 청중이 존재한다: 개인과 공동체. 해당 본문 속에 있는 어떤 것이 개인들에게 믿음 또는 행위에 관하여 정보나 지시를 제시하는가? 그리고 어떤 것이 공동체들 또는 공동체적 구조들에 대하여 그러한 것들을 제시하는가? 그러한 구별을 할 수 없다면, 그 이유는 무엇인가?

해당 본문이 개인들에게 정보를 제공하거나 지시하고 있다면, 그 개인들은 어떤 유의 개인들인가? 그리스도인인가, 아니면 비그리스도인들인가? 평신도들인가, 성직자들인가? 부모들인가, 자녀들인가? 강한 자들인가, 약한 자들인가? 교만한 자들인가, 겸손한 자들인가? 절망에 빠진 자들인가, 자신만만한 자들인가? 해당 본문 속에 나오는 그 무엇이 이 점을 분명하게 해 주는가? 해당 본문은 그것이 정보를 제공해 주거나 지시하고 있는 대상에게 어떻게 말하고 있는가? 해당 본문이 공동체들 또는 공동체적 실체들에게 정보를 제공하거나 지시하고 있다면, 그것들은 어떤 종류의 것들인가? 교회인가? 국가인가? 성직자들인가? 전문직업인들인가? 어떤 사회 구조인가? 가족인가? 밀접하게 연합되어 있는 사람들인가? 서로 적대감을 갖고 있는 사람들인가? 또는 그 밖의 다른 집단들 또는 집단들의 결합인가?

12.5. 적용의 범주들을 확정하라.

적용이 성격상 일차적으로 개인적인 문제들을 지향하고 있는 것인가, 아니면 인간 상호간의 문제를 지향하고 있는 것인가? 또는 적용이 죄 또는 의심 또는 적절한 경건과 관련된 문제들에 대한 것인가? 또는 하나님과 사람들의 관계에 대한 것인가? 그 관심은 사회적, 경제적, 도덕적, 종교적, 영적, 가족적, 금전적 등등의 것인가?

12.6. 적용의 시간 초점을 결정하라.

해당 본문은 일차적으로 과거에 일어난 어떤 것에 대한 인식을 요구하는가? 또는 현재적인 믿음 또는 행위를 기대하는 것인가? 또는 일차적으로 미래를 지향하고 있는 것인가? 적용은 과거, 현재, 미래의 결합을 포함하고 있는가? 즉각적인 행위에 대한 관심이 존재하는가? 아니면, 해당 본문에서 요구하는 것은 오랜 시간에 걸쳐서 점

진적인 응답을 요구하고 있는 것인가? 적용의 시기는 청중의 성격 또는 그 밖의 다른 요인에 의존해 있는가?

12.7. 적용의 한계들을 확정하라.

해당 본문이 어떻게 적용되는지를 설명하는 것과 마찬가지로, 해당 본문이 어떻게 적용되어서는 안 되는지를 설명하는 것도 유익한 경우가 많다. 해당 본문은 잘못 오해되어서 너무 지나친 것이 아닌가 생각하게 할 수 있는 그러한 응답을 요구하는가? 만약 그렇다면, 당신은 무엇이 너무 지나친 것인지를 어떻게 정의할 수 있는가? 해당 본문은 일차적이라기보다는 이차적인 적용을 요구하는가? 즉, 당신이 선택한 본문은 당신이 선택한 본문보다 어떤 적용을 좀 더 구체적으로 제시하고 있는 더 큰 본문의 배경 또는 밑받침 또는 일부로서 기능하는가? 당신이 선택한 본문은 개별적으로는 적용되지 않거나 적어도 동일한 방식으로 적용되지 않지만, 모두 합쳐져서는 특정한 적용을 제시해 주는 여러 본문들 중의 하나인가? 얼핏 보기에는 해당 본문에 적절한 것 같이 보이지만 좀 더 주의깊게 검토해 보면 적설치 않은 그러한 적용들이 존재하는가? 만약 그렇다면, 녹자들을 위해서 그러한 것들을 짤막하게 제시하고, 거기에 대한 당신의 근거를 제시하라. 몇몇 메시아 본문들과 마찬가지로, 해당 본문은 이중적인 적용 — 직접적으로 적용되는 것과 좀 더 장기간에 걸쳐서 적용되는 것 — 을 가지고 있는가? 만약 그렇다면, 그러한 두 가지 적용은 지금 동일한 비중을 지니는가? 해당 본문이 처음으로 말해지거나 씌어졌을 때에는 그 두 가지 적용은 동일한 비중을 지니고 있었는가?

일반적으로 적용 가능성이 있는 것들을 될 수 있으면 많이 제안하는 것이 더욱 안전할 것이다. 모두가 동일하게 타당하거나 실천 가능한 여러 가지 적용들을 한꺼번에 요구하는 본문은 드물다. 어떤 적용이 해당 본문에서 가장 중심적이고 해당 본문으로부터 가장 자연스럽게 도출되는지를 결정하도록 하라. 당신이 해당 본문이 하나 이상의 적용을 요구한다는 것을 확신한다면, 적어도 그러한 적용들을 적용의 보편성 또는 적용의 긴급성의 순서에 따라서 순위화하고자 노력하라.

명심하라: 당신은 해당 본문이 독자의 상상력을 자극하거나 독자에 의해서 사용될 수 있는 — 지혜롭게든 아니든 — 모든 가능한 방식들을 다룰 책임이 없다. 오히려, 당신은 독자들에게 해당 본문이 그 자체로서 적용이라는 관점에서 무엇을 요구하고 무엇으로 귀결되는지에 관하여 교육할 책임이 있다. 해당 본문이 너무 짧거나 전문적이어서 당신이 그 본문과 관련하여 어떠한 적용을 제시할 수 있는지에 대하여 당혹스럽다면(좀 더 큰 전체의 일부로서조차도), 당신은 궁극적으로 합당치 않은 적용을 제시하기보다는 아무런 적용도 제시하지 않는 편이 더 현명할 것이다. 반드시 적용은 해당 본문의 자료들로부터 근거에 의거해서 도출되어야 하고, 선입견들에 의거해서 해당 본문을 거기에 꿰어맞추는 식이 되어서는 안 된다.

개요에서 논문으로 옮겨가기

각각의 단계를 거쳐서 연구를 완결한 후에는, 당신은 그 결과물들을 독자들에게 효과적으로 전달할 수 있는 체재(format)로 조직하고자 할 것이다.

이때에 사용 가능한 많은 체재들이 존재한다. 교수나 편집자가 당신에게 특정한 체재를 구체적으로 지정해서 요구한다면, 당신은 그 체재를 당연히 따라야 할 것이다. 그렇지 않은 경우에는 당신은 세 가지 가장 보편적인 대안들 중의 하나를 사용할 것을 고려할 수 있다. 첫 번째 대안은 주제 중심의 체재인데, 이 체재는 많은 것을 위에서 서술한 12단계와 동일한 순서를 따라서 진행하지만, 해당 본문의 내용을 어떻게 해야 독자들에게 설득력있게 제시할 수 있는지에 대한 당신의 최선의 감각에 따라서 단원들과 표제들을 재배열하고 결합하고 확장하고 조정할 수 있다. 두 번째 대안은 주석 중심의 체재인데, 이것은 해당 본문을 절의 순서를 따라가면서 해당 본문의 각각의 부분들에 관련된 자료들과 결론들을 적용해 나가는 것으로서, 서론, 보론(補論), 요약 같은 적절한 추가적인 단원들을 끼워 넣을 수도 있다. 세 번째 대안은 일원(一元) 체제인데, 이 체제에서는 해당 본문은 엄격하게 체계적인 또는 방법론적인 개요를 사용하지 않고 비교적 자유스럽게 논의되는데, 이때에는 공식적으로 규정된 단원들, 하위 단원들, 표제들 등등을 사용해도 좋고 사용하지 않아도 된다.

이러한 체재들은 어느 것이나 ― 그리고 그 밖의 다른 많은 체재들 ― 당신에게 많은 기여를 할 것이다. 당신이 선택하는 체재가 당신의 발견물늘의 중분한 취지를 녹자들에게 전달하는 데 도움이 된다면, 새로운 체재를 채택하는 것을 주저하지 말라.

이 장의 목적은 주석 과정의 몇몇 부분들이 구약성서의 여러 본문들 속에서 어떻게 적용되는지를 여러 가지로 예시해 줌으로써 주석 과정에 대한 좀 더 나은 감각을 당신으로 하여금 익히게 하는 것을 돕는 데 있다. 여기에서는 당신에게 구약성서의 풍부하고 다양한 자료들을 접할 수 있도록 하기 위하여 상당히 많은 수의 본문들이 선별적으로 사용된다 — 몇몇 경우들에서는 주석 과정의 특정한 단계를 위해서 하나 이상의 본문들이 사용된다. 그러므로 당신은 어떤 한 본문에 대한 체계적인 주석 과정 전체를 보지는 못할 것이다;. 체계적인 주석 과정을 살펴보기 좋은 예들로는 *Word Biblical Commentary* 총서 또는 *Hermeneia* 총서 같은 최근의 전문적인 석의(釋義)를 위주로 한 주석서들(4.11.4를 보라)과 *Interpretation* 같은 학술지(4.11.2)에 나오는 주석 논문들이 도움이 될 것이다.

히브리어를 읽을 수 없는 사람들도 이 장의 내용이 도움이 되고 전체적으로 이해할 수 있다는 것을 알게 될 것이다. 히브리어를 알고 있는 사람들은 이 장에서 선별적으로 사용된 본문들이 원래 놓여져 있던 완전한 맥락들에 대한 감각을 얻기 위하여 BHS를 늘 참조하는 것이 필수적이다.

편의를 위해서 이 장의 항목 구분들은 제1장의 항목 구분과 일치시켜 놓았다. 주석 과정의 모든 단계가 예시를 필요로 하는 것은 아니지만, 그래도 예시 속에서 도움을 받을 수 있는 사람이 있을까 하여 적어도 하나의 예시는 제시해 놓았다. 주석 과정을 분명히 하는 데 도움을 줄 수 있다고 판단되는 경우에는 좀 더 긴 예시들이나 여러 개의 예시들이 제시되었다.

1. 본문

1.1. 주석할 본문의 범위를 정하기

당신이 주석할 본문의 적절한 범위를 정함에 있어서 즉시 도움을 받을 수 있는 두 가지자료가 있다: (1) BHS(또는 BH3)에 나오는 히브리어 본문 자체, (2) 사실상 거의 모든 현대어 역본들. 당신이 검토해야 할 것은 히브리어 본문이나 현대어 역본 속에서 단락 구분을 어떻게 하고 있는가 하는 것이다. 히브리어 본문의 경우에는 성경의 내용은 오른쪽 여백 들여쓰기를 통해서 단락을 구분해 놓고 있다. 한 면의 가운데로 더 들어가거나 오른쪽 끝부분으로 밀어 놓는 것을 통해서 여백의 위치가 변화되는 경우에, 그것은 새로운 논리적인 단락이 시작되었다는 편집자의 견해를 보여주는 표시이다. 현대 영역본들의 경우에는 어떤 문장의 첫 번째 단어를 단순히 들여쓰기 하는 것이 새로운 단락의 시작을 보여 준다. 이상적으로는 히브리어와 영어 둘 모두 속에서 당신이 선택한 본문의 배열을 검토함으로써, 당신은 당신이 잠정적으로 주석할 본문의 범위를 정한 것이 자연스러운 단락 구분에 관한 학자들의 판단과 일치하는지를 신속하게 알아볼 수 있다.

단락 구분에 관한 결정들은 종종 주관적이고, 당신은 여러 편집자들의 단락 구분이 언제나 일치하지는 않는다는 것을 발견하게 될 것이다. 그러나 당신이 그 어떤 편집자도 한 단락의 시작으로 설정하지 않았던 부분에서 당신이 주석할 본문을 시작하기로 결정하거나, 그 어떤 편집자도 한 단락의 끝이라고 표시하지 않았던 부분에서 당신이 주석할 본문의 끝을 설정하고자 결정한다면, 당신이 주석할 본문의 처음과 끝을 그런 식으로 설정한 것에 대하여 설득력

있게 논증하는 일은 당신의 책임이다.

1.2. 판본(역본)들을 비교하기

구약성서의 여러 다양한 판본과 역본들을 분석하기 위해서는, 당신은 적어도 그것이 마소라 본문을 반영하고 있는지, 아니면 마소라 본문과 배치되는지를 말할 수 있을 정도로 각각의 역본의 번역문들을 히브리어로 다시 번역해야 한다. 이러한 과정은 대단히 복잡할 수 있기 때문에, 대부분의 사람들은 적어도 처음에는 각각의 행별로 여러 역본들을 서로 대조해 놓은 도표를 만들어서 각각의 읽기들을 쉽게 비교해 볼 수 있도록 하는 것이 도움이 된다는 것을 알게 된다.

당신이 주석할 해당 본문 전체에 대한 각 역본들의 읽기들을 비교해야 한다는 것을 명심하라. 당신이 마소라 본문이 문제가 있는 듯이 보일 때에만 역본들을 참조하고자 한다면, 당신은 한때는 분명한 것이었지만 후대에 옛적의 필사자들이 선의로 해독이 쉽고 뜻이 잘 통하는 히브리어(반드시 히브리어 원문은 아니지만)로 개작해 놓은 마소라 본문의 훼손들로부터 야기된 모든 이독들을 놓치게 될 것이다.

사무엘상 20:32(쿰란 판본이 존재하는 본문)의 경우에 단어별 비교는 다음에 나오는 도표와 같은 것이 될 것이다.

אביו	את שאול	יהונתן	ויען	MT
그의 아버지	사울에게	요나단이	대답하여	한글개역개정
		[처음 두 단어는 탈락]		쿰란사본
( )	τῷ Σαουλ	Ιωναθαν	και απεκριθη	LXX
"	"	"	"	(MT)시리아어
"	"	"	"	(MT)탈굼
"	"	"	"	(MT)불가타역

עשה	מה	יומת	למה	אליו	ויאמר
행하였나이까	무엇을	죽어야 합니까	어찌하여	그에게	이르되
"	"	"	"	"	( )
πεποίηκεν	τι	αποθνῄσκει	ινα τι	( )	( )
"	"	"	"	"	"
"	"	"	"	"	"
"	"	"	"	"	"

먼저 마소라 본문의 히브리어를 적은 후에, 선별된 판본 및 역본들(칠십인역을 포함한)을 바로 밑에 열거함으로써 ― 오른쪽에서 왼쪽으로 쓰는 셈어 쓰기의 순서에 따라서 ― 당신은 쉽게 여러 판본들이 어떻게 되어 있는지를 알 수 있게 된다. 도표에서 ( ) 안에 들어 있는 단어들은 쿰란 본문과 칠십인역, 이 두 가지가 마소라 본문의 אליו 에 해당하는 단어를 생략하고 있다는 것을 보여주는 편리한 방식인데, 이것은 이 단어가 마소라 본문에서의 확장(이 경우에는 단순한 보충 설명을 위한 첨가)일 가능성이 있다는 것을 시사해

준다. 그러나 또한 칠십인역은 마소라 본문과 쿰란 본문에 나오는 ויאמר אבי라는 단어들에 해당하는 것들도 생략하고 있다. 이것은 아마도 칠십인역 번역자에 의해서 사용된 히브리어 본문 속에서의 중자 탈락(한때 존재했던 어떤 것이 없어져 버린 것)을 반영하는 것 같다. 통상적으로 그러하듯이, 페쉬타와 탈굼은 마소라 본문을 따르고 있다. 불가타 역본은 전형적으로 마소라 본문을 따른다. (페쉬타, 탈굼, 불가타 역본은 칠십인역보다 마소라 본문과는 다른 원문에 대한 진정한 "독립적인" 증거들이 되지 못하는 경우가 아주 많다. 히브리어로 씌어진 쿰란 사본들조차도 페쉬타, 탈굼, 불가타 역본보다 훨씬 더 자주 히브리어 마소라 본문으로부터의 독립성을 보여준다.)

도표에서 우리는 영어 번역문을 셈어의 어순에 따라서 포함시켰다. 적어도 당신이 이 방법론을 배우기 시작하는 단계에서는 이렇게 하는 것이 당신에게 도움이 될 것이다. 또한 당신은 여러 역본들을 즉시 번역할 수 없는 경우에는 여러 역본들의 읽기가 마소라 본문과 다른 곳에서 그 아래에 영어 번역문을 포함시키는 것이 좋다! 어느 판본 또는 역본이 원문을 가장 잘 반영하고 있는지를 결정하는 데 사용되는 원칙들에 대한 설명들과 예들은 Brotzman의 *Old Testament Textual Criticism: A Practical Introduction* 또는 Tov의 *Textual Criticism of the Hebrew Bible* 또는 McCarter의 *Textual Criticism: Recovering the Text of the Hebrew Bible*(4.1.2를 보라)을 참조하라.

1.3 본문을 재구성하고 주를 달기

본문을 재구성하고 주를 다는 과정을 예시하기 위하여 여기에 두 가지 예가 제시되어 있다. 많은 경우들에는 당신이 주석할 본문은 전혀 재구성이 필요하지 않을 것이다. 여러 판본 및 역본들을 비교해 본 후에, 당신은 BHS 또는 BH3에 인쇄된 대로의 본문(둘 다 주후 1008년의 레닌그라드 사본의 본문을 싣고 있다)이 적절하게 원문을 보존하고 있는지를 결정하게 될 것이다. 그러나 고대 역본들이 서로 상당히 일치하지 않는 경우에는, 당신은 그러한 불일치가 어떻게 해서 생겨났을 것인지를 설명하고자 시도해야 한다. 즉, 당신은 현재의 여러 이독들을 가장 잘 설명해 줄 수 있는 원래의 읽기를 찾아내야 한다는 말이다. 이것은 여러 고대 역본들에 나오는 것들로부터 이론상으로 원문에 존재하였을 것임에 틀림없는 것으로 거꾸로 작업해 나가는 것을 의미한다.

구약성서를 영어로 번역해 놓은 현대 영역본들 가운데 있는 번역상의 수많은 차이들은 단순히 히브리어 본문에 대한 번역자들의 재구성에 기인하는 것이다. 그 어떤 현대어 역본도 BHS/BH3에 나오는 히브리어 본문을 맹목적으로 추종하지 않는다. 모든 번역자들은 고대 역본들으로부터의 증거들이 레닌그라드 사본에 보존되어 있는 것과 다른 원래의 히브리어 본문을 보여준다고 생각하는 경우에는 그 본문을 수정한다. 그 결과, 그들은 흔히 재구성된 히브리어 본문으로부터 영어로 번역하는 것이다. 따라서 현대의 번역자들이 그렇게 행한 이유를 이해하기 위해서라도, 당신은 본문에 대한 재구성이 어떤 식으로 이루어지는지에 관하여 어느 정도 알고 있을 필요가 있다. 아래에 제시된 예들은 당신에게 도움이 될 것이다.

두 개의 히브리어 이름을 재구성하기: 여호수아 7:1

고대 역본들을 주의깊게 비교해 보면, 그것은 BHS의 본문 각주 1a

와 1b가 당신에게 축약된 형태로 경고하고 있는 내용을 확증해 준
다. 즉, 다음과 같은 히브리어 본문(MT)은 여호수아서 본문에 대한
오랜 전승사에 있어서 어느 단계에서 이루어진 잘못된 필사의 결과
일 가능성이 있다는 것이다.

$$\text{עָכָן בֶּן־כַּרְמִי בֶּן־זַבְדִּי}$$

　여기에 나오는 עָכָן (아간)라는 이름과 관련해서 몇몇 중요한 칠십
인역(헬라어) 본문들과 시리아어로 된 페쉬타에는 עָכָר (아갈)로 되
어 있고, 이 형태는 역대기상 2:7의 히브리어 본문에도 나타난다. 게
다가, 이 사람의 조부인 히브리어로 זַבְדִּי (삽디)라는 이름은 몇몇
중요한 칠십인역 본문들 속에서 זִמְרִי (시므리)로 나오는데, 이 형
태는 바로 역대기상 2:6에 나오는 것과 동일하다.

　삽디의 손자 아간이 옳은가, 아니면 시므리의 손자 아갈이 옳은
가? 세 가지 고려들이 당신이 이 문제를 결정하는 데 도움을 준다.
첫째, 당신은 헬라어(칠십인역) 증거들이 진지하게 평가되어야 한다
는 접근방법을 택한다. (마소라 본문과 관련하여 칠십인역의 가치
에 대한 자세한 설명은 4.1.3을 보라.) 따라서 이제 가능성은 반반이
된다. 시리아어 페쉬타에 나오는 증거는 첫 번째 이름이 옳을 가능
성에 한층 무게를 더해 준다. 둘째, 당신은 역대기서에 나오는 비교
를 위한 읽기들은 아갈과 시므리가 옳다는 것에 대한 아주 강력한
증거가 된다는 점을 유의하여야 한다. 왜 그러한가? 여호수아서가
완성된 다음에 아주 오랜 후에 씌어진 역대기서는 그러한 이름들에
대한 독립적인 번역을 반영하고 있기 때문이다. 우리는 역대기사가
가 어떤 이름을 변경하였다는 것을 시사해 주는 그 어떠한 증거도
갖고 있지 않고, 정확한 족보에 대한 역대기사가의 관심은 여호수

아서보다 더 정확하게 어떤 이름을 보존했을 것이라는 것을 시사해 주는 많은 증거들을 갖고 있다. 셋째, 당신은 이 본문이 이스라엘 사람들로 하여금 아간/아갈이 돌에 맞아 죽은 계곡을 기억하기 쉽도록 단어 유희를 채택하고 있다는 것을 알아야 한다. 이스라엘 사람들은 그 골짜기를 עֵמֶק עָכוֹר (에메크 아코르, "번민의 골짜기")라고 불렀는데(수 7:26), "번민"(עָכוֹר)을 나타내는 단어는 아간이 아니라 아갈과 동일한 자음들을 가지고 있다.

그런 다음에, 당신은 당신이 논문 속에서 기록해 놓은 본문에 대한 주들 속에서 아갈과 시므리가 원래적이라는 것에 대한 이러한 증거들 및 당신의 추론을 제시하여야 한다(주의 길고 짧음은 당신의 논문이 상세하냐 간략하냐에 달려 있다). 제1장에 제시된 괄호 표시들을 사용하여, 당신은 당신이 재구성한 본문을 다음과 같이 나타낼 수 있을 것이다:

$$\text{וַיִּקַּח עָכָ}\langle\text{ר}\rangle^{a}\text{ בֶּן־כַּרְמִי בֶּן־זַ}\langle\text{מְ}\rangle\text{ר}^{b},$$

위첨자인 a와 b는 독자들에게 당신이 달아놓은 주들 속에서 이러한 재구성들에 대한 설명을 찾아 보도록 주의를 환기시키는 역할을 한다.

흔한 용어를 재구성하기: 사무엘상 8:16

이 절의 가운데 부분은 히브리어 본문(MT)에서 다음과 같이 되어 있다:

$$\text{וְאֶת־בַּחוּרֵיכֶם הַטּוֹבִים}$$

그리고 너의 훌륭한 젊은이들

그러나 고대 역본들을 주의깊게 검토해 보면, 이 절의 동일한 지점에서 칠십인역이 다음과 같이 되어 있다는 것이 드러난다:

τὰ βουκόλια ὑμῶν τὰ ἀγαθὰ

당신의 훌륭한 가축떼

"가축떼" 또는 "젊은이들" 중 어느 쪽이 원래의 것인가, 아니면 둘 다 원래의 것이 아닌가? 그리고 당신은 이것을 어떻게 결정할 수 있는가? 첫째, 본문 비평의 가장 기본적인 원칙(4.1.2에 열거되어 있는 본문 비평에 대한 기본적인 지침서들 중에서 어디에나 설명되어 있는)을 따라서, 당신은 이 본문의 필사의 역사 속에서 어떠한 원래의 단어가 히브리어로는 "젊은이들," 헬라어로는 "가축떼"로 되었을 것인지를 결정하려고 하여야 한다. 이것을 하기 위해서는 당신은 헬라어를 다시 히브리어로 번역하지 않으면 안 된다. 왜냐하면, 원래의 단어는 헬라어가 아니라 히브리어였기 때문이다. 여기에서 헬라어 단어들에 해당하는 히브리어 단어들을 추적하기 위하여 Hatch and Redpath의 *A Concordance to the Septuagint*(4.8.2를 보라)를 참조하거나 정교한 컴퓨터 성구사전들 중의 하나를 사용함으로써(4.8.2를 보라), 당신은 즉시 칠십인역의 βουκόλια 라는 단어가 흔히 히브리어 בָּקָר("가축떼")를 번역한 단어라는 것을 발견할 수 있다.

자, 이제 두 가지 단계가 더 남아 있다. 첫째, 당신은 בָּחוּר 와 בָּקָר 를 비교하여야 한다. 이 두 단어는 가운데 자음인 ח 또는 ק 를 제외하고는 동일하다. 모음 슈렉(וּ)은 비록 와우와 함께 씌어졌지만 단순히 모음일 뿐으로서, 사무엘상이 처음으로 씌어진 뒤 오랜 후에 필사자들에 의해서 결정된 모음이다(cf. Cross and Freedman, *Early Hebrew Orthography*[4.7.2]). 그렇다면 어떠한 원래의 단어가 בחור와 בקר 둘 다를 설명해 줄 수 있는가? 당신의 대답은 이것이다: בקר , בחור 가운데서 ח 는 아마도 필사 오류일 것이다. 둘째, 당신은 직접적인 전후 문맥을 분석함으로써 이러한 결정을 확증하여야 한다. "남종들"과 "여종들"(논리적인 한 쌍)이 나온 후에, "젊은이들"과 "나귀들"은 전혀 어울리지 않는다. 그러나 "가축떼"와 "나귀들"은 또 하나의 논리적인 한 쌍으로서 분명하게 어울린다.

마지막으로, 당신은 당신의 논문에 적절한 길이로 독자들에게 이에 대한 증거들과 당신의 추론을 요약해서 제시하여야 한다. 당신이 재구성한 본문은 다음과 같은 것이 될 수 있을 것이다:

$$\text{וְאֶת־בְּ}\langle\text{קְ}\rangle^a\text{רֵיכֶם הַטּוֹבִים}$$

여기서 위 첨자 a는 독자들에게 당신이 붙인 주, 즉 가주 또는 미주에서 당신이 본문상의 증거들과 설명을 요약한 것을 환기시키는 역할을 한다.

1.4. 당신의 주석 본문을 운문 형태로 제시하기

지면을 절약하기 위하여, BHS(BH3와 동일하게)는 시들을 배열할 때에 이행구(bicolon) 또는 삼행구(tricolon)를 하나의 행에 인쇄해 놓았다. 그러나 주석 논문 속에서는 이행구 또는 삼행구의 각각의 구성부분을 독자적인 하나의 행으로 배열하는 것이 통상적으로 더

낫다. 이런 식으로 하면, 행들 간의 상응관계들이 훨씬 더 분명하게
드러나기 때문이다.

여기에 민수기 23:8-9이 다음과 같이 운문 형태로 제시되어 있다:

하나님이 저주하지 않으신 자를 מָה אֶקֹּב לֹא קַבֹּה אֵל[8]
  내가 어찌 저주하며
여호와께서 꾸짖지 않으신 자를 וּמָה אֶזְעֹם לֹא זָעַם יְהוָה
내가 어찌 꾸짖으랴?

내가 바위 위에서 כִּי־מֵרֹאשׁ צֻרִים אֶרְאֶנּוּ[9]
그들을 보며
작은 산에서 그들을 바라보니 וּמִגְּבָעוֹת אֲשׁוּרֶנּוּ

이 백성은 홀로 살 것이라 הֶן־עָם לְבָדָד יִשְׁכֹּן
그를 여러 민족 중의 하나로 וּבַגּוֹיִם לֹא יִתְחַשָּׁב
여기지 않으리로다

이런 식으로 배열하면, 8절에 나오는 이행구가 단어들이 서로 대
응하는 동의 병행법을 이루고 있고, 9절에 나오는 이행구들이 좀 더
복잡한 동의 병행법들을 나타내주고 있다는 것이 훨씬 더 쉽게 드
러난다.

참고로, 당신이 실제로 마소라 학자들의 중세의 영창 체제를 분석
하거나 그들의 (영창을 위한) 강세들을 어떤 시(詩)의 보격을 분석
하는 방식으로 사용하고자 하는 의도가 아니라면(당신이 이런 작업
을 하기를 원한다면 4.1.2에 소개되어 있는 Kelley 등이 쓴 것 또는
Ginsburg가 쓴 마소라 입문서들을 보라), 당신이 직접 써 놓은 본문

속에는 강세 표시를 포함시킬 필요가 전혀 없다.

2. 사역

다음에 나오는 예시들의 목적은 당신으로 하여금 주요한 현대어 역본들 속에서 발견되는 번역문들에 단순히 의존하기보다는 특정한 본문에 대한 당신 자신의 번역을 시도해 보는 것을 격려하기 위한 것이다. 이러한 짤막한 예들은 모두 비교적 간단한 히브리어 단어들로 되어 있지만, 그럼에도 불구하고 이러한 것들은 언제나 분명하거나 적절하게 번역되어 온 것은 아니었다.

당신은 "전문가들"에 의해서 이루어진 번역문들에 동의하지 않을 권리를 가지고 있는가? 물론이다. 당연히 당신은 동의하지 않을 모든 권리를 가지고 있다! 다음과 같은 사실들을 생각해 보라: 모든 현대어 번역문들(그리고 마찬가지로 모든 고대의 번역문들)은 정해진 시간에 쫓기며 작업을 한 위원회들 또는 성경 전체를 원문으로 그렇게 아주 잘 알 수 없기 때문에 모든 대목에서 흠없는 번역들을 만들어 낼 수 없었던 개인들에 의해서 이루어져 있다. 게다가, 오늘날의 성경 출판 사업에서는 번역문이 "다르면 다를수록" 그 성경 번역본이 팔리지 않을 위험성은 훨씬 더 커지게 된다. 따라서 현대어 번역본들은 다행히도 통상적으로는 관용적인 어법을 사용하는 최신 표현으로 개정되긴 하지만, 번역자들, 위원회들, 출판사들 등등에게는 번역문들을 의미에 있어서 보수적으로 유지하라는 압력이 존재하게 된다.

마지막으로, 대부분의 사람들은 인쇄된 번역문이 위태로운 것을 참아내지 못한다. 번역상의 많은 문제점들은 모호성의 문제들이다: 원문을 여러 가지로 해석할 수 있는 여지가 존재한다. 그러나 지면의 한계상 번역자들은 매번 원문을 진정으로 새로운 방식으로 번역하고 싶어도 적절한 설명을 제시할 수가 없다. 따라서 그들은 거의 언제나 신중한 입장을 취하게 된다. 그 결과, 모든 현대의 번역자들은 아무리 좋은 의도를 지니고 있다고 할지라도 지나치게 "안전하고" 전통을 고수하는 경향을 보여준다. 번역 위원회의 작업에 있어서도 고독한 천재는 통상적으로 신중한 다수에 의해서 가리워지고 밀려나고 만다.

그러므로 매우 자주 당신은 실제로 다른 사람들이 했던 것보다 더 나은 번역문을 산출해 낼 수 있다. 왜냐하면, 당신은 성경 번역을 맡은 개인들이나 위원회들이 한정된 시간으로 인해서 깊이 고찰하지 못했던 것에 비해서 당신이 선택한 본문을 훨씬 더 많은 시간을 들여서 주석할 수 있기 때문이다. 게다가, 당신은 영어를 사용하는 세계 전체를 대상으로 하는 것이 아니라, 당신의 특정한 독자들에게 적합한 번역문을 선택할 수 있다. 명심하라: 단어라는 것은 하나의 단일한 의미를 지니고 있는 것이 아니라, 어떤 범위의 의미들을 지니고 있다. 그러한 의미 범위들 속에서 어느 의미를 선택하는 일은 흔히 주관적이고, 당신은 특정한 청중을 염두에 두는 것이 아니라 수많은 대중들을 위하여 엄격하게 번역해야 하는 다른 사람들보다 훨씬 더 당신의 청중에서 유익을 줄 수 있는 방식으로 의미를 선택할 수 있다. 다행히도, 주석 논문 속에서 당신은 사역에 대한 주를 통해서 당신 앞에 놓여져 있는 여러 대안들과 그 중에서 당신이 특정한 단어 및 의미를 선택한 이유를 당신의 독자들에게 짤막하게 설명할 수 있다. 여러 고대의 역본들 또는 현대의 역본들을 작업했던 사람들은 그러한 기회를 갖지 못했다.

2.1. 한 선지자의 행동을 명확하게 드러내주는 번역문: 요나서 1:2

וַיִּקְרָא עָלֶיהָ כִּי־עָלְתָה רָעָתָם לְפָנָי

이 절의 마지막 부분에 대한 통상적인 번역은 다음과 같은 것이다: "그것을 쳐서 선포하라. 왜냐하면, 그 악이 내 앞에 상달되었기 때문이다." 그러나 이러한 번역은 항상 문제가 되어 왔다. 이러한 번역은 광범위한 의미 범위들을 지니고 있는 몇몇 히브리어 단어들을 번역하는 한 가지 방식에 불과하고, 또한 전체적인 이야기의 요지와 쉽게 부합되지 않는다. 어쨌든, 이 본문은 하나님이 요나에게 주신 명령으로서, 요나는 바로 이 명령을 거슬러서 니느웨로 가기를 거부하고 이 명령에 순종치 않았다. 그렇지만 전형적인 번역에 의하면, 이것은 요나가 얼마든지 기꺼이 순종할 수 있는 명령인 것처럼 들린다. 요나는 왜 하나님께서 '악하다'고 선언하였던 한 도성을 쳐서 선포하기를 기뻐하지 않았던 것인가?

1.2.1에서 나는 당신에게 "처음부터 새로 시작하라"고 주문하였다. 그 조언을 따라서, 통상적인 번역이 유일하게 합리적인 대안이라고 그대로 받아들이지 말고, 당신은 Holladay 또는 Koehler-Baumgartncr(4.8.1) 같은 최근에 나온 훌륭한 사전 속에서 이 본문에 나오는 히브리어 단어들의 정의를 살펴봄으로써 각 단어들의 의미를 새롭게 고찰해 보아야 한다. 여기에서 당신은 다음과 같은 것을 발견하게 될 것이다: עַל 은 "쳐서"(against)를 의미할 수도 있지만 "~에 관하여"를 의미할 수도 있고, כִּי 는 "왜냐하면"을 의미할 수도 있지만 명사절을 이끄는 that이라는 접속사를 의미할 수도 있다. רָעָה 는 "악"을 의미할 수도 있지만 좀 더 흔하게는 "환난"을 의미할 수도 있다. 그리고 עָלְתָה ... לְפָנָי 는 "내 앞에 상달되었다"가 아니라 "나의 주목을 받다"라고 관용어법적으로 번역하는 것이 가장 좋다. 이렇게 해서, 결국 당신은 이 절 전체가 "그것에 관하여 그

들의 환난이 나의 주목을 받게 되었다고 선포하라"를 의미할 가능성이 아주 많다는 결론을 내리게 된다.

이러한 주석의 함의들은 아주 중요하다. 통상적인 번역과는 대조적으로, 당신의 번역은 골수 민족주의자였던 요나가 자기에게 맡겨진 사명으로부터 도망친 이유를 분명하게 해 준다: 하나님은 요나에게 탄핵의 사명이 아니라 관심의 사명을 주어 보내고자 하였다. 요나서의 나머지 부분에 대한 주의깊은 읽기는 이 점을 다시 한 번 확인해 준다(특히 요나서 4장을 참조하라).

2.2 해석을 곁들이지 않은 신중한 번역의 예: 잠언 22:6

תְּגֹד לַנַּעַר עַל־פִּי דַרְכּוֹ

גַּם כִּי־יַזְקִין לֹא־יָסוּר מִמֶּנָּה

이 절은 통상적으로 다음과 같이 번역된다: "자녀에게 마땅히 행할 길을 가르치라. 그리하면 그가 나이가 들었을 때에 그것으로부터 떠나지 않으리라." 그러나 여기에 나오는 단어들의 의미 범위들을 치밀하게 분석해 보면, 당신은 기존의 번역문 중에서 "마땅히 … 하다"에 해당하는 히브리어 단어가 없다는 것을 발견하게 된다. 이것은 당신의 흥미를 돋구어준다. 어쨌든, 통상적인 번역은 아주 많은 것을 약속해 주는 듯이 보인다. 실제로, 사람들의 입에 널리 오르내리는 이 절은 흔히 부모들은 실제로 그들의 자녀들이 잘 자라서 경건한 성인들이 되도록 가르칠 수 있다는 개념을 밑받침하기 위하여 인용되어 왔다. 물론, 대부분의 잠언들은 일반화된 것들이고, 일반화된 것들은 예외를 갖는다. 그러나 이 잠언이 아무리 잘 알려져 있다고 할지라도, 당신은 여전히 이 잠언에 대한 당신의 번역에 있어서 "새로 시작할" 권리를 갖고 있다. (기억하라: 성경에 나오는 어떤 표현이 사람들에게 더 잘 알려져 있으면 있을수록, 현대의 전문적인 성경 번역본들은 비록 그러한 번역을 싫어한다고 할지라도 사람들이 그들이 "좋아하는 절들" 중의 하나의 번역을 바꾸어 놓은 성경을 사지 않을 것을 우려해서 과거의 번역과는 다른 것을 취하려고 하지 않는다.)

새롭게 번역하는 과정은 지독하게 복잡한 과정이 아니다. 그것은 주로 의미들의 결합들을 천천히 그리고 신중하게 고찰하고자 하는 태도를 요구한다. 따라서 잠언 22:6과 관련해서, 당신이 끈질기게 사전을 참조함으로써 쉽게 결정할 수 있는 것은 עַל-פִּי 가 "~를 따라서"를 의미하고, דֶּרֶךְ 는 단순히 "길"을 의미하기 때문에, דַּרְכּוֹ 는 "그의 길" 또는 "그 자신의 길"을 의미한다는 것이다. 그러므로 실제로 이 시적인 이행구의 전반부는 "자녀를 그의 길을 따라 훈련시키라"고 말하고 있는 것이다. 당신은 여전히 여기에서 "마땅히 … 하다"와 관련된 그 어떤 내용도 발견하지 못한다. 당신이 올바르게 결론을 내린다면, 이 절의 진정한 취지는 어렸을 때에 이기적으로 자기가 원하는 것을 행하도록 허용된 자녀는 어른이 되어서도 동일한 이기적인 성향을 지니게 될 것이라는 것이다.

보충설명: 기존의 것과 다른 대안적인 번역들을 위한 아주 좋은 자료들은 전문적인 주석서들에 나오는 저자들의 번역문들이다. 성경의 한 책을 집중적으로 연구해온 학자는 통상적으로 세밀한 의미를 잡아낸 번역문을 제시하는 데에 가장 좋은 조건을 갖추고 있다. 그리고 개별 히브리어 단어들의 좀 더 정확한 의미들에 대한 가장 최근의 정보를 위해서는 책의 형태나 컴퓨터 프로그램화된 형태를 통해서 제공되는 *Old Testament Abstracts*(4.11.1)에 초록되어 있는 논문들 속에서 논의된 단어들을 일 년에 한 번 목록으로 만들어 놓

은 것을 검토하라.

3. 역사적 배경

성경의 한 부분이 씌어진 역사적 상황은 성경의 그 부분을 온전히 파악하기 위해서는 반드시 이해하지 않으면 안 된다. 물론, 어떤 본문들은 다른 본문들보다 덜 "역사적"이다. 예를 들면, 시편 23편은 언제 어느 곳에서나 그 어떤 사람이라도 이해할 수 있는 그러한 관심사들을 말하고 있다. 그리고 하나님을 찬양하라는 단순한 명령과 하나님의 신실하심에 대하여 선포하고 있는 시편 117편("너희 모든 나라들아 여호와를 찬양하며 … 여호와의 진실하심이 영원함이로다")은 성경의 문학이 그렇듯이 범역사적이고 범문화적이다.

그러나 배경, 사회적 배경, 전경(前景, foreground), 지리적 배경, 연대를 아는 것은 통상적으로 한 본문의 의미를 파악하는 데 필수적이다. 구약성서의 대부분의 본문들은 그러한 것들과 강하게 연결되어 있는 내용을 담고 있다. 성경은 역사적 지향성을 지닌 계시이기 때문에, 역사적 배경을 무시하는 것은 잘못된 해석을 낳을 경향이 있다. 해석학(해석의 학문)의 기본적인 원칙은, 한 본문은 그것이 과거에 결코 의미할 수 없었던 것을 현재적으로 의미할 수 없다는 것이다. 달리 말하면, 당신은 당신이 주석을 위하여 선택한 본문을 그 본문에 진정한 의미를 부여해 준 바로 그 배경으로부터 제거하고자 하지 않는다면, 당신의 주석 본문이 어떠한 사건들, 상황들, 시간들, 사람들, 장소들을 보여주고 있는지를 반드시 알아야 한다는 것이다. 아래에 나오는 예시는 역사적 배경, 사회적 배경, 전경, 지리적 배경, 연대를 적절하게 고려하지 않는다면 그 의미를 적절하게 파악할 수 없는 한 본문의 예로 선택된 것이다.

3.1. 배경이 한 예언의 의미를 분명히 해 준다: 호세아 5:8-10

얼핏 보면, 이 짤막한 예언적 신탁은 우리를 당혹스럽게 만든다. 이 본문은 왜 그토록 나팔들(שׁוֹפָר, חֲצֹצְרָה)과 경적(הָרִיעוּ)에 강조점을 두고 있는 것인가? 또한, 왜 지계표(גְּבוּל)에 깊은 관심을 두고 있는가? 또, 왜 이 모든 것이 야훼로 하여금 그의 진노(עֶבְרָתִי)를 선포하게 만드는 것인가?

당신이 1.3 "역사적 배경"에 나오는 제안들을 따르게 되면, 당신이 발견하게 되는 것은 다음과 같은 것들이다. 첫째, 이스라엘의 주요한 역사들과 관련하여 해당되는 성구 색인을 참조하면(4.3.2를 보라), 당신은 호세아 5:8-10이 분명한 역사적 사건을 말하고 있다는 것을 발견하게 된다: 주전 734-733년에 있었던 시리아-에브라임 전쟁에서 유다가 (북)이스라엘을 역공한 사건. 당신이 역사적 사실들을 잘 다루고 있는 주석서들에 나오는 이러한 자료들 외에도 훌륭한 성경지도(4.3.6)를 통해서 지리적으로 세부적인 내용들을 따라가게 되면, 당신은 다음과 같은 것을 알게 된다(여기에는 간략하게 요약만 해 둔다):

배경. 아람-다메섹의 왕 르신과 이스라엘의 왕 베가는 디글랏빌레셀 3세(주전 745-728년) 치하에서 시작되었던 팔레스타인에 대한 앗시리아의 지배를 전복시키기 위한 군사 동맹에 유다를 가입시키기 위하여 유다 왕 아하스에게 접근하였었다. 아하스는 선지자 이사야를 통해서 하나님의 명령을 듣고 그 명령에 따라 이러한 동맹을 맺기를 거부하였다. 르신과 베가는 그들 가운데 있는 한 반역자를 두려워하여 아하스를 폐위시키기 위하여 유다를 공격하였다(734년). 아하스는 즉시(이번에는 하나님의 명령을 어기고) 디글랏빌레셀에게 구원을 청하였고, 그는 곧 아람-다메섹과 이스라엘을 공격하였다. 유다는 이러한 호기(好機)를 이용하여 이스라엘을 역공할 계획을 세웠다. 호세아 5:8-10의 예언이 나온 것은 바로 이러한 시점에서였다.

전경. 북쪽으로 진군해 가면서, 유다인들은 당연히 예루살렘(베냐민 지파 영토의 경계에서 정남쪽)에서 기브아, 라마, 벧엘(여기에서는 호세아가 경멸적으로 벧아웬["허무의 집"]으로 부르고 있는)로 이어진 중앙 산지의 도로를 통해서 나아갔을 것이다. 이 역공은 성공했고, 유다는 베냐민 지파 영토의 대부분만이 아니라 에브라임 지파의 남쪽 경계에 있는 벧엘도 차지하였다. 그 후에 유다는 요시야 시대 전체에 걸쳐서 벧엘을 지배하였다(640-609년; cf. 왕하 23:4, 15-19).

이제 당신은 하나님의 진노가 부어지게 되는 이유를 알게 되었다 (אֶבְרָה, 10절). 유다는 이웃의 땅의 일부를 취하기 위하여 부정하게 "지계석을 옮기는"(cf. 신 27:17) 자처럼 북왕국의 영토의 일부를 차지하는 과정에 있었던 것이다. 나팔들과 호각은 전쟁에 대한 경고들이다. 베냐민과 에브라임 지파가 그 목표물이다. 주전 734년에 이스라엘과 아람-다메섹이 유다를 먼저 공격한 것은 잘못된 일이었다. 그러나 733년에 유다가 이에 대한 보복으로 역공한 것도 또한 잘못된 일이었다. 이사야서(7:1-9)는 전자를 단죄하였었는데, 이제 여기서 호세아는 후자를 단죄한다.

4. 문학적 배경

문학적 배경에 대한 분석은 역사적 분석과는 다른 관심들을 갖는다. 문학적 배경에 대한 분석은 여러 다양한 자료들로부터 알 수 있는 역사적 배경 전체에 관심을 갖는 것이 아니라, 영감받은 저자 또는 편집자가 어떤 본문을 어떤 문학 단위 전체 속에 놓은 특정한 방식에 관심을 갖는다. 흔히 한 본문에 대한 가장 중요한 문학적 배경은 그 본문이 놓여 있는 책 전체가 될 것이다. 그 책 안에서 해당 본문은 어떠한 자리에 위치하는가 — 해당 본문이 그 책의 전체적인 흐름에 어떤 기여를 하고 있고, 그 책의 구조는 해당 본문에 어떠한 기여를 하고 있는가 — 는 주석 과정에 있어서 문학적 배경에 대한 분석을 행하는 단계에서 가장 큰 관심을 이룬다.

4.1. 문학적인 기능을 분석하기: 하나의 장이 하나의 책에서 어떤 자리에 있는가: 예레미야 애가 5장

예레미야 애가서를 한번 쭉 빠르게 읽어서, 그 책이 어떻게 구성되어 있는지를 살펴보라. 구약개론(4.11.3) 또는 성서 사전의 항목(4.11.5)에 나오는 예레미야 애가서에 관한 것을 참조해서, 당신은 당신이 최초의 읽기에서 얻은 결과를 확인해 볼 수 있다: 애가서의 처음 네 장은 각각 정도는 다르지만 답관체(acrostic) 형식으로 된 개별적인 탄식시이다.

당신은 1장에서 각각의 절이 3개의 시석 이행구틀 남고 있고, 각 절의 첫 번째 이행구는 히브리 알파벳의 연속된 문자로 시작된다는 것을 알게 된다: אֵיכָה (1:1), בָּכוֹ (1:2), גָּלְתָה (1:3) 등. 1장에는 히브리 알파벳의 22개의 문자에 맞춰서 22개의 절이 있다. 당신은 2장도 비슷한 방식으로 구성되어 있다는 것을 발견하게 될 것이다. 그러나 3장에서 당신은 삼중으로 된 답관체 형식을 발견한다. 세 개의 묶음으로 이루어진 66개의 절들은 그 이행구들의 처음에 동일하게 연속적인 히브리어 문자가 나온다: 3:1, 2, 3에서의 אֲנִי , אוֹתִי , אֵה ; 3:4, 5, 6에서의 בְּלָה , בָּנָה , בְּמַחֲשַׁכִּים ; 3:7, 8, 9에서의 גָּדַר , גַּם , גָּדַר

등. 이 세 번째 시는 앞에 나오는 두 개의 시보다 더 길어 보이지 않는데, 그렇기 때문에 당신은 앞의 둘과는 다른 절 구분이 실제로 문제가 되지 않는다는 결론을 내린다. 당신의 호기심을 끄는 것은 이 시가 지닌 "집중도"이다: 시인은 이것보다 더한 답관체 형식을 계속해서 추구하게 될 것인가?

4장을 얼핏 보면, 그 대답이 제시된다. 당신은 또 다시 22개의 절로 되돌아가고, 절들은 단일한 답관체 형식으로 되어 있다(אֵיכָה, 4:1; בְּנֵי, 4:2; גַּם, 4:3 등). 그리고 절마다 오직 2개의 이행구가 존재한다. 답관체 형식과 이행구 패턴에 의거해서 판단해 볼 때, 당신은 애가서가 계속해서 불어나는 물줄기가 아니라, 가장 집중적인 지점 또는 절정을 이루는 3장으로부터 내리막을 형성한다는 것을 알게 된다.

4.2. 위치를 검토하기

이제 다섯 번째이자 마지막에 나오는 시(5장)로 눈을 돌려보면, 당신은 매우 흥미로운 상황을 발견한다. 각각의 절은 단 하나의 이행구로 되어 있다. 나아가, 이 이행구들은 이제 더 이상 답관체 형식으로 배열되어 있지도 않다. 이 장에 나오는 절들의 총수(22)가 보여주듯이, 이행구의 전체 숫자만이 답관체 구조를 반영하고 있을 뿐이다: 그리고 그것도 오직 희미하게만. 5장과 애가서의 나머지 부분과의 관계는 이제 훨씬 더 분명해진다. 애가서의 5장은 격한 울음으로 시작되어서(1장과 2장) 통곡으로 그 절정에 이르렀다가(3장) 점점 줄어들어서(4장) 흐느낌으로 변하는(5장) 일련의 과정의 끝부분에 위치해 있다. 그러한 일련의 과정은 전문적으로 말해서 "비극"이라 불리는 고전적인 문학 형식들 중의 하나이다.

4.3. 세부적인 내용을 분석하기

마지막 절(22절)조차도 바빌로니아에게 정복당한 후의 예루살렘의 비극적인 상태를 반영하고 있다: 하나님께서 자기 백성에게 진노하셔서 "완전히"(עַד־מְאֹד) 자기 백성을 버리는 일이 과연 있을 수 있는가? 불안과 고뇌를 보여주는 이 통렬한 진술은 살아남은 자들의 곤경을 부각시키고 있다.

4.4. 저자를 분석하기

저자와 관련해서, 당신은 애가서 5장이 이 책의 나머지 부분과 연결되어 통합되어 있기 때문에 1-4장의 저자에 의해서 씌어졌을 가능성이 많다고 잠정적으로 결론을 내린다. 구약 개론서들, 성서 사전들, 특히 예레미야 애가에 대한 주석서들에 나오는 서론 부분에서 당신은 애가서 및 그 여러 부분들의 저자에 관한 서로 상반되는 학설들을 발견하게 된다. 주석 과정의 나머지 단계들(특히 역사적 배경, 양식, 구조, 사전적 내용)은 저자 문제와 관련이 되어 있기 때문에, 저자 문제는 아직 확정적으로 대답될 수 없다. 그러나 서로 상반되는 학설들에 직면해서, 당신은 스스로 결정을 내리지 않으면 안 된다. 당신 자신의 주석이 저자의 통일성을 보여 주는 경우에는, 당신은 그러한 것을 명확하게 말하기를 주저할 필요가 없다.

5. 양식

해당 본문의 양식을 아는 것은 두말 할 필요도 없이 주석에 유익을 가져다 준다. 당신이 어떤 문헌 중의 한 부분을 정확하게 범주화

할 수 있다면, 당신은 그 부분을 그것과 비슷한 본문들과 정확하게 비교해서, 전형적인 요소들과 독특한 요소들을 둘 다 알아낼 수 있게 된다. 게다가, 어떤 문헌의 한 부분의 양식은 언제나 어떤 식으로든 그 기능과 연관되어 있다.

아래에 제시된 예는 특히 양식과 기능의 이러한 관계에 그 초점이 맞춰져 있다. 그 과정에서 이 예는 일반적인 문학유형(1.5.1), 구체적인 문학유형(1.5.2), 하위 범주들(1.5.3), 삶의 자리(1.5.4), 양식의 상대적인 완결성(1.5.5; 1.5.6) 등과 같은 여러 측면들에 대한 분석을 다루게 된다.

5.1. 기능에 대한 열쇠로서의 양식: 요나 2:3-10[개역으로는 2-9절]

이 "요나의 시"의 문학적 내용을 분석하는 과정 속에서, 당신은 이 시가 요나서에서 차지하는 위치라는 문제가 생겨난다는 것을 알게 된다. 어떤 학자들은 이 시를 현재의 맥락에 적절치 않은 후대의 첨가로 여겨왔다. 실제로 몇몇 학자들은 심지어 이 시의 문체가 요나서의 나머지 부분의 문체와 일치하지 않는다고까지 주장하였는데, 이것은 문체가 실제로는 거의 언제나 장르와 양식의 기능이기 때문에, 운문으로 된 이 시가 이야기체로 된 요나서의 나머지 부분과 다른 문체를 지닐 수 밖에 없다는 사실을 무시하고 있는 것이다. 그러나 그들의 주장들을 효과적이고 충분히 평가하기 위해서는, 당신은 이 시가 어떤 유형의 시인지, 즉 이 시의 양식을 결정하지 않으면 안 된다.

이러한 목적을 위하여 당신은 시편들의 양식을 여러 범주로 분류해 놓고 있는 책이나 주석서를 참조할 수 있다. 일례로, 당신은

Bernhard W. Anderson의 *Out of the Depths: The Psalms Speak for Us Today* (3d ed., Westminster John Knox Press, 2000) (「시편의 깊은 세계」, 대한기독교서회, 1997)를 참조해서, 그것으로부터 요나의 시는 분명히 "감사 시편"이라는 결론을 내릴 수 있다. 왜냐하면, 요나의 시는 앤더슨이 대부분의 감사 시편들이 갖추고 있다고 주장하는 다섯 가지 특징들을 지니고 있기 때문이다. 그 다섯 가지 특징은 이런 것들이다: (a) 시편 기자의 증언을 요약하고 있는 서론(MT에서 3절); (b) 과거의 환난을 묘사하고 있는 본론(4-7a절); (c) 도와달라는 호소 (8절); (d) 구원에 관한 묘사(7b절); (e) 하나님의 은혜를 찬송하고 시편 기자가 하나님에 대한 감사를 나타내 보일 것을 약속하는 결론 (9-10절). 당신이 보았듯이, 감사 시편들은 지금은 지나가 버린 곤경으로부터 하나님께서 구원해 주신 것에 대하여 감사하는 기도문들이다.

이러한 결론은 당신으로 하여금 뭔가를 생각하게 만든다. 당신은 언제나 요나가 물고기에게 삼키워진 것은 징벌이었다고 생각하여 왔었다 — 그리고 심지어 그렇게 말을 들어 왔었다. 그러나 요나는 구원으로 인하여 하나님께 감사하는 시편을 기도하고 있는 것이다! 이 이야기를 다시 읽어보면, 당신은 요나의 징벌이 실제로는 폭풍과 이로 인하여 배에서 바다로 던져진 것이라는 것을 깨닫는다(욘 1:12-15). 그러므로 물고기는 그러한 징벌로부터의 구원을 나타낸다. 이제서야 몇 가지 것들이 제자리를 잡기 시작한다. 이 시편은 요나의 일관되지 못한 태도를 생생하게 나타내 보여줌으로써 이 이야기의 목적에 기여한다. 이 시편을 통해서 요나는 자기가 죽어 마땅한 자임에도 불구하고 자기를 구원해 주신 것에 대하여 야훼께 웅변적으로 감사를 표현한다; 그러나 요나는 나중에 야훼께서 니느웨 백성을 구원해 주신 것에 대하여 분개하고, 니느웨 백성들이 죽었으면 하는 바람을 계속해서 드러낸다(4장). 이 시편의 양식을 아는 것은 실제적으로 요나의 성격을 좀 더 자세하게 알 수 있게 해 주는 것이다.

요나 2:3-10의 삶의 자리에 관한 보충설명: 일부 학자들은 감사 시편들은 성전 예배 속에 그 삶의 자리를 가지고 있었다는 이론을 제시해 왔다. 이스라엘 사람이 성전에 제사를 드리러 와서, 제물을 드리면서 감사 시편을 암송하거나 들은 후에, 다시 돌아와서 다른 제물들을 드릴 것을 서약하고 성전을 떠났다는 것이다. 그러나 증거들은 이스라엘 사람들은 삶의 여러 경우들에서 시편들을 기도문으로 사용하였다는 것을 보여준다(다수는 분명히 이차적인 것이긴 하지만; 시편들의 표제들; 선지자들에 의한 시편들의 사용; 막 14:26 또는 행 16:25에서처럼 신약성서에서 성전과는 상관없는 맥락들 속에서 시편들을 노래하고 있는 것; cf. 엡 5:19; 골 3:16). 따라서 요나가 감사 시편을 사용한 것은 실제로 아주 전형적인 것이었다. 그러한 시편들의 삶의 자리는 곤경으로부터의 구원에 대하여 감사할 수 있는 그 어떤 경우도 될 수 있었다.

6. 구조

어떤 본문의 구조를 이해하는 것은 저자가 자신의 생각 속에서 의식적으로든 무의식적으로든 해당 본문 속에 설계한 내용의 흐름을 파악하는 것이다. 그러나 이것을 뛰어넘어, 의미는 단어들과 문장들 이외의 것에 의해서도 전달된다는 사실을 깨닫는 것이 중요하다. 단어들과 문장들이 서로 어떻게 관련되어 있는가, 그러한 것들이 해당 본문 속의 어디에 나타나는가 하는 것은 해당 본문을 이해하는 데에 아주 중요한 영향을 미칠 수 있다. 실제로 구조는 흔히 해당 본문이 하나의 단락으로 되어 있는지, 아니면 여러 독립적인 단락들로 이루어진 것인지를 결정함에 있어서 주요한 판단 기준이 된다. 구조 분석에 있어서 핵심적인 단어는 "패턴들"이다. 패턴들은 강조들과 관계들을 보여주고, 강조들과 관계들은 의미의 우선 순위를 결정한다. 어떤 본문의 구조를 분석함에 있어서 당신이 대답해야 할 기본적인 질문은 이런 것이다: 나는 이 본문이 서로 결합되어 있는 방식으로부터 무엇을 알 수 있는가? 놀랍게도 아주 자주 세심한 작업을 통해서 우리는 눈으로 한 번 얼핏 보았을 때보다도 훨씬 더 많은 것을 알아낼 수 있다.

6.1. 구조와 통일성을 분석하기: 아모스 5:1-17

아모스 5장을 분석하다보면, 당신은 1-17절이 통일적인 전체인지 아닌지가 즉각적으로 분명하지 않다는 것을 깨닫게 된다. 당신은 학자들이 통상적으로 이 단락 전체를 아모스의 것으로 돌려왔다는 것을 보게 되지만, 일부 학자들은 이 절들이 아모스가 여러 시기에 여러 장소에서 전했던 여러 작은 설교 단위들을 모아 놓은 것이라고 주장히어 왔다. 1.6에 나오는 시시사항늘을 따라서, 당신은 주의 깊게 이 단락의 개요를 작성하고, 패턴들을 찾아내며, 시적인 병행법을 분석한다. 당신은 몇몇 흥미로운 대응들을 발견해 낸다.

1-3절은 애가(קִינָה)에 관하여 말하면서, 이스라엘의 파국을 예고한다.16-17절도 마찬가지인데, 이 절들의 강조점은 훤화하고(מִסְפֵּד) 애곡하는(אָבֵל) 것에 두어져 있다. 실제로 16-17절은 1-3절에 묘사된 파멸로부터 기인한 슬픔을 묘사하고 있는 것으로 보인다. 4-6절로 넘어가면, 당신은 이 절들이 야훼를 찾고(דִּרְשׁוּנִי), 금지된 악한 행실들을 피함으로써 살 수 있다는(וִחְיוּ) 것을 주제로 삼고 있다는

것을 알게 된다. 흥미롭게도 14-15절은 이것과 동일한 몇몇 어휘들을 채택하여, 야훼의 뜻을 행하는 것과 악을 행하는 것을 대비시키고 있다.

그 밖의 다른 대응들이 존재하는가? 7절의 주제는 불의이다: 마땅히 되어야 할 것의 정반대가 되어 있는 상황들. 좀 더 나아가면, 당신은 10-13절도 이와 동일한 주제를 말하고 있다는 것을 발견하게 된다. 거기에서 야훼는 아모스 시대에 이스라엘 사람들이 행하고 있던 불의들을 상당히 자세하게 통렬히 비난한다.

13절에서 עֵת רָעָה ("악한 때")는 7절과 10-13절이 공통적으로 묘사하고 있는 것을 요약하고 있는 것임에 틀림없다. 오직 8절과 9절만이 남겨진다. 이 두 절은 어떻게 서로 비교가 되는가? 당신은 8절이 야훼의 창조하시는 능력은 야훼께서 파괴하시는 능력도 지니고 있다는 것을 의미한다는 사실을 묘사하고 있는 것을 본다. 그리고 9절도 그러한 파괴, 심지어 강한 자들(עָז)에 대한 파괴에 관하여 말하고 있다.

끝으로, 당신은 BHS에서 8절 끝에 나오는 יְהוָה שְׁמוֹ 라는 두 단어가 한 행에 위치해 있는 것을 보게 된다. 분명히 BHS의 아모스서 편집자(Elliger)는 당신에게 이 두 단어가 병행을 갖고 있지 않은 채로 홀로 두드러져 있다는 것을 조언하고 있다. 오른쪽 페이지의 단어들("야훼가 그의 이름이다")은 해당 본문의 거의 중앙에 위치해 있기 때문에, 당신은 이 단어들을 중심으로 해당 본문을 대칭적으로 구조화시킬 수 있는지의 여부를 결정해야 한다. 다음에 나타낸 것이 바로 그 결과이다:

<pre>
  1-3
    4-6
       7
         8ᵃ⁻ᶜ
            8ᵈ (יְהוָה שְׁמוֹ)
         9
       10-13
    14-15
  16-17
</pre>

당신은 이것이 큰 규모의 교차대구법, 즉 의도적으로 중앙집중적으로 배치하고 있는 문학 양식이라는 것을 깨닫는다. 아모스가 의도적으로 자신에게 임한 계시를 이런 식으로 구조화했다고 판단한다면, 당신은 해당 본문이 통일적이라는 결론을 내릴 수 있다.

단계 11에서 나중에 설명할 절차들을 사용해서, 당신은 J. DeWaard가 당신의 분석을 대체적으로 확증해 주고 있고, *Vetus Testamentum* 27 (1977), pp. 170-77에 실린 "The Chiastic Structure of Amos v 1-17"라는 논문 속에서 이 본문의 구조에 대한 세밀하고 자세한 설명을 제시하고 있다는 것을 알게 될 것이다. 그러므로 당신은 필요하다면 당신 자신이 내린 결론들을 다듬고 손질하기 위해서 DeWaard의 논문을 사용할 수 있을 것이다. 그러나 당신은 해당 본문의 기본적인 구조적 특징들을 발견해 내기 위하여 DeWaard의 분석을 처음부터 사용할 필요는 없다. 당신이 할 수 있는 것은 세심한 주의를 기울여서 스스로 하도록 하라. 게다가, 기본적인 구조 분석을 스스로 해 놓은 상태라면, 당신은 DeWaard의 논문이 당신의 주석에 어떤 기여를 할 수 있는지를 평가하고 인식할 수 있는 훨씬 더 나은 위치에 있게 된다.

달리 말하면, 주의깊은 주석자는 언제나, 이차적인 문헌들을 평가하고 가장 효과적으로 활용할 수 있게 해 주는 필수적인 비평적 분석을 스스로 행함이 없이 처음부터 이차적인 문헌에 의존하는 사람들보다 해당 본문에 대한 이차적인 문헌들 속에서 더 많은 것들을 얻어낼 수 있는 더 나은 "소비자"가 된다는 말이다.

7. 문법적인 자료들

여기에 당신이 히브리어 문법을 배우느라 소비했던 모든 시간들을 마침내 보상해 줄 수 있는 것이 있다. 문법의 목표는 정확성이다. 어느 언어에서든지 나쁜 문법은 우리의 미각을 해칠 수 있지만, 그것보다 더 큰 위험은 나쁜 문법은 본문에 대한 우리의 이해를 가로막을 수 있다는 것이다. 주석 과정 속에서 구약성서의 어떤 본문과 관련하여 문법을 제대로 인식하지 못하게 되면, 그것은 단지 본문의 미묘한 점들을 알아내지 못하는 데에서 그치지 않고, 본문에서 정확하게 무엇을 말하고 있고 말하고 있지 않는지를 알 수 없게 된다는 것이다.

7.1. 문법적인 모호성을 해결하기: 사사기 19:25

וַיַּחֲזֵק הָאִישׁ בְּפִילַגְשׁוֹ וַיֹּצֵא אֲלֵיהֶם

그래서 그 사람은 자기 첩을 붙잡아
그녀를 그들에게로 밖으로 끌어내었다.

사사기 19장을 주석하다보면, 당신은 당혹스러울 정도로 분명한 모순을 알게 된다. 이 레위인은 한 무리의 불량배들에게 자신의 첩을 내어주어 욕보인 것에 대하여(22-25절) 아무렇지 않게 생각했던 것처럼 보이는데(28절), 나중에 그는 그 불량배들이 자신의 첩에게 행한 일에 대하여 격분해서 온 이스라엘에게 이 문제에 대하여 문제를 제기하고 싸우게 하고 있는 것으로 보인다(29-30절; 20장). 그러나 당신이 처음 읽을 때에 받은 인상이 과연 정확한 것인지를 결정하기 위하여, 정확한 문법을 염두에 둔 채로 해당 본문을 다시 한 번 정확하게 읽어 보라. 당신이 특별히 관심을 가져야 할 것은 25절에 관련된 당사자들이 정확히 누구였는지를 이해하는 것이다.

당신은 이 이야기 속에 나오는 등장인물들이 각각 한 가지 방식 이상으로 지칭되고 있다는 것을 발견하게 된다. 구체적으로 말하면, 레위인은 אִישׁ לֵוִי ("레위인," 1절); אִישָׁהּ ("그녀의 남편," 3절); חֲתָנוֹ ("그의 사위," 5절); הָאִישׁ ("그 사람," 7, 9, 17, 22, 28절 등)로 지칭된다. 그리고 이 레위인이 기브아에서 묵었던 집 주인인 에브라임 사람은 אִישׁ זָקֵן ("노인," 16절); הָאִישׁ ("그 사람," 16, 22, 23, 26절); הָאִישׁ הַזָּקֵן ("그 노인," 17, 20절 등)으로 불린다. 이러한 지칭들을 얼핏 비교해 보기만 해도, 당신은 레위인이나 에브라임 사람, 이 둘 중 어느 쪽도 단순히 הָאִישׁ ("그 사람")로 지칭될 수 있나는 것을 알 수 있게 된다. 그렇다면, 25절에서 הָאִישׁ ("그 사람")로 지칭되고 있는 사람은 문법적으로 정확히 누구인가? 레위인의 첩을 가리키는 말은 어느 정도 분명하게 나오지만, הָאִישׁ ("그 사람")가 누구를 가리키는지는 모호하다. 이것을 결정하기 위해서는 두 방면으로부터의 증거들을 서로 달아보아야 한다.

첫째, 당신은 25절 이외의 다른 곳에서 레위인이나 에브라임 사람은 둘 다 הָאִישׁ ("그 사람")로 불릴 수 있고, 또한 הָאִישׁ ("그 사람")에 수식어가 붙은 형태, 즉 הָאִישׁ הָאֹרֵחַ ("여행중에 있는 사람[나그네]," 17절) 또는 הָאִישׁ בַּעַל הַבַּיִת ("그 집을 소유한 사람[집 주인," 22절)로 불릴 수 있다는 것을 보게 된다. 따라서 25절에 나오는 הָאִישׁ("그 사람")가 누구를 가리키는지는 정말 모호하다. 그 단어에 수식어가 없기 때문에 이러한 모호성이 생겨나게 된 것이다.

둘째, 당신은 22-25절에서 집 주인이 불량배들과 대화하고 있다는 것은 분명하게 확인이 되지만, 레위인이 불량배들과 대화하였다는 것을 보여주는 증거는 전혀 없다는 것을 알게 된다. 그러므로 당신은 הָאִישׁ("그 사람")가 문법적으로 가리키는 대상은 레위인이 아니라 에브라임 사람이라는 결론을 내릴 수 있다.

물론, 문법적인 분석은 한계들을 갖는다. 사사기 19장의 경우에 또 하나의 문제가 남는다: 레위인은 에브라임 사람이 무슨 일을 행했었는지를 알고 있었던 것일까? 문법은 그러한 문제로 인도해 줄 수는 있지만, 거기에 답해 줄 수는 없다. 이 문제에 대한 해법은 해당 본문에 대한 구조 분석(전형적으로 간결한 성경적 이야기, 이 본문은 꼭 필요한 것 외에는 자세한 내용들을 생략하고 있고, 당신이 레위인이 에브라임 사람의 행위를 몰랐다는 것을 전제하도록 기대한다)과 역사적 배경에 대한 분석(고고학적으로 많은 이스라엘의 집들은 거실이나 침실 — 여기에 레위인이 있었을 것이다 — 을 앞뜰에 있는 대문에서 가급적 멀리 뒤편에 두었다)에서 발견된다.

7.2. 구체적인 문법 사항을 확인하기: 호세아 1:2

זְנוּנִים כִּי־זָנֹה תִזְנֶה הָאָרֶץ מֵאַחֲרֵי יְהוָה

לֵךְ קַח־לְךָ אֵשֶׁת זְנוּנִים וְיַלְדֵי

너는 가서 음란한 여자를 맞이하여 음란한 자식들을 낳으라

이 나라가 여호와를 떠나 크게 음란함이니라.

호세아 1장을 주석할 때, 당신은 즉시 해석상의 문제에 부딪히게 된다: 하나님은 정말 호세아에게 창녀와 결혼하도록 명령하셨는가? 많은 주석자들은 이에 대하여 긍정으로 대답하면서, 흔히 호세아의 아내는 결혼 후 얼마 안 되어 창녀가 되었고, 호세아는 이스라엘이 야훼에 대하여 신실치 못한 것에 대한 유비(類比)를 찾는 가운데 자신의 과거를 되돌아 보면서 마치 자기가 애초부터 창녀와 결혼하도록 명령을 받았다는 듯이 자신의 결혼에 관한 이야기를 재진술하였다고 주장한다. 그러나 이렇게 해석하는 학자들은 히브리어 문법을 제대로 알고 있다고 보기 힘들다.

히브리어에는 "창녀"를 뜻하는 단어가 오직 세 가지만 존재한다: קְדֵשָׁה ("성창"), זֹנָה ("통상적인 창녀"), כֶּלֶב ("남창"). 당신은 이 본문 속에서 아주 명백한 사실을 보게 되는데, 그것은 이 세 단어 중 그 어느 것도 이 본문 속에서 사용되지 않고 있다는 것이다. 오히려 특별한 복합어가 등장한다: 여자 또는 아내를 가리키는 אִשָּׁה 라는 단어가 히브리어 문법 학자들이 보통 "연계형"이라 부르는 형태로 나오고, 여기에 זְנוּנִים 이라는 남성 복수형 명사가 결합되어 있다. 히브리어 문법책을 살펴보면(4.7.1), 당신은 히브리어에서 남성 복수형은 추상적인 개념을 전달하기 위한 표준적인 방식이었다는 것을 알게 된다 — 이 경우에는, "창녀"가 아니라 "음행," 즉 신학적인 맥락 속에서 "정절"의 반대 개념.

게다가, 당신은 "연계형"으로 된 명사들은 흔히 "무엇을 특징으로 하고 있는 것"이라는 식으로 그 지배 명사와 논리적으로 연결되어 있기 때문에, אֵשֶׁת זְנוּנִים 는 "창녀"라기보다는 "음행(이라는 추상적인 개념)을 특징으로 하는 여자"를 의미한다는 것을 알게 된다. 또한 당신은 호세아의 자녀들이 "창녀의 자녀들"이 아니라 "음행(이라는 추상적인 개념)을 특징으로 하는 자녀들," 즉 정확히 히브리어 연계형 구조로 된 זְנוּנִים יַלְדֵי 로 불리고 있다는 것을 보게 된다. 또한 당신은 이 절이 계속해서 (이스라엘의) 땅이 "철저하게 음행을 범하고 있다"(הַזְנֵה תִזְנֶה)라고 말하고 있는 것을 보게 된다. 끝으로, 문법은 당신에게 이 절의 끝에 나오는 전치사인 מֵאַחֲרֵי 가 문자적으로 "무엇을 좇는 것으로부터 떠나서," 즉 야훼를 "좇는 것과는 다른 방향으로"를 의미하는 복합 전치사라는 것을 말해 준다.

이렇게 호세아의 아내, 호세아에게 마침내 태어난 자녀들, 일반적인 이스라엘의 땅, 이 세 가지 모두에 관하여 동일한 것이 말해지고 있다 — 이 세 가지 중 그 어디에서도 실제로 성(性)을 파는 것과 명백하게 연관된 의미는 찾아볼 수 없다. 그렇다면 무엇이 말해지고 있는 것인가? 호세아의 아내나 자녀들이나 이스라엘 백성이 문자그대로 "창녀들"이라고 불리고 있는 것이 아니라면, 본문에 나타나 있는 그들에 대한 고소는 과연 무엇이란 말인가? 이 문제에 대답하기 위해서는 관련된 히브리어 문법에 대한 예리한 안목을 여전히 지니고 있어야 하겠지만, 부분적으로 당신은 문학적 배경과 성경적 배경을 살펴보지 않으면 안 된다. 해당되는 히브리어 어근인 znh 가 호세아서(그리고 에스겔서 같은 그 밖의 다른 예언적 맥락들) 속에서 주로 사용되고 있는 방식을 살펴보면, 당신은 이 어근이 주로 야훼에 대한 "궁극적인 [종교적] 부정(不貞)"이라는 의미를 전달하기 위하여 비유적으로 사용되고 있다는 것을 발견하게 된다. 호세아 1:2로 되돌아가 보면, 당신은 이 절이 개념적으로 이사야 64:6 또는 시편 14:2-3(cf. 롬 3:10-12)과 병행되고 있다는 결론을 내리게 된다. 따라서 이 본문은 약간 과장된 방식으로 온 이스라엘이 야훼의 계약을 버렸기 때문에 호세아의 아내와 자녀들 — 호세아가 어떤 여자와 결혼했든지 간에 — 도 전반적으로 이스라엘 "땅"이 보여주는 동일한 부정(不貞)에 의해서 오염될 것이라는 것을 말해주고 있는 것이다.

7.3. 정서법과 형태론을 분석하기

1.7.2가 명확하게 보여주듯이, 히브리어 정서법 또는 형태론에 대한 분석은 초보자들이 쉽게 시도할 수 있는 작업이 아니다. 그러나 이 작업의 가치는 흔히 문제있는 구절들, 특히 중세의 마소라 학자들이 단어들을 어떻게 이해할 것인지와 관련하여 내린 결정들이 의심스러운 경우에 이루 헤아릴 수 없이 크다.

정서법적 분석은 기형적인 내용을 제거해 준다: 창세기 49:10

לֹא־יָסוּר שֵׁבֶט מִיהוּדָה
וּמְחֹקֵק מִבֵּין רַגְלָיו
עַד כִּי־יָבֹא שִׁילֹה
וְלוֹ יִקְּהַת עַמִּים

세 번째 행에서 히브리어는 "실로가 올 때까지" 또는 "그가 실로에 올 때까지"라고 말하고 있는 듯이 보인다. 그런데 이 두 가지 의미는 문맥에 비추어 보아 모두 이상하고, 당신의 읽기는 마소라 학자들이 붙인 모음점이 번역자들 편에서 대체로 불만족스럽다는 것을 보여 주는 것이다. 이 경우에 설득력있는 해법을 제시하기 위해서는 고대 히브리어 정서법(철자를 쓰는 법)에 대한 어느 정도의 식견을 필요로 하는데, 그렇게 하기 위해서는 초보 수준을 넘는 히브리어 지식이 필요하다(1.7.2를 보라).

문제는 모음점 붙이기, 정서법, 심지어 단어를 어디에서 끊어 읽느냐 하는 것과도 관련이 있을 수 있다. עַד כִּי 라는 단어 결합이 뜻

하는 의미는 아주 분명해 보인다. 그러나 יָבֹא שִׁילֹה 를 해석하는
또 다른 방식이 존재하는가? 이 본문 속에서 진정으로 이상한 요소
는 שִׁילֹה ("실로")이기 때문에, 당신은 이 단어를 다시 분석하기로
결정한다. 모음들을 제거하는 것은 모음점 붙이기에 대한 중세 마
소라 학자들의 부정확한 견해를 제거하는 것이다. 그렇게 했을 때,
이제 당신은 שׁילה 라는 단어를 갖게 된다. 이 단어는 더 구분될 수
있는가? 여백 문제로 인해서 שׁילה 라는 단어가 생겨났을 가능성이
있는가? 당신은 이 단어를 שׁי 와 לה로 구분한다. שׁי를 검토해 보면,
당신은 그 자음들이 "선물(들), 조공(들)"을 의미하는 통상적인 히
브리어 단어(שׁי)의 자음들이라는 것을 발견하게 된다. 그러나 לה는
과연 무엇인가? Cross and Freedman의 *Early Hebrew Orthogra-*
phy(4.7.2)를 참조하면, 당신은 당신은 한때 לוֹ ("그에게")를 לה 로
표기하였다는 것을 알게 된다. 따라서 שׁילה 는 "그에 대한 조공"이
라는 의미일 수 있다.

이제 당신은 יָבֹא 를 면밀하게 살펴본다. 여기에서도 다시 한번
모음점을 새롭게 보기 위하여 마소라 본문의 모음점을 제거하면,
당신 앞에는 יבא가 남게 된다. 크로스와 프리드만은 당신에게 창세
기 49장 같은 초기 시(詩)들 속에서 원래의 정서법에는 모음이 없었
고, 따라서 매우 모호하였다는 것을 말해 준다. 따라서 יבא라는 자
음들은 모음점을 붙였을 때에 יָבֹא ("그가 오다"), יָבִיא ("그가 가져
오다," 히필형), יוּבָא ("그것이 가져와지다," 호팔형) 등을 나타낼 수
있다. 마지막 대안이 당신의 주의를 끄는데, 그 단어가 문맥에 아주
잘 들어맞기 때문이다.

당신은 이 시에서 "실로"라는 단어가 나오는 행은 다음과 같이 읽
혀져야 한다는 결론을 내린다(결국 원래의 본문이 씌어진 오랜 후
에 단어들을 어떻게 해석해야 하는가에 관한 하나의 견해를 대표하

는 마소라 본문의 꽤 타당한 추정과 아울러):

עַד כִּי־יָבֹא שִׁי לֹה

조공이 그에게 가져와질 때까지

이러한 의미가 다음에 나오는 병행되는 행("그리고 열방들의 복종이 그의 것이 될 때까지")와 완벽하게 맞아들어간다는 사실은 당신의 결론이 옳다는 것을 확증해 준다.

관련 문헌들을 검토해 보면(단계 11), 당신의 결론은 추가적인 밑받침을 발견하게 된다: W. L. Moran 교수는 *Biblica* 39 (1958), pp. 405-25에 실린 "Genesis 49:10 and Its Use in Ezekiel 21:32"라는 논문 속에서 정확히 이러한 해석이 지금까지 가장 설득력 있는 해석이라고 주장하였다.

보충설명: 결론을 산출해 내는 데 필요한 이와 같은 유의 기술(技術) 중 일부는 결론을 확신있게 평가하는 데도 필요할 것이다. 창세기 49:10을 위에서와 같이 재해석하는 일이 당신에게 결코 일어나지 않는다고 할지라도, 다른 사람들에게 떠오른 대안들 중에서 하니를 선택할 때에도 여전히 이와 같은 세심한 작업이 요구된다. 따라서 주석과 관련된 당신의 노력은 당신에게 학문적인 성과를 거두는 것뿐만 아니라 학문적인 성과를 평가하는 역량도 제공해 주는 보답을 하게 될 것이다. 달리 말하면, 당신의 주석 기술들이 발전됨에 따라, 당신은 주석적인 연구들에 대한 더 나은 독자 — 단순히 더 나은 저자만이 아니라 — 가 된다.

8. 사전적 자료들

어떤 본문 속에서 어떤 단어들과 어구들이 가장 중요한 것들인가를 결정하는 데에는 상당한 정도의 주관성이 개입된다. 이것이 이 단계가 주석 과정 속에서 앞이 아니라 바로 여기에 오게 되는 한 가지 이유이다: 당신은 용어들을 심화 연구를 위하여 선택하기에 앞서, 가능한 한 당신이 주석하기로 선택한 본문에 익숙해질 필요가 있다. 당신 자신의 호기심과 당신의 청중들의 지식 수준을 지침으로 삼으라. 꼭 필요하다면, 주석자들이 어떤 단어들을 선별해서 주석하였는지를 살펴보라. 그러나 여기에서 주의할 것이 있다. 주석자는 자신의 주석서의 5장에서 어느 한 단어를 다루었다면 그 단어가 10장에 나오는 경우에 그 단어를 다시 주석하려 들지 않을 것이다. 무엇이 중요한지에 대한 당신의 판단을 신뢰하라. 특정한 단어가 구약성서에 얼마나 자주 등장하는지를 알아보기 위해서, 당신은 컴퓨터 성구사전이나, 예를 들면, Even-Shoshan의 성구사전을 참조할 수 있을 것이다(4.8.2). 자신의 분석 속에서 비교적 빠짐없이 다루고자 한다면, 어떤 용어에 관하여 얼마나 많은 것들이 말해질 수 있는지를 보기 위해서는, 예를 들면 *TDOT* 또는 *TWOT*(4.8.2)를 참조하라.

8.1. 핵심 단어들을 살펴보는 것이 지니는 가치: 역대하 13장

1.8에 나오는 지시사항들을 따라서, 당신은 이 장 전체를 어 보면서 설명을 필요로 한다고 생각되는 단어들을 골라 낸다. 처음에는 당신은 당신이 얼마나 많은 용어들을 결국 다루게 될지에 대한 것을 염두에 두지 말고 자유롭게 선택한다. 다음에 나오는 것들은 당신이 선택한 용어들이다:

3, 17절	אֶלֶף	"천"
3, 17절	אִישׁ בָּחוּר	"용사"
4절	הַר צְמָרִים	"스마라임 산"
4절	כָּל־יִשְׂרָאֵל	"온 이스라엘"
5절	מַמְלָכָה	"왕권"
5절	לְעוֹלָם	"영원히"
5절	בְּרִית מֶלַח	"소금 언약"
6절	עֶבֶד שְׁלֹמֹה	"솔로몬의 신하"
7절	רֵקִים	"무가치한(난봉꾼)"
7절	בְּלִיַּעַל	"아무짝에도 쓸모 없는(잡배)"
7절	רַךְ־לֵבָב	"우유부단한"
8절	לֵאלֹהִים	"신들로서"
9절	לְמַלֵּא יָדוֹ	"스스로를 구별하기 위하여"
9절	לֹא אֱלֹהִים	"신 아닌 것들(허무한 신들)"
10절	בִּמְלָאכֶת	"수종들어"
11절	הַשֻּׁלְחָן הַטָּהוֹר	"깨끗한 상"
15절	וַיָּרִיעוּ	"그리고 그들이 소리를 질렀다"
15, 20절	נָגַף	"폐주시켰다/쳤다"
18절	אֱלֹהֵי אֲבוֹתֵיהֶם	"그들의 조상들의 하나님"
19절	בֵּית־אֵל וְאֶת־בְּנוֹתֶיהָ	"(벧엘)과 그 주변 동네들"
22절	מִדְרַשׁ הַנָּבִיא עִדּוֹ	"선지자 잇도의 주석 책"

당신이 이러한 용어들 중 얼마나 많은 수를 다루게 될 수 있을지
— 그리고 그렇게 해서 선택하게 된 용어들을 어느 정도나 자세하
게 다룰 수 있을지 — 는 당신이 작성하고자 하는 논문의 세밀함의
정도에 달려 있다. 당신은 광범위한 논의를 필요로 하지 않는 용어·

들은 사역(私譯)과 관련된 주나 주석 속의 다른 곳에서 설명하고, 비교적 소수의 단어들만을 선택해서 자세하게 분석하기로 결정한다. 당신은 실질적인 논의를 필요로 하는 다섯 개의 용어들을 선택한다. 그 용어들은 다음과 같다:

אֶלֶף "천"(3, 17절)

당신의 읽기는 당신에게 אֶלֶף 가 문자적으로 "천"이라기보다는 "군사적인 단위"를 의미한다는 것을 알려주었고, 당신은 당신의 주석 속에서 이것의 중요성을 설명할 필요가 있다.

בְּרִית מֶלַח "소금 언약"(5절)

이 드물게 사용되는 용어는 민수기 18:19에 이미 나왔고, 문자적으로 정확히 동일하지는 않지만 개념상으로는 레위기 2:13과 에스라 4:14에서 확인되는데, 분명히 아비야가 다윗 가문의 왕권에 관하여 어떻게 생각하고 있는지를 조명해 줄 것이다.

לֹא אֱלֹהִים "신 아닌 것들(허무한 신들)"(9절)

이러한 용어는 정통적인 유대인의 관점에서 다신교/우상 숭배를 이해할 때에 중요하였음에 틀림없다.

נָגַף "패주시키다, 패배시키다, 쳐서 넘어뜨리다"(15, 20절)

대부분의 번역들은 이 단어를 15절과 20절에서 서로 다르게 번역한다. 이 단어의 용법을 이해하는 것은 여기에 서술된 사건들 속에서의 하나님의 역할을 규정하는 데에 도움이 될 수 있다.

מִדְרָשׁ הַנָּבִיא עִדוֹ "선지자 잇도의 주석 책"(22절)

이 문서에 대한 이해는 분명히 역대기사가가 자신의 역사서를 어떻게 편찬하였고, 그가 어떤 청중을 위하여 자신의 역사서를 쓰고 있었는가를 당신이 이해하는 데에 기여할 것이다.

이 다섯 개의 용어들 가운데에서 당신은 자세한 심화 연구를 통해서 분석할 용어로 בְּרִית מֶלַח 를 선택하기로 결정한다. 이제 당신은 בְּרִית ("언약")와 מֶלַח ("소금")에 대하여 4.8.3에 서술되어 있는 과정을 밟아야 한다. 또한 신학 사전들(4.8.4)와 큰 성서 사전들(*IDB, ISBE* 등; cf. 4.11.5)을 참조하면, 당신은 בְּרִית מֶלַח 가 사실상 "영원한 언약," 그리고 심지어 "영원한 왕적 언약"을 말하는 방식이라는 것을 알게 된다. 이것은 소금이 음식을 보존하는 역할을 하였고(cf. 레 2:13), 또한 소금이 왕적인 언약 식사들과 연관되어 있었기 때문이었다(cf. 스 4:14). 실제로 이 용어는 풍부한 뉘앙스를 지니고 있었기 때문에, H. C. Trumbull은 *The Covenant of Salt*라는 책을 쓰기도 했는데, 당신이 이 책을 입수할 수 있다면, 단어에 대한 심화 연구 과정 속에서 자세하게 참조할 가치가 분명히 있을 것이다.

9. 성경적 배경

흔히 단계 9.1, 9.2, 9.3은 함께 진행이 될 것이다. 해당 본문이 성경의 다른 곳에서 어떻게 사용되고 있는지를 살펴보는 것(그러나 모든 본문들이 다른 곳에서 사용되고 있는 것은 아니다)은 해당 본문과 성경의 나머지 부분과의 관계를 정확하게 규명하고, 성경을 이해함에 있어서 해당 본문이 지닌 의의를 평가하는 데에 도움을 준다.

9.1. 넓은 맥락을 살펴보기: 예레미야 31:31-34

당신의 최초의 관심은 해당 본문이 성경의 다른 곳에서 직접 인용되거나 간접 인용되고 있는지를 알아내는 것이다. 로마 시대 이전의 고대 근동에서는 한 문학 작품을 다른 문학 작품 속에서 직접적으로 인용하는 경우가 매우 드물었기 때문에, 당신은 구약성서의 한 부분을 구약 성서의 다른 부분에서 인용하고 있는 것을 발견할 것이라고 기대할 수 없다. 그러나 간접적인 인용은 존재할 수 있고, 신약성서는 구약성서를 분명히 직접 인용하기도 하고 간접 인용하기도 한다. 여기에서 두 가지 보조도구가 당신이 주석서들을 참조할 필요가 있기 전에 당신의 주석 과정을 안내해 줄 것이다: 대부분의 헬라어 신약성서들에 나오는 "인용문 색인"(종종 "직접 인용문과 간접 인용문의 색인"이라 불리는)과 관주 성경에 나오는 관주들.

신약성서에 부록으로 붙어 있는 색인을 살펴보면, 당신은 당신이 선택한 본문(예레미야 31:31-34)과 관련하여 다음과 같은 내용들을 발견하게 된다:

렘 31:31   마 26:28; 눅 22:20; 고전 11:25

  31-34   고후 3:6; 히 8:8-12

  33   고후 3:3; 히 10:16

  33-34   롬 11:27; 살전 4:9

  34   행 10:43; 히 10:17; 요일 2:27

헬라어(영어) 신약성서 속에서 이 구절들을 찾아보면, 당신은 처음 세 개의 구절들(마 26:28; 눅 22:20; 고전 11:25)은 모두 성만찬의 제정과 관련이 있고, 모두 예레미야 31:31로부터의 직접 인용문들은 아니라 할지라도 진정한 간접 인용문들을 나타내고 있는 것으로 보인다는 것을 발견하게 된다. 이것으로부터 당신은 특히 무엇보다도 성만찬이 예레미야가 31:31에서 행한 예언의 성취를 상기시키고 있다는 것을 알게 된다. 네 번째 구절인 고린도후서 3:6은 예레미야 31:31과 31:34 두 절을 간접 인용하고 있는 듯이 보이고, 기록된 율법들을 지키는 것을 의(義)의 핵심으로 삼는 순전히 기술적인 (technical) 관계보다 하나님에 대한 영적인 관계가 이루 말할 수 없는 장점을 지니고 있다는 것을 강조함으로써 원래의 예언에 해석의 깊이를 더해주고 있다.

히브리서 8장에 나오는 것은 예레미야서의 해당 구절 전체에 대한 완전한 직접 인용문으로서 그 주된 의미를 잘 드러내 준다(이 인용문은 신약성서에 나오는 구약성서 인용문들 중에서 가장 긴 것들 중의 하나이다). 그러나 그 밖에도 옛 계약에 대한 새 계약의 우월성을 보여주려는 의도를 지니고 있는 책인 히브리서에서 이 인용문을 사용하고 있다는 것은 예레미야서의 본문이 암묵적으로 시내산 계약의 잠정적인 성격을 어떻게 환기시켜 주고 있는지를 특별히 강조하고 있다.

고린도후서 3:3에서의 예레미야 31:33의 사용은 또 하나의 간접 인용으로서 — 직접 인용이 아니라 — 여기에서 바울은 사람이 살아 있는 계약에 참여하고 있다는 것을 강조함으로써, 당신에게 바울이 예언은 하나님과 관련을 맺는 또 다른 — 좀 더 응답적이고 좀 더 결정적인 — 방식과 관련이 있는 것으로 보고 있다는 것을 알게 해 준다. 히브리서 10:16은 또 하나의 직접 인용문으로서, 이번에는 예레미야의 예언이 하나님의 구속 행위가 옛 계약의 희생제사 질서를 불필요하게 만들 시대를 어떤 식으로 내다보고 있는지를 강조할 목적으로 사용된 경우이다. 바로 이것이 당신이 주목하고자 하는 관점이다.

이 예언 중에서 33절과 34절의 일부가 이스라엘 민족의 회복과 관련된 로마서 11:27에 등장한다. 예레미야의 말씀의 이 측면은 무시될 수 없다(cf. 신 4:31). 바울은 새 계약 속에서 이스라엘에 대한 약속들의 진정한 성취를 발견하고 있는 것이다.

다음으로 열거되어 있는 데살로니가전서 4:9을 살펴보면, 당신은 예레미야 31:31-34로부터의 그 어떤 단어에 대한 분명한 간접 인용도 확인하지 못한다. "서로 사랑하라"는 말씀은 예레미야 31장이 아니라 레위기 19:18 또는 신명기 10:18, 19, 또는 잠언 17:17 등과 같은 본문에 대한 간접 인용일 가능성이 더 많아 보인다. 그렇다면, "인용문 색인"은 이 점에서 잘못된 것인가? 아마도 그럴 가능성이 많을 것이다. 인용문 색인은 당신이 세심한 주의를 기울여서 사용해야 하는 그런 성격의 목록이다.

마찬가지로 사도행전 10:43은 오직 매우 일반적인 의미에서만 예레미야 31장과 관련이 있다고 볼 수 있다. 죄사함은 하나의 본문보다 훨씬 더 광범위한 예언적 약속이다. 그러나 히브리서 10:17은 분명히 예레미야 31:34의 일부를 인용한 것으로서, 옛 계약에 속한 희생 제사들을 지속적으로 드림이 없이 죄들을 사함받을 수 있는 가능성을 강조하고 있다(cf. 위의 히 10:16). 그러나 이 색인의 마지막에 나오는 요한일서 2:27은 "아무도 너희를 가르칠 필요가 없고"라는 진술로서, 예레미야 31:34과는 전혀 관계가 없는 것 같다. 다시 한 번 "인용문 색인"은 이 부분에서 좀 잘못된 것으로서, 당신은 이 구절을 별 상관 없는 것으로 배제할 수 있다고 결론을 내린다.

성경의 관주를 살펴보아도 이와 비슷한 결론들이 얻어질 수 있다. 어떤 관주들은 매우 유용할 것이다; 그러나 어떤 관주들은 단어나 주제상의 유사점을 토대로 한 것으로서, 면밀하게 검토해 보면, 실제적인 직접 인용이나 간접 인용이 전혀 아닌 것으로 드러나는 경우도 있다. 컴퓨터 성구사전에 의해서 생성된 결과들을 분류할 때에도 이와 마찬가지로 당신의 선별 작업을 필요로 한다. 현명한 주석 작업은 당신이 관련 있는 것과 관련 없는 것을 구별하는 데에 도움을 줄 것이고, 당신이 주석자들이 성경의 용례에 의해서 제기된 문제들에 대하여 얼마나 잘 대답해 왔는지를 평가할 수 있는 능력을 키우는 데에 도움을 줄 것이다.

그러나 "인용문 색인"과 관주들이 침묵하고 있는 경우나, 그러한 것들보다 더 앞으로 당신이 나아가고자 하는 경우에, 당신이 선택한 본문과 유사하거나 관련된 구절들을 어떻게 발견할 수 있는가? 이런 작업을 행하기 위해서는, 당신은 성경적 배경에 대한 당신 자신의 지식과 당신이 해당 본문 또는 주제들에 대하여 말하고 있는 책들, 논문들, 주석서들로부터 수집할 수 있는 여러 단서들에 의존할 수밖에 없다. 그러나 당신 자신의 판단이 여기에시 가장 중요하다는 것을 명심하라. 다른 사람이 "관련이 있다"고 생각한 구절들은 실제로 관련이 있을 수도 있고 없을 수도 있다. 그것은 당신의 결정에 달려 있다.

우리가 제시한 예는 신약성서에서 사용된 구약성서에서 나오는 구절에 관한 것이다. 많은 구절들의 경우에는 그 "용례들"은 신약성서에는 나오지 않고, 오직 구약성서의 다른 맥락들 속에만 등장할 것이다. 적지 않은 경우들에 있어서, 병행되는 또는 관련 있는 구절들은 오로지 당신이 찾아내서 평가하는 데에 최선을 다해야 하는 주제 또는 어휘상의 연관성들을 토대로 해서만 찾아져야 한다. 주제별 사전이 흔히 도움이 되지만(공통의 어휘가 존재한다면), 그렇지 않은 경우에는 오직 당신이 선택한 본문을 다루고 있는 주석서들이나 논문들을 읽음으로써 당신은 해당 본문이 넓은 맥락 속에서 어떻게 이해되어야 하는지를 알게 될 것이다.

보충설명: Elwell의 *Topical Analysis of the Bible* 또는 Davis의 *Handbook of Basic Bible Texts*(4.9.2) 같은 책들은 흔히 여기에서와 단계 10에서 도움이 된다.

10. 신학

당신이 그리스도인이라면, 구약성서는 당신의 신학적 유산이다 (갈 3:29). 당신이 믿는 것은 구약성서의 내용에 의해서 제공되고, 구약성서의 책망들에 의해서 교정되며, 구약성서의 가르침들에 의해서 고무된다. 신학은 거대하고 때로는 복잡한 작업이지만, 결코 무시될 수 없다. 어떤 본문이 기독교 전체의 신앙 체계 내에서 어떻게 자리잡고 있는지는 세심하게 살펴볼 필요가 있다. 성경에 나오는 많은 개별 본문들로부터 우리는 하나님이 구체적으로 무엇을 계시하였는지에 대한 그림을 본다; 신학 전체로부터 우리는 개별 본문의 진리들을 평가하는 데에 적절한 관점을 얻는다.

10.1. 하나님론에 관한 특별한 관점: 호세아 6:1-3

이 짤막한 예언은 호세아서 전체에 걸쳐서 산재해 있는 몇몇 회복에 관한 예언들 중 하나이다. 다가올 파멸과 포로생활에 관한 선포들 속에서, 우리는 여기저기에서 야훼께서 결코 자기 백성을 완전히, 그리고 최종적으로 멸하시지는 않고, 언젠가는 남은 자들을 포로 생활로부터 회복시켜서 축복하실 것이라는 것을 상기시키는 말씀들을 발견한다.

그러므로 호세아 6:1-3을 기독교 신학 자체와의 관련성 속에서 검토해 보면, 당신은 그 메시지가 옛 계약에 국한되어 있지 않다는 것을 먼저 발견하게 된다. (일반적으로 회복 약속들은 새 계약을 포괄한다.) 이 본문의 핵심은 그 언어가 개인을 뜻하는 단수형으로 되어 있지 않고 공동체를 뜻하는 복수형으로 되어 있기 때문에 하나님께서 백성들을 다시 받아들이겠다는 초대(invitation)인 것으로 보인다. 따라서 이 본문은 구약성서의 관점에서 볼 때에 종말론적이고, 또한 신약성서의 관점에서 볼 때에는 부분적으로 실현된 종말론을 나타낸다. 적절한 범주들이라는 의미에서 여러 조직신학들을 참조해서(4.10.2), 죄사함이 약속의 일부라는 점에서 당신은 이 본문이 죄론을 다루고 있다고 결론을 내린다; 그리고 공동체적 실체로서의 자기 백성에 대한 하나님의 신실하심이 여기에 약속되어 있다는 점에서 이 본문은 교회론을 다루고 있다(cf. 갈 3:26-29; 엡 2:11-22). 그러나 이 본문의 가장 직접적인 신학적 취지는 하나님론(본래의 의미로서의 신학)의 영역에 있다고 보는 것이 옳을 것이나. 당신은 이 본문이 전체적으로 하나님의 백성과 하나님의 관계에 초점을 맞추고 있다는 것을 보게 된다. 하나님은 징벌들을 야기시켰다; 하나님은 장차 치유하실 것이다(1절). 하나님은 백성을 소생시키고 회복시키실 것이다(2절). 하나님의 백성이 하나님을 인정한다면, 하나님은 자신의 신실하심을 보이실 것이다(3절). 따라서 하나님의 일관성, 그의 심판과 대비되는 그의 긍휼하심, 하나님께 나아갈 수 있다는 것 등등이 이 예언의 모든 측면들이다.

당신은 이 본문이 신학에 대한 당신의 이해에 가능한 한 구체적으로 어떻게 기여하고 있는지를 평가하고자 한다. 이 경우에 이 본문은 그 전체적인 주제들(개념들)이라는 견지에서 볼 때에 전적으로 독특한 것을 아무것도 말하고 있지 않지만, 분명히 그 취지들을 제시하기 위하여 어느 정도 독특한 언어(단어들과 표현들)를 사용한다. 예를 들면, 당신은 1절에서 טָרָף ("찢다")와 יַךְ ("치다")라는 동사들을 치유(וְיִרְפָּאֵנוּ)와 싸매어줌(וְיַחְבְּשֵׁנוּ)에 대한 직접적인 약속들과 결합해서 하나님의 징벌을 묘사하고 있는 것이 성경의 다른 곳에서는 그 유례를 찾아 볼 수 없는 은유적인 서술이라는 것을 알게 된다. 또한 "이틀"과 "셋째 날"이라는 표현은 특별히 극적이긴 하지만, 십자가 처형과 부활 사이의 기간에 대한 암시로 의도된 것은 아니다. 야훼께서 자연을 통하여 그의 신실하심을 보여주시고 또한 창조의 좀 더 안정적인 부분들처럼 믿을 만하다는 사상(3절)은 성경 속에 그 유비가 거의 없다. 그러나 נִרְדְּפָה לָדַעַת ("우리가 …를 알자"), שַׁחַר ("새벽"), גֶּשֶׁם ("비"), מַלְקוֹשׁ ("늦은 비") 같은 단어들의 결합은 다른 본문들 속에서는 정확하게 찾아볼 수 없는 하나님의 믿을 만하심에 관한 유비적인 서술을 제공한다. 그러므로 당신은 이 본문이 기독교 신학에 가장 기여하고 있는 것은 이 본문이 기가 막힌 은유들과 직유들을 포함한, 특히 극적이고 절묘한 표현들을 통해서 하나님의 신실하심에 관한 가르침을 강력하게 강화시키고 있다는 것이라고 결론을 내리게 된다.

11. 이차 문헌들

당신이 선택한 본문과 관련된 논문들, 책들, 주석서들을 놓친다면, 당신은 주석 작업을 함에 있어서 시간과 정력을 낭비할 수 있다. 아래에 설명된 절차를 활용한다면, 당신은 통상적으로 꽤 신속하게 관련 문헌들의 대부분을 찾아낼 수 있다. 아래에서 설명한 절차는 완벽한 것은 아니지만, 빠른 시간 안에 상당히 많은 수의 문헌들을 찾아내는 데에 좋은 방법이다.

a. 세 권으로 된 Langevin의 *Biblical Bibligraphy*(4.11.1)에서 당신이 선택한 본문을 찾아보라. 그러면 당신은 당신이 선택한 본문과 관련하여 1930년에서 1985년까지 씌어진 대부분의 책들과 논문들의 목록을 검토할 수 있게 될 것이다.

b. 당신이 선택한 본문을 한 해 동안에 실린 기사 색인을 실어 놓고 있는 *Old Testament Abstracts*(4.11.1)의 10월판을 1978년부터 현재에 이르기까지 살펴보라.

c. 시간이 허락한다면, 당신은 해당 본문을 *Elenchus Biblio-graphicus Biblicus*(4.11.1)에서 찾아볼 수도 있을 것이다. 그러면, 당신은 종종 당신의 목록에 한두 가지 문헌, 특히 1930년 이전의 문헌을 추가할 수 있을 것이다.

d. Dillard와 Longman의 *Introduction*(4.11.3), Soggin의 *Introduction*, Eissfeldt의 이전의 *Introduction*(4.1.2), 그리고 Langevin의 *Biblical Bibligraphy*(4.11.1)에서 당신은 해당 본문을 포함하고 있는 성경의 각 권에 대한 상당한 정도의 주석서 목록을 얻을 수 있다. 이 목록을 1970년대 후반 이후의 것으로 보충하려면, 당신은 *Old Testament Abstracts*(4.11.1)에 나오는 연례 기사 목록을 검토할 필요가 있을 것이다. 특히 이 책의 컴퓨터 소프트웨어 판본을 당신이 가지고 있다면, 이 작업을 하기가 훨씬 수월할 것이다.

e. 당신의 주석 작업과 관련이 있는 모든 논문들, 책들, 주석서들을 신속하게 검토하는 가운데, 해당 본문과 관련된 대목들에서 언급된 책들과 논문들을 찾아라. (기억하라: 당신이 선택한 본문과 관련이 있는 많은 것들은 당신이 선택한 본문에 관하여 직접적으로

씌어진 것들이 아니다.) 이러한 책들과 논문들을 당신의 목록에 추가하라. 이 때에 특히 도움이 되는 것은 *Hermeneia*와 *Word Biblical Commentary* 같은 주석 총서들이다. 왜냐하면, 이러한 총서들은 그 저자들에게 각 책이 출간될 때까지 나온 비교적 완벽한 서지 자료들을 성경의 각 책이나 그 개별 단락들에 제시할 것을 요구하기 때문이다.

f. 당신이 앞의 여러 단계들에서 목록으로 작성한 외국어로 된 책들, 논문들, 주석서들을 읽을 수 없다고 할지라도, 당신은 그것들이 해당 본문과 관련된 영어로 된 논문들과 책들을 언급하고 있는지를 살펴보기 위하여 그러한 것들을 훑어 보아야 한다. 이렇게 해서 영어로 된 논문들과 책들을 발견한다면, 그러한 것들을 당신의 목록에 추가하라.

위에서 설명한 과정은 비록 완벽한 것은 아니라 하더라도, 당신으로 하여금 당신이 지금까지 해온 주석 작업을 검토하는 데에 도움이 될 상당수의 이차적인 문헌들을 최대한 빠른 시간 안에 살펴볼 수 있도록 해 줄 것이다.

12. 적용

적용이 없다면, 주석은 단지 지적인 작업에 불과할 뿐이다. 주석 과정의 모든 단계는 바른 믿음과 바른 행위를 그 목표로 삼아야 한다. 성경은 우리의 두뇌를 즐겁게 할 뿐만 아니라 우리의 삶 자체에 영향을 줌으로써 그 영감된 목적을 다하게 된다. 성경 본문들은 아주 다양하기 때문에, 그 여러 부분들의 적용들은 다양할 수밖에 없다. 그러나 이것은 어떤 특정한 적용이 엄격하고 훈련된 작업의 결과이어서는 안 된다는 것을 의미하지는 않는다. 단계 12의 지침들은 해당 본문의 함의들에 대한 당신의 인식이 그 본문의 정당한 적용 가능성에 충실하도록 돕기 위하여 의도된 것이다.

12.1. 올바른 삶의 표본을 추출하기: 욥기 31장

여기에서 욥은 자신의 "무죄 항변," 사무엘상 12:3-5과 사도행전 20:25-35 같은 본문들에서도 발견되는 발화 양식인 자신의 "무죄 항변"을 마무리한다. 그는 자기가 실제로 여러 가지 부도덕한 행위들을 한 것이라면 하나님의 징벌을 받아 마땅할 것이라고 인정한다. 그러나 그는 하나님의 율법을 범했다는 것을 완강하게 부인하는데, 그 과정에서 고상하고 도덕적인 사람이 어떻게 행하고 어떻게 행하지 말아야 할 것을 서술한다. 당신이 관심을 갖는 것은 바로 욥의 이러한 관점이다. 1:8, 2:3, 42:7-8로부터 당신은 욥의 삶이 다른 사람들의 모범이 되는 삶이었다는 것을 알고 있고, 당신은 그의 삶의 방식에 관한 그의 진술들로부터 무엇을 배울 수 있는지를 알고자 한다.

해당 본문에 언급된 삶의 문제들을 분석하면서(1.12.1), 당신은 오늘날의 삶의 문제들과 분명하게 비견될 수 있는 것으로 보이는 6가지를 목록으로 작성한다: 성(性)과 관련된 적절한 태도(1-4, 9-12절); 정직(5-8절); 피고용자들과의 의로운 거래들(13-15, 31절); 곤궁한 자들에 대한 관용(16-23, 29-34절); 성경적 사고 속에서 흔히 연결되어 나오는 두 가지 문제인 물질주의/우상숭배(24-28절); 금전 관리(38-40절). 물론, 이 6가지 중 일부는 부분적으로 서로 중복되지만, 우선은 그것들을 따로따로 다루는 것이 문제들의 초점을 분명하게 유지하는 데에 도움이 될 것이다.

욥기 31장은 독자들에게 무엇을 하라고 하는 직접적인 명령을 담고 있지 않기 때문에, 여기서 적용의 성격(1.12.2)은 정보를 제공해 주는 것이다. 이것은 여기서 적용이 절박하지 않다거나 중요치 않다는 것을 의미하지는 않는다.

해당 본문은 주로 믿음에 관하여 말하고 있는가, 아니면 행위에 관하여 말하고 있는가(1.12.3)? 믿음과 관련된 몇몇 요소들(예를 들면, 35-37절)이 존재하긴 하지만, 본문의 주된 관심은 욥의 행동, 즉 **행위**에 그 초점이 맞춰져 있다.

청중은 누구인가(1.12.4)? 이에 대한 대답은 구체적인 문제에 따라 달라지게 될 것이다. 모든 사람은 성과 관련된 적절한 태도에 대하여 개인적으로 관련되어 있기 있기 때문에, 그 어떤 사람이나 집단도 이러한 삶의 문제로부터 배제되지 않을 것이다. 마찬가지로 정직, 곤궁한 자에 대한 관용, 금전 관리는 모든 사람의 관심사이다. 그러나 모든 사람이 피고용자들을 가지고 있지는 않다. 대부분의 사람들은 고용자이거나 피고용자이지만, 은퇴한 사람들이나 아이들은 통상적으로 그렇지 않다. 나아가, 현대 세계 속에서 많은 고용자들은 개인이 아니라 회사이다. 이러한 뉘앙스들을 파악하는 것은 당신의 적용이 가능한 한 정확하게 되는 것을 도와 준다.

욥기 31장은 적용의 몇 가지 범주들(1.12.5)에 대하여 말해 준다. 그것은 개인적인 관심사이기도 하고 개인 상호 간의 관심사이기도 하며, 그것은 사회적·경제적·종교적·금전적 관심사들을 다룬다. 특히 흥미로운 것은 그러한 맥락 속에서 24-28절에서 우상숭배에 대한 언급을 포함시키고 있다는 것이다(즉, 신들의 상징물로서의 천체들을 숭배하는 것; cf. 왕하 21:3; 23:5, 11; 습 1:5 등). 이것은 당신으로 하여금 종교 체제로서의 우상숭배의 한 중요한 측면은 그것이 이기심과 물질주의에 영합하고 있는 반면에, 계약 종교는 그렇지 않다는 것을 상기시켜 주는 데에 도움을 줄 것이다.

당신이 결정하는 시간 초점(1.12.6)은 비교적 제한되어 있지 않다. 욥에 의해서 언급된 분야들 속에서 죄를 지을 가능성은 분명히 오늘날에도 계속되고 있고, 분명히 현세가 끝날 때까지 지속될 것이다(신약성서에 나오는 많은 구절들은 이러한 결론을 밑받침해 준다).

끝으로, 당신은 적용의 한계들을 설정하려고 시도하여야 한다(1.12.7). 당신의 주된 관심은 청중들 편에서의 오해를 방지하는 데에 있다. 욥기 31장의 중심적인 적용은 올바른 삶은 고상하고 정직하고 너그러우며 공정하고 신실하며 이타적이고 남을 착취하지 않아야 한다는 것이다. 그러나 이 본문은 고아들에 대한 법적인 압제는 그 범죄자의 팔을 절단함으로써 처벌되어야 한다거나(21-22절), 대문이 닫혀 있는 것은 집주인의 죄악성을 보여주는 증거라고(32절) 말하지 않는다. 또한 욥이 자신의 고상함에 대한 증거로서 자신에게 내려달라고 말하고 있는 특정한 저주들은 오늘날에는 적절하거나 통상적인 징벌들이라고 할 수 없다. 그리고 "나의 문은 항상 열려 있었다" 같은 은유적인 표현들은 문자 그대로 사실직인 진술들이 아니다. 그러나 당신의 주석 활동의 대상이 되어 있는 청중이 이러한 것에 대하여 알고 있지 않다면, 이 단어에 대한 오해를 방지하기 위하여 당신이 할 수 있는 것을 다하는 것은 이 본문의 적용 가능성에 대하여 긍정적인 기여를 하게 될 것이다.

제3장

이 간략한 지침은 목회자들에게 효과적인 설교를 하기 위한 목적으로 성경의 한 본문에 대한 주석 작업을 수행할 때에 따라야 할 간편한 절차를 제공해 주는 데에 그 목적이 있다. 이 지침의 각 단계는 각 단계 속에 제시된 문제들에 대하여 주석자가 들이고자 하는 대략적인 시간에 대한 제안을 포함하고 있다. 여기에 상정된 전체 시간은 대략 5시간 정도로 되어 있는데, 이 정도의 시간은 목회자가 설교 준비에 있어서 본문 연구에 바쳐야 하는 최소한의 시간이다. 본문이 어떤 본문이냐, 당신이 주어진 주간(週間)에 낼 수 있는 시간이 어느 정도냐, 당신이 주석을 위한 자료들에 어느 정도나 친숙해 있느냐에 따라서, 당신은 시간 배당을 상당한 정도로 조정할 수 있다는 것을 발견하게 될 것이다. 당신이 주석을 바탕으로 한 설교를 하는 것이 처음이라면, 당신은 시간 배당을 상당한 정도로 늘릴 필요가 있을 것이다.

단계들과 방법들에 대하여 점차 친숙해짐에 따라, 당신은 여기에 나오는 지침 자체를 참조함이 없이도 스스로 행할 수 있는 수준까지 도달하게 될 것이다. 이것이 이 지침서의 목적이다 ― 당신이 이 지침서를 언제나 필요로 하는 것이 아니라, 당신으로 하여금 주석 작업을 시작하고 시도하게 해 주는 것.

보충설명

신학 훈련을 받은 대부분의 목회자들은 신학교에 다니는 동안에 적어도 한 학기에 한 편의 주석 논문을 쓰도록 요구받았을 것이다. 많은 신학생들은 히브리어 본문을 토대로 한 구약성서 주석 논문들을 써 보았을 것이다. 그러나 완전한 형태의 논문에서 요구되는 주석상의 노력과 기술들을 설교를 위해서 요구되는 것들로 어떻게 전환시켜야 할지를 아는 사람은 별로 없다. 주석 논문은 상당한 정도의 연구와 저술을 필요로 하고, 많은 점들에서 작은 주제를 전문적으로 다루며, 각주들과 참고문헌 등을 포함한 방법론적인 능숙함 및 포괄성에 특별한 주안점을 두는 가운데 한 명의 교수에 의해서 평가받을 공식적인 원고를 만들어낼 것을 주석자에게 요구한다. 반면에 설교는 통상적으로 10시간 남짓(모두 합해서) 동안에 작성되고, 주제가 지나치게 좁거나 전문적이지 않아야 하고, 공식적인 원고를 필요로 하지 않으며, 대체로 학자들이 아닐 뿐더러 방법론적인 능숙함보다는 실제적인 결과들에 훨씬 더 많은 관심을 갖고 있는 많은 수의 다양한 청중 집단에 의해서 평가받는다.

이와 같이 주석의 결과로 나오는 최종 원고 형태와 청중이 아주 근본적으로 다르기 때문에, 목회자들이 신학교에서 배웠던 것과 그들의 집무실 및 강단에서 행하도록 기대되는 것 간의 연결성을 찾아내는 것이 어렵다고 생각하는 것은 전혀 이상할 것이 없다. 또한 표준적인 주일 설교는 너무도 자주 주석에 의한 통찰을 결여하고 있거나 주석상의 부조리함들로 뒤범벅이 되어 있기 때문에, 이 땅의 무수한 회중들은 "성경을 토대로 한 단순한 설교"를 열망하는 것이 헛된 일이라는 것은 결코 이상한 일이 아니다. 목회자들은 한 주간의 자신의 스케줄 상에서 신학교 때에 썼던 주석 논문 같은 고품질의 주석을 만들어 낼 수 있는 모든 시간들과 노력들을 바칠 희망을 너무도 오랫동안 포기해 왔기 때문에, 그것을 대신할 다른 어떤 것도 갖고 있지 못하다. 그 결과 진정한 주석은 결코 행해지고 있지 않다! 이렇게 해서, 설교는 개인의 영감들, 일화들, 판에 박힌 문구들, 상투어들, 주석서들이 제공해 주는 일반적인 통찰들을 길게 늘어 놓는 것이 되고 만다.

후자는 설교를 듣는 회중의 이해 수준과 실제적인 관심들로부터 동떨어져 있다. 이것은 커다란 수치이다. 왜냐하면, 목회자들은 학문적인 연구의 통찰들과 실제적인 삶의 관심들을 서로 연결시킬 수 있는 이상적인 자리에 서 있으면서도 전자를 후자와 연관시키지 못하고 있기 때문이다. 그렇다면, 목회자들은 어떻게 해야 매주마다 진정한 주석에 의거한 설교를 가능하게 해 주는 광범위한 연구에 시간을 낼 수 있는가? 목회자와 회중은 둘 다 이 간격을 메워줄 방법론 — 놀랍게도 신학교에서는 결코 가르쳐주지 않는 방법론 — 을 찾지 못해서 고통을 당하고 있다.

설교 주석을 위한 이 간략한 지침은 제1장에 나온 주석 논문을 위해 사용되는 자세한 지침을 축약하고 통합시킨 것이다. 주석 과정 자체는 변함이 없지만, 주석을 행하는 방식은 상당한 정도로 조정이 가능하다. 설교 준비를 위한 주석은 주석 논문을 위해 요구되는 것만큼이나 완벽할 필요도 없고 완벽할 수도 없다. 설교 주석이 완벽할 수 없다는 사실은 설교 주석이 부적절하다는 것을 의미하지는 않는다. 간략한 지침의 목표는 목회자로 하여금 해당 본문으로부터 건전한 해석학(해석)과 강해(설명과 적용)에 속하는 핵심적인 내용들을 추출해 내도록 돕는 것이다. 그 최종적인 결과물인 설교는 학문적으로 건전하고 수준있는 연구에 토대를 둘 수 있고, 또한 토대를 두어야 한다. 순종과 예배의 행위로서의 설교는 열정이라는 외투 속에 포장된 싸구려 학문이 되어서는 안 된다. 당신의 설교를 청중들을 사로잡는 것이 되게 하라. 그러나 당신의 설교는 모든 면에서 하나님의 계시에 충실한 것이 되어야 한다.

보충설명: 당신이 본서의 제1장에 설명된 자세한 주석 과정의 전체를 잘 알면 알수록, 여기에 설명된 간략한 주석 과정을 당신은 더욱 성공적으로 사용할 수 있게 될 것이다. 그러므로 설교 주석을 위한 지침으로부터 직접적으로 유익을 얻기 위하여 자세한 주석 과정

을 설명하고 있는 제1장을 건너뛰는 것은 바람직하지 못하다.

1.1 해당 본문을 반복해서 읽어라.

해당 본문을 가능하면 히브리어로 큰 소리를 내어 읽어라. (연구 결과에 의하면, 입으로 말하고 귀로 듣는 기억은 시각적인 기억과는 다르게 인간의 뇌에 저장되기 때문에, 큰 소리를 내어서 읽게 되면, 해당 본문의 내용을 숙지하는 과정을 강화시켜주고 그 속도를 빠르게 해 준다고 한다.) 당신이 하나님의 말씀을 당신의 회중에게 전하는 단위인 해당 본문에 대한 감(感)을 얻도록 하라. 또한 영어(또는 한글)로도 해당 본문을 큰 소리를 내어 반복해서 읽어라. (당신과 당신의 회중들이 흠정역[KJV]을 사용하고 있지 않다면, 현대 역본을 사용하라. 흠정역을 사용하는 경우에는, 당신은 단계 1.4에 두 배나 더 주의를 기울여야 할 것이다.)

당신이 다음의 다섯 단계를 신행하는 동안에 당신의 머릿속에 해당 본문의 핵심적인 내용들을 다 기억하고 있을 정도로 해당 본문에 대하여 충분하게 숙지하도록 하라. 당신이 선택한 본문의 범위를 어느 정도 조절할 가능성이 있는지를 잘 살펴보아라. 왜냐하면, 현재 우리가 사용하고 있는 성경의 장절 구분은 원문에는 없는 이차적인 것이어서, 진정한 논리적 단위의 경계(境界)들에 대한 믿을 만한 지침들이 항상 되는 것은 아니기 때문이다. 따라서 해당 본문의 시작하는 지점보다 몇 절 앞에서 시작하고 끝나는 지점보다 몇 절 더 추가해서 읽음으로써 당신이 선택한 본문 범위가 적절한지를 검토하라. 필요한 경우에는, 해당 본문의 앞뒤 범위를 조정하라(해당 본문에 대한 당신의 감이 요구하는 경우에는, 좀 더 자연스러운 경계에 맞춰서 해당 본문을 줄이거나 확대하라). 이렇게 해서, 해당 본문이 적절하게 그 범위가 정해지고, 당신이 해당 본문의 내용과 그 단어들 및 사고들이 흘러가는 방식에 대한 예비적인 감각을 지니게 되었다면, 단계 1.2로 넘어가라.

1.2. 중요한 본문상의 문제들을 검토하라.

Biblia Hebraica Stuttgartensia(BHS) — 또는 이전판인 키텔(Kittel)의 Biblia Hebraica(BH3)를 사용해도 좋다 — 에 나오는 본문에 관한 주(註)들 또는 히브리어 본문 각 페이지 밑에 나오는 본문상의 주들을 참조하라. 특히, 영어(한글) 번역본을 사용하는 당신의 회중에게 본문의 의미에 실제로 영향을 미칠 수 있는 본문상의 이독들을 찾아내라. 이러한 것들은 주요한 본문상의 변이(變異)들이다. 사소한 변이들에는 그리 많은 관심을 가질 필요가 없다 — 영어(한글) 번역에서 그리 많은 차이를 가져오지 않는 그러한 변이들. 본문 및 사역(私譯)과 관련된 문제들에 관하여 말하고 있는 주요한 전문적인 주석서들(4.11.4를 보라) 중에서 한두 권을 참조함으로써, 당신은 당신이 주요한 변이들을 올바르게 확인하였는지의 여부를 신속하게 검토할 수 있다. 끝으로, 당신은 어떤 것들을 채택해서 "공인" 본문(히브리어 성경에 인쇄되어 있는 대로의 마소라 본문)을 변경할지의 여부를 결정하기 위하여 주요한 이독들을 평가하여야 한다. 당신이 결정을 내릴 수 없다면 — 주석자들도 어느 한 쪽을 선택하는 결정을 내리지 못하는 경우가 흔하다 — 당신은 이것을 당신의 회중에게 환기시켜야 한다. 이 점과 관련해서는 또한 단계 1.4와 1.5

를 보라.

1.3. 당신 자신의 사역을 행하라.

당신의 히브리어 실력이 빈약하거나 전혀 없다고 할지라도, 반드시 사역(私譯)을 하도록 하라. 당신은 필요할 때마다 훌륭한 현대어 역본들 중 두 개 이상을 참조함으로써 당신이 스스로 한 사역과 쉽게 비교해 볼 수 있다. 이때에 문자 그대로 번역을 하지 않고 의역을 한 것들(그러한 것들이 "판본들" 또는 "역본들"이라 불린다고 할지라도)을 참조하는 일은 피하라. 왜냐하면, 의역으로 된 것들은 당신에게 도움을 주기보다는 혼란을 부추기기 쉽기 때문이다. 의역으로 된 번역본들은 통상적으로 히브리어 원문에 대한 직접적인 번역을 반영하고 있지 않기 때문에 추적하기가 쉽지 않아서 주석을 하는 사람들에게 혼란을 주기 쉽다. 그러한 것들은 주로 큰 단위들을 훑어보면서 요지를 파악하는 데에 — 단어 하나하나가 중요한 치밀하고 세심한 연구가 아니라 — 유익한 것이기 때문에 그리 많은 도움을 주지 못할 것이다. 또한 당신은 사역을 함에 있어서 원어 대조 성경(1.2.2를 보라) 또는 아주 유용한 AcCordance와 BibleWorks 같은 컴퓨터로 된 관주성경들(4.8.2)을 참조하면 도움을 받을 수 있다.

스스로 사역을 하게 되면, 몇 가지 유익이 있다. 그 중 한 가지로는 당신이 해당 본문을 읽으면서, 심지어 원문으로 읽으면서 알아차리지 못했던 것들을 깨닫는 데에 도움이 될 것이다. 사역을 하는 것과 안 하는 것의 차이는 어떤 거리를 걸어서 돌아다녀 보는 것과 차를 몰고 돌아다니면서 보는 것의 차이와 어느 정도 비슷하다. 당신이 사역을 준비하면서 알아차리기 시작하게 된 것들 중 많은 것은 단계 2-6과 연관이 있게 될 것이다. 예를 들면, 당신은 해당 본문의 구조, 어휘, 문법적 특징들, 해당 본문이 지닌 신학의 몇몇 측면들에 특별히 예민해지게 될 것이다. 왜냐하면, 이 모든 것들은 해당 본문의 단어들을 번역하는 과정에서 자연스럽게 당신의 주목을 받게 되기 때문이다. 게다가, 당신은 당신의 회중에 대하여 잘 알고 있는 전문가이다. 당신은 회중의 구성원들이 사용하는 어휘들과 그들의 교육 수준, 성경과 신학에 대한 지식의 정도 등등을 알고 있다. 실제로 당신은 당신이 설교를 하는 동안에 전체적으로 또는 부분적으로 인용할 수 있는 의미있는 번역을 산출해 냄으로써 회중으로 하여금 해당 본문이 제시하는 하나님의 말씀의 진정한 취지를 실제적으로 이해할 수 있게 해 줄 수 있는 거의 유일한 사람이다.

1.4. 대안들의 목록을 작성하라.

해당 본문이 본문상 또는 번역상의 난점들을 지니고 있다면, 당신의 회중은 그러한 것들에 관하여 알 필요가 있다. 회중은 해당 본문의 특정한 대목에서 당신이 선택한 대안만이 아니라 그 밖의 다른 여러 대안들이 무엇이고, 왜 당신은 그러한 것들 중에서 어느 하나를 선택하였는지도 앎으로써 유익을 얻을 수 있다. 이렇게 함으로써, 회중은 단순히 "믿음으로" 당신의 결론들을 받아들이기 보다는 당신의 추론 과정을 따라갈 수 있게 된다. 설교를 위해서 이러한 것을 준비하는 가장 좋은 방법은 본문상 및 번역상의 가능성들에 대한 여러 대안들의 목록을 작성하는 것이다. 각각의 목록 속에는 오직 중요한 대안들만이 포함되어야 한다. 당신은 당신의 목록이 기껏해야 한두 가지의 본문상의 문제들과 몇몇 번역상의 문제들을 포함할 것으로 예상할 수 있다. 설교 자체 속에서, 당신은 다음과 같은 도입문들을 통해서 본문이 무엇을 말하고 있는지에 대한 논의 속으로 이러한 대안들을 쉽게 끌어들일 수 있다: "이 절은 … 라고 읽을 수도 있습니다." 또는 "원문에서는 이 절의 이 부분은 … 라고 말하고 있는 것으로 볼 수도 있습니다." 당신이 왜 증거들이 당신의 선택으로 이끈다고 느꼈는지(또는 당신이 증거들이 결정적이지 않다고 느꼈는지)를 짤막하게 요약하는 것은 시간의 제약 여부에 따라서 제시될 수도 있고 제시되지 않을 수도 있다.

1.5. 설교용 목록을 시작하라.

당신이 1.4에 언급된 대안들의 목록을 작성한 것과 동일한 방법으로(그리고 아마도 그 목록을 포함해서), 당신 가까이에 당신이 해당 본문에 대한 주석 작업을 하면서 당신의 설교 속에서 언급할 가치가 있다고 느껴지는 관찰 내용들을 기록할 수 있는 종이나 컴퓨터의 워드프로세서를 당신 가까이에 두어라. 이 목록은 단계 1-6의 모든 것으로부터 발견된 것들을 포함하여야 하고, 당신이 설교를 작성할 때에 쉽게 참조할 수 있는 내용들을 제공해 줄 것이다.

그러면, 무엇을 포함시켜야 하는가? 당신이 그러한 것들을 몰랐다면 쉽게 속아 넘어갔을 것이라고 느낀 바로 그런 것들을 포함시켜라. 그러한 것들은 진정으로 삶을 변화시키는 관찰들에 국한시킬 필요는 없지만, 사소하거나 난해한 것이 되어서는 안 된다. 실제로 당신이 어떤 것을 알았기 때문에, 그렇게 해서 안 내용이 당신이 본문을 분명하게 이해하고 인식하는 데에 도움을 주었다면, 바로 그러한 내용을 설교용 목록에 기록하라.

처음에는 최대한 많은 것들을 목록 속에 포함시켜라. 당신의 회중이 그것을 앎으로써 유익을 얻을 수 있기 때문에 당신이 언급할 가치가 있다고 느끼는 것은 무엇이든지 포함시켜라. 나중에 당신이 실제로 설교를 작성하거나 그 개요를 작성할 때, 당신은 시간이나 분량을 고려해서 설교용 목록에 나오는 항목들 중 일부 또는 대부분을 제외시켜도 된다. 당신이 당신의 설교를 극적이고 예술적이고 일정한 틀에 맞추는 것을 선택함으로써 어느 정도 엄격한 강해 양식으로부터 벗어나고자 한다면, 설교용 목록 속에 있는 많은 것들이 제외될 것이다. 게다가, 나중에 당신은 설교를 위해서 원래 포함시켜야 하겠다고 생각했던 몇몇 항목들이 당신이 처음에 생각했던 것보다 그렇게 중요하지 않다는 것을 틀림없이 알게 될 것이다. 또는 역으로, 당신은 당신의 회중의 주의를 환기시키며 전할 중요한 내용들이 아주 많기 때문에, 해당 본문을 적절하게 강해하기 위해서는 두 편의 설교를 준비할 필요가 있다는 것을 발견할 수도 있다.

기억하라: 당신의 설교용 목록은 결코 설교의 개요가 아니다. 마치 잡동사니를 모아 놓은 것이 하나의 집이 아닌 것과 마찬가지로. 설교용 목록은 단순히 당신이 처음에 당신의 회중이 들어서 앎으로써 유익을 얻을 수 있을 것이라고 생각했던, 주석으로부터 도출된 관찰물들에 대한 잠정적인 기록이다.

2. 문학적-역사적 배경(약 1시간)

2.1. 해당 본문의 배경을 검토하라.

구약성서 본문의 문학적 배경과 역사적 배경 간에는 통상적으로 상당한 정도의 중복이 존재한다. 그럼에도 불구하고, 본문에 나타나는 어떤 특징이 일차적으로 문학적인가 또는 역사적인가를 확인하려는 시도는 도움이 된다. 따라서 당신은 먼저 해당 본문의 일반적인 문학적 배경을 확인하려고 시도하여야 한다. 필요하다면, 구약

개론서들(4.11.3을 보라)과 주석서들(4.11.4)을 참조하라. 해당 본문이 이야기(narrative)라면, 그 이야기 속에서 해당 본문에 앞선 것은 무엇인가? 해당 본문이 한 무리의 이야기들 중 하나라면, 어떤 이야기들이 앞에 나왔고, 어떻게 그 이야기들이 해당 본문으로 이어지고 있는가? 해당 본문이 예언적 신탁이라면, 어떠한 신탁들이 해당 본문에 대한 도입부 역할을 하거나 방향 설정을 하고 있는가? 직접적인 배경(해당 본문이 속해 있는 성경의 한 책의 앞선 단락들 또는 단원들)과 일반적인 배경(구약 역사의 앞선 시기에 나온 구약성서 속에서의 관련된 문학적 내용들)을 추출해 내도록 하라.

역사적 배경과 관련해서도, 필요하다면 구약의 역사서들(4.3.2를 보라)을 참조해서 앞에서 말한 것과 동일한 방식으로 진행하라. 먼저 직접적인 배경을 살펴보고, 그런 다음에 일반적인 배경을 찾아보라. 당신의 회중이 앞서 일어난 것 — 하나님이 해당 본문을 위한 배경으로서 어떠한 관련된 사건들과 세력들을 의도하였는지 — 을 알고 있는지를 확인하라. 물론, 어떤 본문들과 관련해서는 우리는 식별 가능한 역사적 배경을 그리 많이 가지고 있지 않다. 예를 들면, 시편 23편은 시편 기자(또는 이스라엘)의 과거 속의 어떤 특정한 사건들과 쉽게 결부될 수 없다. 그러니 이 시편은 그 배경과 관련하여 숭요한 여러 특징들을 지니고 있다(2.2를 보라).

당신은 설교 준비를 위해서 당신에게 허용된 짧은 시간 내에 해당 본문의 문학적-역사적 배경에 대한 분석을 자세하고 완벽하게 해낼 것이라고 기대할 수 없다. 그러므로 당신은 두 가지 방식으로 선별해야 한다. 첫째, 중요한 점들에 집중하라. 회중들이 꼭 알아야 될 중요한 것이라고 아주 명백하게 생각되는 그러한 문학적 특징들과 역사적 사건들을 선별하라. 당신의 회중이 해당 본문을 이해하거나 해석하는 능력에 실질적으로 영향을 미치지 않을 그러한 해당 본문의 문학적·역사적 측면들은 고려에서 제외하라. 달리 말하면, 당신은 핵심적인 내용들 — 해당 본문의 배경을 잘 제시하기 위하여 꼭 지적해야 할 그러한 것들 — 을 찾아야 한다는 말이다. 그러한 것들은 포괄적인 것이라기보다는 **대표적인** 것이어야 한다. 둘째, 요약하라. 몇몇 경우들에서 당신은 해당 본문들의 배경을 설명하는 데에 당신의 설교 시간 중 1-2분 이상을 할애할 수 없을 수도 있다. 해당 본문의 직접적인 배경과 전체적인 배경을 설정해 줄 수 있는 배경 정보에 대한 짤막한 요약문을 작성하도록 하라.

2.2. 문학적–역사적 배경을 설명하라.

당신이 선택한 본문의 앞 뒤 맥락(2.1과 2.3)을 설명하는 것은 본문의 배경을 서술하는 주요한 측면이지만, 그것 외에도 더 이상의 것들이 있다. 또한 당신은 당신의 회중이 저자, 위치, 기능이라는 관점에서 문학적 배경과 사회적·지리적·고고학적 좌표들과 실제적인 연대기적 좌표들(즉, 해당 본문의 사건들이 일어난 연대)이라는 관점에서 역사적 배경에 대한 어느 정도의 지식을 갖도록 도와주어야 한다.

위치와 기능. 해당 본문은 그 본문이 속한 대단원, 성경의 한 책, 성경의 대분류(오경, 예언서, 성문서 등), 신구약성서, 성경 전체 속에서 어디에 해당하는가? 해당 본문은 서론에 해당하는가? 아니면, 어떤 것을 끝맺는 부분인가? 해당 본문은 비슷한 본문들의 한 무리 중에서 그 일부인가? 해당 본문은 어떤 식으로든 주축이 되고 있는가? 해당 본문이 없다면, 어떤 유의 공백이 생겨나게 되는가? 이것을 식별하기 위해서는 많은 시간을 필요로 하지 않고, 설교 속에서 당신이 이것에 관하여 알아낸 것을 당신의 회중에게 요약적인 형태로 전하는 데에도 많은 시간을 필요로 하지 않는다.

저자 문제. 누가 해당 본문을 썼는가? 해당 본문은 분명하게 어떤 사람에게 돌려지고 있는가? 아니면, 익명의 저자의 것인가? 저자 문제를 놓고 논쟁이 존재하는가? 저자를 아는 것이 해당 본문의 해석에 어떤 차이를 가져오는가? 저자가 알려져 있다면, 그는 그 밖의 다른 무엇을 썼는가? 해당 본문은 저자의 작품 속에서 전형적인 것인가, 아니면 비전형적인 것인가? 해당 본문을 좀 더 잘 이해할 수 있게 해 주는, 저자에 관한 알려진 어떤 특징들이 존재하는가? 해당 본문의 저자가 확인되고 그의 글쓰기의 일반적인 성격이 어느 정도 해명되어 있다면, 성경의 해당 본문은 청중들에게 흔히 훨씬 더 "실제적인" 것으로 들려지게 된다.

사회적 배경(경제적 및 정치적 배경을 포함한). 이 시기의 이스라엘의 삶 속에서 무엇이 당신의 회중이 해당 본문을 이해하는 데에 도움이 될 것인가? 해당 본문은 어떠한 사회적·경제적·정치적 문제들, 관습들, 또는 사건들을 다루고 있거나 반영하고 있는가? 어떠한 개인적·가족적·지파적·민족적·국제적인 조건들과 상황들 아래에서 해당 본문의 사건들 또는 사상들이 생겨났는가?

지리적 배경. 해당 본문은 어디에서 씌어졌는가? 그 사건들은 어디에서 일어났는가? 이러한 것들은 해당 본문을 이해하는 데에 어떤 차이를 가져오는가? 해당 본문이 다른 곳에서 씌어졌거나 그 사건들이 다른 곳에서 일어났다면, 해당 본문은 달라지게 되는가? 지리적 배경은 얼마나 중요한가 ― 주변적인가 아니면 중심적인가? 어떠한 배경도 주어져 있지 않다면, 이러한 사실은 중요한가, 아니면 단순히 부수적인 것인가? 많은 설교자들은 주석 과정의 이 부분의 결과들은 특히 설교 속에서 회중의 지체들로 하여금 그들이 마치 "현장에" 있는 것처럼, 즉 원래의 청중이 해당 성경 본문을 들었던 것과 동일한 관계 속에 자기 자신이 있다고 느끼게 해 주는 그러한 내용들을 산출해 낸다고 말한다.

고고학적 배경. 구약성서의 고고학들(4.3.5), 역사서들, 주석서들 중에 나오는 성경 인용문 색인을 참조하라. 해당 본문 자체 또는 본문과 비교적 직접적으로 관련이 있는 배경과 연관이 있는 고고학적 연구로부터 특별히 활용할 수 있는 내용이 존재하는가? 그러한 것이 존재한다면, 그것은 어떤 식으로든 유용한 관점을 제공해 주는가?

연대. 가능하다면, 해당 본문에 나오는 어떤 사건이나 인물, 또는 해당 본문이 문학적으로 생산된 것("최초의 출간 연도")을 위한 절대적 연대 또는 상대적 연대를 제시하라. 교회에 나오는 대부분의 사람들은 연대를 거의 알고 있지 않다. 그들은 통상적으로 룻이 다윗 이전에 살았는지 아니면 이후에 살았는지, 에스더가 아브라함 이전의 사람인지 이후의 사람인지, 또는 이 사람들이 어느 세기에 살았는지에 대하여 잘 알지 못한다. 당신이 해당 본문과 관련된 연대들을 설명하는 데에 더 자주 시간을 들이면 들일수록(그렇게 하는 데에는 그리 많은 시간이 걸리지 않는다), 사람들, 책들, 사건들의 상호관계는 당신의 회중에게 더욱더 명확하게 될 것이다. 하나님과 우리의 관계는 역사적인 관계이다 — 연대기를 소홀히 하지 말라.

2.3. 해당 본문의 전경(前景)을 조사하라.

문학적으로 또는 역사적으로 해당 본문 다음에 나오는 것은 무엇인가? 해당 본문이 속한 장(章)에서 해당 본문 다음에 나오는 것은 무엇인가? 그것은 해당 본문과 밀접하게 관련이 있는 것인가, 아니면 그렇지 않은가? 그것은 해당 본문과 어떤 관련이 있고, 해당 본문을 이해하는 데에 어떤 도움을 주는가? 해당 본문 직후에 일어났다고 알려진 어떤 사건들이 있어서, 그 사건들이 해당 본문을 조명해 주는가? 구약 역사서들을 사용해서, 성경에는 나와있지 않거나 자세하게 기록되어 있지 않지만 해당 본문의 취지를 이해하는 데에 도움을 줄 수 있는 어떤 측면들이 이스라엘 역사나 고대 근동의 역사 속에 존재하는지를 알아보도록 하라. 해당 본문의 직후에 당신의 회중이 꼭 알아두어야 할 어떤 일이 일어났는가? 어떤 사건이 해당 본문 속에서 언급된 것의 결과 또는 그것에 의해서 영향을 받은 것이 아니라고 할지라도, 해당 본문과 비슷하거나 논리적으로(인과론적으로는 아닐지라도) 관련된 어떤 사건들이 존재하는가? 좀 더 광범위한 문학적 및 역사적 전경(foreground)과 관련해서도 동일한 과정을 따르라. 해당 본문이 속한 성경의 한 책, 성경의 대분류(오경, 예언서 등등), 신구약성서, 성경 전체 속에서 해당 본문과 진정으로 관련성이 있어 보이는 어떤 내용이 뒤따르는지를 설명하도록 하라. 역사적 측면과 관련해서도 동일하게 행하라. 정당하다면, 문제들을 오늘날의 시대에까지 또는 그 너머에까지 연결시키기는 것을 주저하지 말라. (예를 들면, 하나님 나라에 관한 구약의 예언은 고대 이스라엘, 오늘날의 교회, 미래의 천국을 모두 포괄할 수 있다.)

일반적으로 당신은 마치 해당 본문을 둘러싼 성경 또는 역사가 존재하지 않았던 것인양, 해당 본문만을 따로 고립적으로 당신의 회중에게 말하는 것을 피하여야 한다. 해당 본문만을 고립적으로 말하는 것은 역사적 계시 전체를 부당하게 다루는 것이다; 그것은 당신의 회중에게 성경은 서로서로 별 연관성이 없고 시간의 흐름과 별 관계가 없는 원자 같은 단편들의 모음집이라고 주장하는 것이나 마찬가지다. 그것은 분명히 성경에 대하여 당신이 갖고 있는 인식이 아니고, 따라서 당신은 교인들에게 그런 인식을 심어주어서는 안 된다. 하나님은 우리에게 부분적으로만이 아니라 전체로서 이해될 수 있는 성경을 주셨다는 것과 하나님은 지금도 역사를 주관하고 계셔서 하나님이 구약 시대의 자기 백성에게 보여 주셨던 것과 동일한 신실하심으로 우리의 역사도 주관하고 계신다는 것을 회중이 깨닫는 데에 도움을 줄 수 있는 그러한 것들에 신경을 쓰도록 노력하라(비록 요약적인 것이라 할지라도).

3. 양식과 구조(약 30분)

3.1. 장르와 양식을 확정하라.

당신의 회중은 해당 본문이 운문으로 되어 있는지 산문으로 되어 있는지(또는 이 둘이 혼합되어 있는지), 해당 본문이 이야기인지 강화(講話)인지 애가인지 찬송 시편인지, 재앙의 신탁인지 묵시론적 환상인지 지혜 말씀인지 등등을 알 필요가 있다. 이러한 여러 다양한 문학 유형들(장르들)은 서로 다른 특징들을 지니고 있고, 이보다 더 중요한 것은 그러한 유형들이 지닌 고유의 의미를 상실하거나 모호하지 않게 하기 위해서는, 그 각각의 특징을 따라서 분석되어야 한다는 것이다. 예를 들면, "사십 일이 지나면 니느웨가 무너지리라"(욘 3:4)는 요나의 설교를 생각해 보자. 만약 당신이 당신의 회중에게 회개와 죄사함의 가능성이 이러한 보류된 징벌의 경고("사십 일이 지나면") 속에 함축되어 있다는 것을 설명해 주지 않는다면, 당신의 회중은 니느웨를 미워하였던 선지자인 요나가 왜 그러한 명백히 부정적인 파국의 메시지를 전하기를 회피하고자 했던가를 잘 이해하지 못해서 당혹스러워 하게 될 것이다. 이 본문의 양식과 그 특징들을 알게 되면, 우리는 요나가 비록 마지못해서 한 것이긴 하지만 실제로 니느웨에 대하여 소망의 메시지를 전하고 있다는 것을 알게 된다. 당신이 회중에게 모든 양식을 전문적인 명칭으로 규정하고 알려줄 필요는 없지만, 당신은 문헌의 일반적인 유형 ― 장르(예를 들면, 예언) ― 을 밝히고, 그런 다음에 해당 본문 속에서 사용된 특정한 양식(예를 들면, 경고 신탁)을 밝히도록 하여야 한다. 왜냐하면, 대부분의 경우들에서 그러한 장르와 양식을 확정하는 것은 해당 본문에 대한 이해와 해석을 강화시키는 데에 도움을 줄 것이기 때문이다.

3.2. 필요한 경우에는 양식들의 삶의 자리를 조사하라.

해당 본문 속에서 사용된 양식들과 실생활 속의 상황들 사이에 어떤 식별될 만한 연결점들이 존재한다면, 당신의 회중을 위해서 그러한 것들을 확인하라. 당신이 회중에게 고대에는 성벽에서 보초를 섰던 파수꾼들이 흔히 성으로 무엇이 다가오고 있는 것을 보고 중요한 사건들에 관한 소식들을 전하는 최초의 사람들이었다는 것을 알려준다면, 파수꾼의 관점에서 바빌로니아의 멸망을 서술하는 데에 사용된 "파수꾼의 노래"(사 21:1-10)는 당신의 회중에게 아주 잘 이해가 될 것이다. 또한 이 선지자는 야훼로부터 받은 소식들이나 사건들을 전하는 자였기 때문에, 21장에 나오는 이사야의 예언의 이미지들은 특히 적절하다. 이사야가 이러한 양식을 빌려와서 사용했던 원래의 삶의 자리에 대한 지식은 흔히 해당 본문의 의미를 파악하는 데에 아주 중요하다. 이러한 요소들을 당신의 회중에게 설명해 주라. 그러면, 이 예언의 메시지는 그것이 이사야의 원래의 청중에게 전달되었던 것과 동일한 취지로 회중에게 전달될 수 있을 것이다. 당신은 당신의 회중에게 해당 본문에 대한 자세한 양식비평적 분석을 제시할 필요는 없지만, 적어도 해당 본문의 메시지를 회중이 파악하는 데에 도움을 줄 양식에 관한 어느 정도의 지식을 회중이 들을 수 있도록 해주어야 한다. 이것보다 덜 하는 것은 회중을 어느 정도 "끈 떨어진 연"이 되도록 내버려 두는 것이다. 가능한 한, 당신의 회중으로 하여금 해당 본문의 의미를 따라잡도록 당신이 도움을 주어야 한다.

3.3. 구조적인 패턴들을 찾아내라.

해당 본문의 개요를 작성하면서, 그 자연스러운 흐름 또는 진행을 발견해 내도록 하라. 해당 본문은 어떻게 시작되어서, 어떻게 진행되며, 어떻게 결말에 이르고 있는가? 본문의 구조는 의미와 어떤 관계가 있는가? 해당 본문의 메시지(또는 그 메시지의 취지)는 적어도 부분적으로는 구조와 연관이 있는가? 해당 본문이 지닌 "논리"의 각 단계들은 무엇이고, 당신은 그 논리 속에서 어떠한 해석상의 실마리들을 찾아낼 수 있는가? 적지 않은 경우에, 해당 본문의 개요는 실제로 설교 자체의 개요로서의 역할을 할 수 있다. 그 밖의 대부분의 경우에서도, 이 둘은 분명히 어떤 식으로든 서로 결부되어 있다.

그러므로 의미있는 패턴들을 특히 눈여겨보라. 구조에 대한 단서를 찾아내는 데에 도움을 줄 수 있는 단어들의 반복, 개념들, 소리들, 병행법들, 중심적이거나 중추적인 단어들의 반복, 단어들의 연관관계, 또는 그 밖의 다른 패턴들이 해당 본문 속에 존재하는가? 특히 당신이 해당 본문이 무엇을 강조하고 있는지를 이해하는 데에 도움을 줄 수 있는 반복들(repetitions)과 진행들(progressions)을 보여주는 증거들을 찾아내라. 영감받은 저자는 정확히 어떤 식으로 자신의 단어들과 어구들을 배열하였고, 그리고 그 이유는 무엇인가? 그렇게 함으로써, 무엇이 강조되고 있는가? 결국 한 바퀴 빙 돌아서, 무엇이 결말이 되고 있는가? 특히 해당 본문이 시(詩)라면, 그 구조 속에서 특별히 아름답거나 두드러진 것이 존재하는가? 구조는 내용을 담고 있을 뿐만 아니라 어느 정도는 내용의 일부라는 사실을 기억하라. 구조는 확연히 드러날 수도 있고(창세기 1장에서처럼), 또는 별로 눈에 띄지 않을 수도 있지만(이스라엘의 왕들에 관한 몇몇 이야기들에서처럼), 통상적으로 중요한 의미를 지닌다.

3.4 독특한 특징들을 찾아내서 그 의의를 평가하라.

양식비평과 장르비평은 문학의 특정한 양식 또는 좀 더 넓은 범주의 모든 사례들 속에서 공통적인 전형적이고 보편적인 특징들을 강조한다. 이와는 반대로, 구조비평과 수사비평은 특정한 본문 속에 나타나는 독특하고 특별한 것들에 더 관심을 갖는다. 이 둘은 모두 다 필수적이다. 당신은 해당 본문을 평가할 때에 그 본문이 그것과 비슷한 본문들과 어떤 공통점을 지니고 있는지와 아울러서 그 본문을 특징짓고 나른 본문들로부터 다르게 만들고 있는 그 본문만이 지닌 특징들에도 주목하여야 한다. 일반적인 구조라는 견지에서, 그리고 또한 반복들과 점층적인 패턴들이라는 견지에서, 당신은 해당 본문에 독특한 향취를 부여해 주는 ― 해당 본문 자체를 독자적인 견지에서 및 그 자체의 주제들과 개념들에 따라서 설명해 주는 ― 그 무엇을 발견하는가? 해당 본문은 일반적인 양식(들)과 장르(들) 내에서 및 그러한 것들을 뛰어넘어서 어떠한 구체적인 계시적 내용을 담고 있고 전달해 주고 있는가?

4. 문법적 및 사전적 자료들(대략 50분)

4.1. 문법사항 중에서 특이하거나 모호한 것, 그 밖에 중요한 것에 주목하라.

당신의 일차적인 관심은 해당 본문의 해석에 어느 정도 영향을 줄수 있는 문법적인 특징들을 찾아내는 것이다. 적어도 일반적인 방식으로라도 모든 것들을 설명해 줄 수 있다는 것은 회중에게는 좋은 일이다. 그러나 사소한 것들에 집착하지 말라. 중요하고 의미있는 변칙들, 모호한 사항들, 난해한 것들(해석에 결정적으로 중요한 특징들)을 찾아내라. 이러한 것들을 많이 포함하고 있는 본문은 아주 소수이기 때문에, 이 작업은 그리 오래 걸리지 않을 것이다.

문법적으로 모호한 점들은 특별한 설명을 필요로 한다. 예를 들면, 어떤 선지자가 야훼께서 עַל־יְרוּשָׁלִַם 이라는 말씀을 하셨다고 보도하였다면, 당신의 회중은 이 어구가 "예루살렘에 관하여," "예루살렘을 위하여," "예루살렘을 쳐서" 등과 같은 의미를 지닐 수 있다는 것을 알게 되면 유익을 얻을 수 있을 것이다. 번역문들은 이러한 대안들 중에서 어느 하나를 선택하지 않을 수 없다 ― 번역문들은 이 세 가지 모두를 포함할 수 없고, 따라서 많은 경우들에 있어서 의도적이고 유보적인 모호성을 지니고 있는 해당 본문 속에서의 이러한 모호성을 정확하게 나타낼 수 없다. 옛 선지자의 청중들은 그 선지자가 이후의 말들을 통해서 그러한 유보를 끝마칠 때까지 야훼의 말씀이 좋은 것인지 나쁜 것인지를 알 수 없었을 것이다.

당신은 난해한 것들에 대해서도 반드시 특별한 관심을 기울여야한다: 해당 본문에 대한 해석(또는 해당 본문이 말하고 있는 교리)이 어떤 문법적 특징을 어떤 방법으로 해석하느냐에 달려 있다고 한다면(예를 들면, "너희는 내 앞에 다른 신들을 두지 말라"), 그러한 문법적 특징은 분명하게 설명되어야 한다. 예를 들면, 만약 청중들이 이 계명에 대한 적절한 해석이 "내 앞에"가 공간적인 것("나의 면전에서")을 가리키는 것인지, 아니면 시간적인 것("나보다 더 일찍")을 가리키는 것인지, 아니면 헌신과 관련된 것("중요성에 있어서 나보다 더한")을 가리키는 것인지, 또는 "신들" — 어쨌든, 복수형 — 의 사용이 실제적인 다신론을 함축하고 있는 것인지의 여부와 관련해서 모호한 상태로 남겨진다면, 오직 혼란만이 초래될 수 있을 것이다. 사람들은 אֱלֹהִים 이 "거짓 신들", "우상들", "천사와 같은 초자연적인 존재들" 등을 포함한 폭넓은 의미를 지니고 있었다는 것을 알 필요가 있다.

4.2. 핵심 용어들의 목록을 만들어라.

해당 본문을 훑어 보면서, 당신이 중요하다고 생각하는 모든 단어들(종종 어구들)을 적어 두어라. 이러한 단어 또는 어구들은 동사들, 형용사들, 명사들, 고유명사들 등등을 포함할 수 있을 것이다. 당신의 회중들 중 대다수가 제대로 알지 못하고 있거나 알기를 원한다고 생각되는 것들은 모두 포함시켜라. 열 개 또는 열다섯 개의 절로 된 전형적인 본문은 12개 정도의 단어들을 핵심적인 용어들로 포함하고 있을 것이다. 2.8.1에 나온 예 속에서, 역대하 13장의 아비야의 연설과 여로보암에 대한 싸움에 관한 이야기는 평균적인 회중들이 비교적 잘 알지 못하거나 설명을 통해서 유익을 얻을 수 있는 단어나 어구들이 20개 이상이 될 것이다(아비야, 천, 스마라임 산, 온 이스라엘, 소금 언약, 솔로몬의 신하, 성별하다, 신들, 번제, 진설병, 그들의 조상들의 하나님 등).

4.3. 핵심 용어들의 목록을 적정한 규모로 줄여라.

시간이 한정되어 있기 때문에, 당신은 핵심 용어들을 선별하지 않으면 안 된다. 당신의 목록 속에 5개, 10개, 또는 그 이상의 핵심 용어들을 포함시킬 수 있는지의 여부를 스스로 결정하라. 당신의 회중이 꼭 알아야 한다고 생각되는 용어들을 선별하라. (위에서 예를 든 목록 속에서 그러한 것들로는 "소금 언약," "성별하다," "신들," "그들의 조상들의 하나님" 등이 될 것이다.) 당신이 예상하기에 당신의 설교에서 꼭 필요한 것이 아닌 것들은 제거하라. 당신은 당신의 설교의 몇몇 중요한 핵심들이 어떤 용어들을 설명하고 어떤 용어들을 설명하지 않고 내버려 둘 것인지를 결정하는 과정 속에서 드러나게 될 것이라는 것을 알게 된다. 예를 들면, 위에 제시된 본문에서 당신은 "소금 언약"을 당신의 설교 제목으로 선택할 수 있을 것이다. 이러한 설교 제목은 설교에 관하여 적어도 미리 호기심을 불러일으킬 수 있을 것이다.

4.4. 적어도 한 단어 또는 용어에 대하여 간단한 단어 연구(개념 연구)를 행하라.

잘 선택된 본문은 적어도 해당 본문의 범위를 넘어서서 탐구할 가치가 있는 하나의 중요한 단어 또는 표현(그러니까, 개념)을 포함하고 있을 것이다. 한 주에 한 단어 또는 용어를 선택해서 그 용례를 수집하고, 처음에는 해당 본문이 속한 대단락, 다음에는 해당 본문이 속한 성경의 책, 그 다음에는 성경의 대분류(오경, 예언서 등등), 그 다음에는 신구약성서, 그 다음에는 성경 전체 속에서 그 단어의 의미 범위들을 조사하도록 하라. 4.8.3에 설명되어 있는 단어(개념)

연구를 위한 기법들을 활용하라. 그러나 당신의 시간을 현명하게 사용하라: 당신이 원한다면, 영어 번역문 속에서의 다양한 맥락들을 검토하라; 이미 간행되어 있는 사전들과 단어 연구서들로부터의 지침을 구함으로써 무엇을 찾아내야 할지를 알아내도록 하라. 그러나 당신이 무엇을 하든, 해당 본문의 직접적인 맥락을 넘어서서 연구를 행하라. 당신의 회중이 특정한 단어 또는 표현이 성경 전체에 걸쳐서 어떻게 사용되었는지에 관하여 들을 수 있도록, 당신은 최선을 다해서 짧은 시간 안에 그 단어 또는 표현과 관련된 모든 증거들을 요약할 수 있어야 한다. 또한 단어와 개념은 서로 다르다는 것을 기억하라. 해당 본문의 메시지를 전달하는 것은 개별적인 단위들로서의 개별적인 단어들이라기보다는 해당 본문의 실제적인 개념들이다.

5. 성경적·신학적 배경(약 50분)

5.1. 해당 본문이 성경의 다른 곳에서 어떻게 사용되고 있는지를 분석하라.

해당 본문의 어느 부분이 성경의 다른 곳에서 인용되고 있다면, 그 인용된 부분들을 평가하라. 그 본문은 어떻게, 그리고 왜 인용되고 있는가? 그 본문은 인용자에 의해서 어떤 식으로 해석되고 있는가? 그것은 당신에게 해당 본문의 적절한 해석과 관련하여 무엇을 말해 주는가? 해당 본문의 의미는 언제나 그 본문이 다른 맥락 속에서 사용되고 있는 방식을 통한 분석에 의해서 분명히 밝혀지게 된다.

5.2. 해당 본문과 성경의 나머지 부분의 관계를 분석하라.

해당 본문은 어떻게 기능하는가? 해당 본문은 어떠한 공백들을 메우고 있는가? 해당 본문은 무엇과 비슷하거나 상이한가? 해당 본문은 많은 비슷한 유형들 중의 하나인가, 아니면 꽤 독특한 것인가? 성경의 다른 부분에서의 어떤 본문이 해당 본문에 의존되어 있는가? 성경의 다른 본문들이 해당 본문을 이해하는 데에 도움을 주는가? 도움을 준다면, 어떻게 도움을 주는가? 해당 본문은 성경적 계시의 전체적인 구조 속에서 어디에 해당하는가? 해당 본문은 성경을 연구하는 사람들에게 어떤 가치들을 지니는가? 해당 본문은 당신의 회중에게 어떤 점들에서 중요한가?

5.3. 해당 본문이 신학 속에서 어떻게 사용되고 있는지를 분석하라.

해당 본문은 어떠한 신학적 교리들에 빛을 비춰주는가? 해당 본문의 신학적 관심들은 무엇인가? 해당 본문은 설명을 필요로 하는 어떤 신학적인 문제 또는 태도에 대하여 문제를 제기하거나 난점들을 제기하는가? 해당 본문과 관련되어 있는 신학적인 문제들은 얼마나 중요하거나 중요치 않은가? 해당 본문은 기독교 신학 속에 담겨 있는 전체적인 진리 체계 내에서 어디에 해당하는가? 해당 본문은 전체적인 신학과 어떻게 조화될 수 있는가? 해당 본문의 신학적 관심들은 명시적인가 암묵적인가? 당신은 해당 본문을 당신의 회중이 좀 더 신학적으로 일관되거나 적어도 좀 더 신학적으로 깨어 있을 수 있도록 만드는 데에 도움이 될 수 있도록 어떻게 사용할 수 있는가?

6.1. 해당 본문 속에 담겨진 삶의 문제들을 목록으로 작성해 보라.

해당 본문 속에서 명시적으로 또는 암묵적으로 언급되어 있거나 논리적으로 추론될 수 있는 삶의 문제들을 목록으로 작성하라. 단지 한두 가지의 문제들만이 있을 수도 있고, 여러 가지 문제들이 존재할 수도 있다. 처음에는 모든 것을 포함시켜서 포괄적으로 작성하라. 나중에 당신은 다시 한 번 숙고해 본 후에 덜 중요하거나 별 관계가 없다고 판단되는 것들은 제거할 수 있다.

6.2. 적용의 성격과 분야를 분명히 하라.

해당 본문 또는 그 부분들이 성격상 정보를 제공해 주는 것이냐, 아니면 지시적인 것이냐, 그리고 해당 본문이 믿음의 영역을 다루고 있는 것이냐, 아니면 행위의 영역을 다루고 있는 것이냐에 따라 시 당신이 작성한 잠정적인 목록(생각 속에 있는 것이든 글로 씌어진 것이든)을 정리하라. 이러한 구별들은 어느 정도 인위적이고 자의적인 것이긴 하지만, 도움이 되는 경우가 많다. 이러한 구별들은 성경의 가르침을 당신의 회중을 위하여 좀 더 정확하고 구체적으로 적용하는 것으로 이끌 수 있고, 당신이 모호하고 일반적인 적용들을 도출해 냄으로써 종종 적용 같지 않은 적용을 만들어 내는 것을 피하는 데에 도움을 줄 것이다.

6.3. 적용과 관련된 청중과 범주들을 확정하라.

해당 본문의 삶의 문제들은 일차적으로 개인들을 향한 것인가, 아니면 공동체를 향한 것인가, 아니면 어떤 구분도 존재하지 않는가? 개인을 향한 것이라면, 어떤 개인들을 향한 것인가? 그리스도인 또는 비그리스도인? 성직자 또는 평신도? 부모 또는 자녀? 강한 자 또는 약한 자? 교만한 자 또는 겸손한 자? 공동체를 향한 것이라면, 어떠한 공동체를 향한 것인가? 교회? 민족? 성직자 집단? 평신도 집단? 전문 직업인 집단? 사회 구조?

삶의 문제들은 인간 관계, 경건, 금전 관계, 영성, 사회 활동, 가족 생활 같은 어떤 범주들과 관련이 있거나 한정되어 있는가?

6.4. 적용의 시간 초점과 한계들을 설정하라.

해당 본문이 일차적으로 과거로부터의 어떤 것에 대한 인식, 현재의 믿음 또는 행위, 미래에 대한 소망 중 어느 것을 요구하고 있는지를 결정하라; 그렇지 않으면, 과거, 현재, 미래의 결합이 상정되어 있을 수도 있다. 그런 다음에, 한계들을 설정하라. 당신의 회중은 성경의 의도의 일부가 아닌 방식들 또는 분야들에 해당 본문을 적용하지 않도록 하기 위하여 극단적인 적용의 예들이 어떤 것들이 있는지에 관하여 설명을 들음으로써 많은 도움을 받을 수 있을 것이다. 어떤 것들이 일차적인 적용이고, 어떤 것들이 이차적인 적용인가? 예를 들면, 몇몇 메시야 본문들처럼, 해당 본문은 이중적인 적용 가능성을 지니고 있는가? 만약 그렇다면, 이러한 것들을 당신의 회중에게 설명하고, 해당 본문의 정보를 제공하고 지시하는 성격에 대하여 응답할 그들의 책임들이 어디에 있는지를 제시하라.

적용들을 제시함에 있어서 세심한 주의를 기울이는 것이 일반적으로 바람직하다. 특히 모범 사례의 오류를 피하라(성경에 나오는 어떤 사람이 그것을 행하였기 때문에, 우리도 그것을 행할 수 있거나 행하여야 한다는 생각). 이것은 적용에 대한 모든 접근방법들 중에서 가장 위험하고 잘못된 것이다. 왜냐하면, 성경 속에는 거의 모든 종류의 행위들, 즉 어리석은 행위와 지혜로운 행위, 악한 행위와 거룩한 행위 등등이 모두 나와 있기 때문이다. 그렇지만 이러한 원숭이 흉내내기식의 성경 적용에 대한 접근방법은 매우 폭넓게 행해지고 있는데, 이것은 그것과는 정반대되는 훌륭한 강단의 설교가 결여되어 있기 때문이다.

세심한 주의를 기울이는 것에는 확실한 적용들을 굳건히 붙잡고 의심스러운(가능하긴 하지만 불확실한) 적용들을 피하는 것도 포함된다. 당신은 해당 본문이 이론적으로 적용될 수 있는 모든 가능한 방식들을 당신의 회중에게 제시해서는 안 된다. 당신은 해당 본문이 분명하고 의도적인 관심을 보이고 있는 것들을 적용을 통해서 설명해야 한다. 해당 본문이 어떤 식으로 적용되는 것이 성경의 의도라는 확신이 서지 않는다면, 당신은 적용에 대한 제안을 자신있게 제시할 수 없다.

정당한 성경적 권위가 결여되어 있는 적용을 따르라고 회중에게 요구하는 것보다는 해당 본문이 그들의 삶 속에서 어떤 식으로 적용될 수 있는지에 대하여 당신이 알 수 없다는 것을 회중에게 인정하는 편이 훨씬 더 낫다. 그러나 거의 대부분의 경우에는 — 당신의 선택한 본문이 잘 선택되었고 당신의 주석 작업이 제대로 행해졌다면 — 당신은 설교 속에서 해당 본문이 무엇을 의미하는지만이 아니라 해당 본문이 당신과 당신의 회중으로 하여금 무엇을 믿고 행하도록 인도하는지를 자신있고 실천적으로 제시할 수 있는 위치에 있게 될 것이다.

7. 주석에서 설교로 넘어가기

수많은 서로 다른 설교 유형들이 있고 설교에 관한 수많은 책들이 존재하듯이, 설교를 준비하고 전하는 데에도 많은 방식들이 존재한다. 그렇지만, 주석적으로 건강한 설교를 만들어 내는 것과 관련하여 몇 가지 일반적인 조언이 주어질 수 있다.

7.1. 당신의 설교용 목록을 활용해서 설교문을 작성하라.

당신의 목록에 적어 놓은 여러 가지 메모들을 여러 범주들로 나누어서 조직하라. 얼마나 많은 것들이 서로 잘 맞아들어 가는지를 확인하라. 어떤 묶음들이 특히 비중이 있는 것으로 보이는가? 예를 들면, 목록 중의 많은 것들이 신학적인 용어들과 주제들을 중심으로 하고 있는 것으로 보이는가? 만약 그렇다면, 당신의 설교는 특히 신학적인 것이 되어야 한다. 설교용 목록이 어떤 이야기의 일부인 많은 요소들을 포함하고 있는가? 만약 그렇다면, 설교는 전체적으로 또는 부분적으로 이야기 형태를 취할 수 있지 않을까? 당신은 상당히 많은 수의 사전 항목들을 설명할 필요가 있는가? 만약 그렇다면, 여러 개의 예화들이 필요하게 될 것이다.

일반적으로, 설교용 목록에 나오는 내용들은 적어도 설교를 작성함에 있어서 주된 내용들 중 일부가 무엇이 되어야 할지, 그것이 설교와 관련하여 특정한 형태를 제시하고 있는지 아닌지를 보여줄 것이다. 또한 당신은 설교 속에 당신이 잠정적으로 설교용 목록 속에 포함시켰던 모든 것을 다 포함시킬 수 없다는 것을 기억하라. 버려야 할 것은 버리도록 하라. 한 편의 설교로 모든 것을 담을 수는 없다.

7.2. 열두 단계 또는 여섯 단계로 이루어진 주석의 개요를 설교의 개요로 사용하지 말라.

만약 당신의 회중이 "해당 본문의 본문상의 문제점들을 검토해 보도록 합시다" 같은 말로 시작되는 설교를 매번 듣는다면, 당신은 목회직을 그리 오래 하지 못하게 될 것이 분명하다. 위에서 설명한 여섯 단계로 된 주석 개요는 해당 본문의 주석상의 문제들을 포괄하는 데에 질서정연하고 유익한 절차를 제공해 준다. 그것은 설교용 개요가 아니다. 당신은 주석의 결과들을 회중을 교육하고 도전을 준다는 일차적인 관심에 맞춰서 설교 속에 조직해 넣고 통합하여야 한다. 어떤 요소들을 어떤 순서로 포함하고 있는 어떤 종류의 설교가 이것을 청중들에게 가장 잘 전달해 줄 수 있을지를 결정하는 것은 전적으로 당신의 몫이다 — 그리고 그러한 결정을 함에 있어서 당신보다 더 좋은 위치에 있는 사람은 아무도 없다.

7.3. 사변적인 것과 확실한 것을 구분하라.

당신의 회중으로 히어금 주석상의 어떤 "발견들"이 가능한 것이고, 어떤 것들이 유력한 것이며, 어떤 것들이 확실한 것인지를 알게 하라. 당신은 호세아서에 나오는 특정한 이행구(couplet)가 아모스에 의해서 개작되어 있을 가능성을 발견하고 흥분을 감추지 못할 수 있지만, 이것을 기정 사실로 제시하는 것은 무책임한 짓이 될 것이다. 왜냐하면, 아모스가 호세아로부터 그 이행구를 빌려왔을 가능성, 두 선지자가 예언적 시가의 공통의 유산을 활용했을 가능성, 그들이 독자적으로 비슷한 메시지를 영감으로 받았을 가능성도 여전히 존재하기 때문이다. 하지만 당신이 그러한 것들을 사변적인 하나의 견해임을 밝힌다면, 당신의 회중에게 이러한 대안들 중 어느 것 또는 모두를 환기시키는 것은 아무런 해가 없을 것이다.

7.4. 중심적인 것과 주변적인 것을 구분하라.

설교는 주석상의 모든 문제들에 대하여 동일하게 높은 우선 순위를 부여하지 않아야 한다. 당신이 이스라엘-앗시리아의 연대기에 관한 상당히 복잡한 역사적인 문제점을 해결하기 위하여 30분을 들였다고 해서, 당신의 설교 중에서 10%를 그것에 대한 설명에 할애해야 한다는 것은 결코 아니다. 당신은 그것에 대하여 전혀 언급하지 않을 수도 있을 것이다. 당신이 설교를 준비하는 데에 꼭 알아야 했던 것을 떠나서, 설교 본문으로부터 당신의 회중이 꼭 알아야 하는 것이 무엇인지를 결정하도록 하라. 사실 회중들은 굳이 알지 않아도 될 것들이 많이 있다.

이러한 결정을 함에 있어서 당신이 사용할 수 있는 두 가지 가장 좋은 판별 기준은 본문 자체와 그 본문에 대한 당신 자신의 반응들이다. 해당 본문이 중요한 것으로 취급하고 있는 것은 설교에서도 중요한 것으로 취급되어야 할 것들일 것이다; 당신이 개인적으로 당신에게 아주 도움이 되고 중요하다고 느끼는 것들은 아마도 회중들도 그들 자신에게 매우 도움이 되고 중요하다고 생각하게 될 것들이다. 적절하게 선택된 모든 본문은 그 무엇에 관한 것이다. 즉, 본문은 주된 주제를 가지고 있다.

당신의 설교가 본문에 충실하다면, 당신의 회중은 교회 예배가 끝난 후 밖에 나가서도 해당 본문이 말하고 있는 "큰 취지"가 무엇인지를 말할 수 있어야 할 것이다. 그리고 결국 "큰 취지"는 그들로 하여금 하나님, 그리고 하나님에 대한 그들의 관계를 이해하는 데에 도움을 주는 그 무엇이 되어야 한다. 만약 그렇지 않다면, 당신은 주석을 철저히 행하지 않았거나, 주석이 적용에서 어떤 식으로 수용되어야 하는지를 철저하게 생각하지 않은 것이다.

7.5. 이제야 비로소 강해 주석서들을 살펴보라.

대부분의 목회자들은 학문적인 주석을 스스로의 힘으로 하는 데는 별 힘을 들이지 않고, 이른바 강해 주석서들(설교를 위한 제안들을 강조해 놓은 책들)을 지나치게 의존하는 경향이 있다. 이것은 역효과를 가져올 수 있다. 왜냐하면, 강해 주석서들은 대체로 주석상으로 빈약하기 때문이다. 아울러, 강해 주석서의 저자들은 당신 및 당신의 회중에 관한 개인적인 지식을 가지고 있지 않기 때문에, 그들은 일반적인 관찰들과 통찰들만을 당신에게 제공해 줄 수 있을 뿐이다.

주석서 저자들은 당신 및 당신 회중과 관련된 특정한 영적 도전들을 이루는 논쟁들, 특별한 강점들과 약점들, 뜨거운 쟁점들, 인종적·가족적·사회적·경제적·정치적·교육적·인간 관계적 문제들, 그리고 그 밖의 다른 관심사들에 대하여 거의 말할 수 없다. 그들은 당신의 회중이 특정한 주제 또는 본문에 관하여 얼마나 많이 또는 얼마나 적게 알고 있는지, 당신이 당신의 설교 속에서 얼마나 많은 토대를 확보하고자 하는지, 또는 당신이 해당 본문의 단위들의 규모를 어느 정도나 선택하였는지를 전혀 알지 못한다. 따라서 당신이 기본적인 주석 작업을 스스로 행한 후에야 강해 주석서들이 당신에게 제공해 줄 수 있는 보완적인 통찰들을 참조하는 것이 바람직하다.

7.6. 적용은 설교의 궁극적인 관심이라는 것을 기억하라.

설교는 하나님의 말씀을 사람들의 삶에 적용하기 위한 것이다. 적용이 없다면, 그것은 설교가 아니다; 그것은 강의 또는 강연이나 수업은 될 수 있을지는 몰라도, 설교는 될 수 없다. 당신의 회중들에게 절대적으로 분명하고 실천 가능하고 주석에 토대를 둔 적용을 제시하는 설교를 작성해야 한다는 점을 명심하라. 이것은 설교에 주어지는 시간의 대부분을 적용에 할애하여야 한다는 것을 의미하지 않는다. 사실, 설교를 준비하는 시간의 대부분은 적용의 토대를 놓는 데에 도움이 되는, 엄격히 말해서 적용이라고 할 수 없는 것들에 할애된다. 실제로 당신은 해당 본문에 대한 당신의 적용을 오직 당신 자신의 권위에 의거해서 당신의 회중이 받아들여 줄 것이라고 기대할 수 없다.

그들은 적용이 해당 본문의 의미에 대한 적절한 이해에 토대를 둔 것인지를 알 필요가 있고, 그들은 이 점이 그들에게 분명하지 않다면 적용을 진심으로 받아들이지 않게 될 것이다. 마찬가지로, 당신은 회중들에게 해당 본문이 무엇을 요구하는지에 대해서는 회피한 채 해당 본문이 무엇을 말하고 있는지만을 설명해서는 안 된다. 성경은 그 자체가 목적이 아니다 — 성경은 하나님을 전심으로 사랑하고 이웃을 자기 몸과 같이 사랑해야 한다는 목적에 기여하는 수단이다. 이것이 바로 율법과 선지자들이 말하고 있는 것이다.

이차적인 문헌을 참고하는 것은 언제나 꼭 필요한 것이다. 너무도 많은 특수화된 쟁점들과 그러한 쟁점들을 해석하는 자료들이 존재하기 때문에, 신학생들(또는 이 점에 있어서는 전문적인 학자도 마찬가지다)이 오로지 자신만의 개인적인 방법론만을 의지할 수는 없다. 예를 들면, 욥기의 어느 부분을 적절하게 해석하기 위해서는, 우리는 가나안 신화들이 사용되고 재사용되어서(비록 "불온한 부분들이 삭제되긴 했지만") 온 피조물에 대한 야훼의 주권에 관한 메시지에 봉사하는 방식으로 채용되고 있는 특별한 방식들에 대한 어느 정도의 이해를 가져야 한다. 마찬가지로, 욥기에서 사용된 특별한 방언(옛 에돔어)의 몇몇 측면들은 셈어 가운데서 오직 표준적인 히브리어만을 배운 신학교 학생들의 지식 범위를 뛰어넘는다. 그런 경우에는 우리는 흔히 주석상의 문제들이 무엇인가를 알기 위해서 전문가들의 도움을 받지 않을 수 없다.

그러나 한 사람의 연구를 무비판적으로 수용해서도 안 될 것이다. 전문가들은 그렇지 않은 사람들과 마찬가지로 흔히 별 가능성이 없는 결론들을 쉽게 받아들이는 형편없는 판단력을 보이는 경우가 흔히 있다. 그들은 그들의 형편없는 판단력들과 별 가능성이 없는 결론들의 주변에 엄청난 양의 관련 자료들과 현학적인 장황한 설명들을 늘어놓음으로써 그러한 것들을 그럴 듯하게 보이게 할 수 있는 능력을 지니고 있다. 그럼에도 불구하고, 당신에게 설득력이 있어 보이는 사실들과 논거들이 드러날 때까지는 당신 자신의 상식과 변별력이 당신에게 도움이 될 것이다.

스스로 해결할 수 없고 전문가를 필요로 하는 어렵고 특수한 쟁점들에 직면했을 때에 당신의 주된 관심은, 독창적으로 무엇을 만들어 내는 것이 아니라 평가하는 것이다. 전문가들이 무엇을 말하고 있는지를 비판적으로 바라보고, 그들의 논리와 자료들을 비교하며, 그러한 것들 가운데서 가장 설득력이 있어 보이는 것을 선택하라. 그 누구도 이것 이상을 당신에게 요구할 수 없다.

주석을 위한 도구들과 자원들

제4장

이 장에 나오는 도움말들과 참고문헌들은 제1장에 나오는 자세한 주석을 위한 지침의 개요에 따라 배열되어 있다. 몇몇 꼭 필요한 예외들을 제외하고는, 추천 도서들은 영어로 된 것들로 국한하였다. 전문성과 유용성을 기준으로 가장 좋은 책들은 그 신학적 경향과 상관 없이 여기에 열거되어 있다. 그러나 구약신학과 기독교 신학의 경우에는(항목 10), 서로 다른 신학적 관점들에 대하여 어느 정도 주의를 환기시켰다.

1. 본문 비평

1.1. 본문 비평의 필요성

많은 목회자들과 신학생들은 본문 비평이 따분하다고 생각하고, 본문 비평은 성경 연구에 있어서 부차적으로만 의미를 지닌다고 생각한다. 본문 비평은 수많은 중요하고 필수적인 신학 작업들이 그러하듯이 종종 지루할 수 있다. 그러나 본문 읽기들 중에서 적절한 것들을 선별하는 일은 해당 본문에 대한 해석에 있어서 아주 중요하고, 그러므로 피할 수 없는 작업이다. 본문상의 문제들로부터 비교적 자유로운 구약성서의 책들 — 오경, 사사기, 에스더, 요나서, 아모스서 등등 — 조차도 여전히 독자들에게 거의 모든 장들 속에서 본문 상의 선택들을 하지 않을 수 없게 만든다. 그리고 빈번한 본문 훼손들로 유명한 책들 — 호세아서, 에스겔서, 사무엘서-열왕기서, 시편, 욥기, 스가랴서 등등 — 은 흔히 주석에 의한 본문상의 결정들이 해당 본문에 나오는 대부분의 절들에 대한 해석에 영향을 미친다! 본문 비평의 작업은 매력없어 보이고 심지어 성가신 일로 보이기조차 한다; 그러나 본문 비평은 피할 수 없다.

현존하는 구약성서 본문 중에서 단일한 권위있는 판본은 존재하지 않는다. 예전의 BH3와 현재의 표준판인 BHS(4.1.5를 보라)에 인쇄된 히브리어 본문은 단지 수많은 고대 및 중세 시대의 사본들 중의 하나인 11세기 초의 사본인 레닌그라드 사본을 편집해서 정리한 것에 불과하다. BH3와 BHS의 체재는 이 사본을 인쇄함에 있어서 각주들을 통해서 다른 읽기들을 선별적으로 제공해 주고 있기 때문에, 우리는 거기에서 각주들에 나오는 읽기들은 어느 정도 불규칙한 것들, 즉 인쇄된 원래의 본문 속에 주어진 표준적인 것으로부터의 사소한 편차들이라는 인상을 받는다.

그런데 사실은 그렇지가 않다. 거기에 나오는 다른 읽기들(이독들이라 부르는)은 그 자체가 단순히 과거의 어느 시기에 어떤 신앙 공동체에 의해서 각각 권위 있고 "표준적"이라고 여겨진 여러 언어들로 된 구약성서의 아주 다양한 고대 사본들에 나오는 다른 읽기들을 선별한 것에 불과하다. 보존 상태가 좋고 비교적 초기의 사본이라는 이유로 11세기의 특정한 한 사본을 히브리어 본문으로 삼고자 결정한 것은 잘못된 일은 아니다 — 그러나 그것은 우리를 오도할 수 있다. 만약에 레닌그라드 사본보다 조금 시기가 빠른 중세 사본이 농일하게 보존 상태가 좋았다고 한다면, 그 사본이 구약성서 전체에 걸쳐서 수백 군데에서 레닌그라드 사본과 다른 읽기로 되어 있다고 할지라도 히브리어 본문 읽기용으로 선택되었을 것이다.

달리 말하면, BH3와 BHS의 각주에 나와있는 이독들은 이 두 판본을 편집한 편집자들의 선별 행위에 의해서 배제되어 버린 그 밖의 다른 많은 이독들과 아울러 레닌그라드 사본에 못지않은 상당한 주의를 기울여야 한다는 말이다. 많은 경우들에 있어서, 심지어 대부분의 경우에서 이러한 이독들은 레닌그라드 사본의 본문보다 원래의 히브리어를 보존하고 있을 가능성이 더 높다. 이러한 이독들은 원문을 반영하고 있는 구약성서의 그 밖의 다른 고대 사본들을 나타낸다. 어느 특정한 경우에서(구약성서 본문 중 어느 특정한 대목에서), 이독들 중 어느 것이 옳고, 그 밖의 다른 모든 것들은 틀릴 수 있다. 그러므로 일반적으로 어떤 사본들과 판본들이 다른 것들보다 신뢰할 수 없는 것으로 여겨진다고 할지라도, 각각의 경우는 그 독자적인 장점들에 의거해서 결정되어야 한다.

여러 판본들 간에는 많은 차이들이 존재하고, 특정한 사본 전승들 또는 "교정본들" 내에서도 수많은 명백한 훼손들(비문법적이고, 비논리적이며, 이해할 수 없는 표현들)이 존재한다. 게다가 "감춰진" 훼손들 ─ 겉보기로는 오류가 없어 보이지만 여러 다양한 판본들로부터의 모든 정보들을 비교하고 분석할 때에 원래의 것이 아닌 것으로 판단되는 후대의 필사자들이 개작한 부분들 ─ 의 수는 명백한 훼손들의 수를 능가한다.

본문 비평은 상당히 복잡할 뿐더러 원문의 표현이 어떤 것이었는지에 관한 판단들은 주관적인 경우가 많기 때문에, 당신은 이렇게 말하고 싶은 심정이 들지도 모른다: "나는 본문에 관해서는 그 어떠한 판단도 내리고 싶지 않고, 오로지 BHS 히브리 성경만을 토대로 주석 작업을 하고자 한다." 하지만 그렇게 말하는 것 자체가 벌써 당신이 수많은 본문상의 판단들을 자동적으로 내리고 있는 것이 되어 버린다. 즉, 당신은 이미 구약성서 본문의 모든 곳에서, 때로는 아주 좋은 읽기들도 있지만 때로는 최악의 읽기들도 포함하고 있는 레닌그라드 사본(Leningrad Codex)을 토대로 한 마소라 학자들의 읽기를 선택하기로 결정한 것이 되고 만다는 뜻이다. 당신은 왜곡되고 앞뒤가 잘 맞지 않는 문장들과 절들을 해석하고자 애를 쓰고 끙끙댈 것이다 ─ 다른 판본들을 참조하면 쉽게 해결될 수 있는데도 말이다. 그리고 당신은 다른 사본들의 읽기를 찾아보고 평가해 보는 꼭 필요한 수고를 들이기만 한다면 유익하고 성과 있는 다른 읽기들을 발견할 수 있음에도 불구하고, 때로는 의미가 통하지 않고 때로는 너무 짧고 때로는 너무 긴 마소라 본문을 무비판적으로 받아들임으로써, 적어도 암묵적으로 원래의 인간 저자의 지성만이 아니라 본문에 대한 성령의 영감을 모욕하게 될 것이다.

어쨌든 본문 비평을 행하는 것은 히브리어, 헬라어, 그 밖의 다른 관련 언어들에 대한 당신의 지식을 한층 강화시켜줄 뿐만 아니라, 당신이 본문에 관한 주석상의 기본적인 결정들을 하는 데에 도움을 준다. 본문의 "유력한" 읽기는 부분적으로는 본문의 전체적인 성격, 구조, 어휘, 신학적 메시지, 즉 주석 과정의 다른 단계들에 의거해서 결정된다. 따라서 본문 비평을 철저히 행하는 것은 실제로 당신이 주석 과정의 나머지 단계들을 잘 수행하는 데에 도움을 주게 될 것이다. 본문 비평을 행하지 않기로 결정하는 것은 주석상의 몇몇 쟁점들을 포기하기로 이미 결정하는 것 — 싸움을 시작하기도 전에 포기해 버리는 것 — 이다.

1.2. 해설서들

본문 비평이라는 개념 자체가 당신에게 생소하다면, 본문 비평과 관련된 문제들을 간략하게 개관하는 데 좋은 자료로는 다음 두 가지가 있다:

Emmanuel Tov, "Textual Criticism (OT)" in the *Anchor Bible Dictionary*, Vol. 4, pp. 393-412 (Doubleday, 1992)

또는

Bruce K. Waltke, "The Textual Criticism of the Old Testament," in the *Expositor's Bible Commentary*, Vol. 1, pp. 211-28 (Zondervan Publishing House, 1979)

읽기가 약간 어렵지만 종합적으로 소개하고 있는 글로는 다음과 같은 것이 있다:

S. K. Soderlund, "Text and MSS of the OT" in the *International Standard Bible Encyldopedia*, Vol. 4, pp. 798-814 (Wm. B. Eerdmans, 1988)

하지만 방법론을 배우고자 하는 초보자에게 구약 본문 비평에 대하여 체계적으로 알기 쉽게 소개한 책으로는 다음의 교과서가 있다:

Ellis R. Brotzman, *Old Testament Textual Criticism: A Practical Introduction* (Baker Book House, 1994)

그리고 초보자도 알기 쉬울뿐더러 이미 본문 비평에 대해서 어느 정도 알고 있는 사람들에게도 도움이 되는 깊이 있고 기술적으로도 뛰어난 책이 한 권 있다:

Emmanuel Tov, *Textual Criticism of the Hebrew Bible* (Fortress Press, 1992)

또한 아래의 책도 도움이 된다:

P. Kyle McCarter, Jr., *Textual Criticism: Recovering the Text of the Hebrew Bible in Guides to Biblical Scholarship* (Fortress Press, 1986)

본문 비평에 대한 고전적인 입문서로는 다음과 같은 것이 있다:

Ernst Würthwein, *The Text of the Old Testament*, rev. ed. (Wm. B. Eerdmans, 1995)

이 책은 사본들과 역본들에 중점을 두어 해설하고 있어서, 본문 비평을 어떻게 하는 것인지를 실제로 배우고자 하는 사람들에게는 그리 큰 도움이 되지는 않는다.

마소라(Masorah)는 중세의 학자들이 히브리어 성경에 대한 본문 주(註)들을 집적해 놓은 것이다. 이러한 마소라 주(註)들은 대부분 통계에 관한 것이어서(예를 들면, 특정한 단어가 에스겔서에서 남성 복수형으로 몇 번 나오는지를 적어놓은 것 등이 전형적인 마소라 주이다), 컴퓨터 성구사전을 통해서 미소라 주보다 훨씬 너 빠르게 동일한 자료들을 찾아볼 수 있게 된 오늘날에 와서는 그리 유용하지 않다. 그럼에도 불구하고, 신학생들은 종종 BHS(마소라 주를 광범위하게 싣고 있는)에 나오는 특정한 마소라 주가 무엇이라고 말하고 있는지를 찾아보고 싶어할지도 모른다. 마소라가 어떤 식으로 되어 있는지를 소개해 주고 있는 가장 좋은 자료로는 다음과 같은 것이 있다:

Page H. Kelley, Daniel S. Mynatt, and Timothy G. Crawford, *The*

Masorah of Biblia Hebraica Stuttgartensia (Wm. B. Eerdmans, 1998)

마소라에 대한 완벽한 고전적인 참고 서적으로는 다음과 같은 것이 있다:

Christian D. Ginsburg, *The Massorah*, 4 vols. repr. (KTAV, 1975)

사본들과 역본들, 그리고 그러한 것들과 구약의 본문 비평의 관계를 정의하고 설명해 놓은(본문 비평의 방법론 자체를 다루고 있는 것이 아니라) 다음의 책은 여전히 유익하다:

Frederick W. Danker, *Multipurpose Tools for Bible Study*, rev. ed. (Fortress Press, 2003)

당신이 구할 수 있기만 하다면, 당신은 성경의 각 책들과 관련해서 사본들과 역본들에 대한 상당히 철저한 정보를 Eissfeldt의 *The Old Testament: An Introduction* 의 제5부에서 편리하게 찾아볼 수 있다. 이 책의 특별한 가치는 여러 주제들에 대하여 1965년까지 발간된 책들과 논문들에 대한 풍부한 서지(書誌)를 제공해 주고 있다는 데 있다:

Otto Eissfeldt, *The Old Testament: An Introduction* (Harper & Row, 1965)

또한 전문적이지 않고 좀 더 일반적으로 서술되어 있기는 하지만 도움이 되는 책으로는 다음과 같은 것이 있다:

Roland Kenneth Harrison, *Introduction to the Old Testament*, repr. (Prince Press, 1999) (「구약서론」:크리스챤 다이제스트)

이 저작이 복간된 것은 정말 다행이다. 왜냐하면, 이 책은 제4부 ("the Old Testament Text and Canon")에서 히브리어 저작의 역사에 대한 유용한 개관을 포함하고 있을 뿐만 아니라 본문 비평의 한계와 성과에 관한 꽤 현명한 평가들을 담고 있기 때문이다. 해리슨 (Harrison)은 성경의 각 책에 대한 개관과 아울러 그 본문상의 특징들과 주목할 만한 문제점들에 대한 짤막한 서술을 제시한다.

용어들을 알파벳순으로 명확하고 실제적으로 정의해놓아 쉽게 찾아볼 수 있는 책으로는 다음과 같은 것이 있다:

Richard N. Soulen, *Handbook of Biblical Criticism*, rev. and aug'd ed. (John Knox Press, 1985) (「성서비평사전」: 성서와 함께)

또는

Harry J. Harm, "Glossary of Some Terms Used in Old Testament Studies," *Notes on Translation* 11.4 (1997), 46-51

전문가가 본문 비평을 어떻게 행하는가를 살펴보는 것은 이와 관련된 방법론들을 이해하는 데 가장 좋은 방법들 중 하나이다. 구약성서의 한 책을 대상으로 한 주의 깊은 본문 비평을 보여주는 가장 좋은 예들 중의 하나는 다음의 책으로서, 당신이 이 책을 구할 수만 있다면 그것으로부터 배울 만한 가치가 있다:

S. R. Driver, *Notes on the Hebrew Text and the Topography of the Books of Samuel*, 3d ed. (Clarendon Press, 1913)

1.3. 판본과 역본들

마소라 본문(MT) — BHS와 그 이전 판인 BH3의 토대로 사용된, 편집된 형태로 인쇄된 한 사본 — 외에도, 구약성서와 관련하여 네 가지 언어로 된 고대의 주요한 다섯 개의 역본들이 존재한다. 이 역본들을 중요도에 따라서 나열하면 다음과 같다:

헬라어 구약성서(*The Greek OT*). 통상적으로 칠십인역(LXX)으로 불리지만 BHS에는 옛 양식[Fraktur]에 따라 문자 G로 표시된 이 판본은 주전 3세기 말에 히브리어로부터 번역된 역본을 말한다. 이 판본의 중요성은 과소평가될 수 없다. 개괄적으로 말한다면, 이 판본은 마소라 본문과 동일한 정도로 구약성서의 원래의 본문에 대한 신뢰할 만하고 정확한 증거(a witness)라고 할 수 있다. 구약의 많은 대목들에서 칠십인역은 마소라 본문보다 더 신뢰할 만하고, 그 밖의 다른 대목들에서는 그 신뢰도가 마소라 본문보다 덜하다. 헬라어는 모음을 사용하고 히브리어는 모음을 사용하지 않기 때문에, 칠십인역의 표현들은 덜 모호하였고, 따라서 칠십인역이 출간된 후 수세기에 걸쳐서 본문 훼손들(그리고 편집에 의한 확장들)이 누적되어 왔던 히브리어 본문보다 칠십인역은 선천적으로 본문 훼손이 덜하였다.

본문 비평을 행할 때(1.2.에 열거된 것들과 같은 구약성서의 특정 부분들을 제외하고), 당신은 통상적으로 칠십인역과 마소라 본문을 나란히 놓아두고, 이 둘을 등가(等價)로 취급하여야 한다. 이 두 본문이 서로 다른 경우에, 그 중 하나가 원문을 더 잘 반영한 것일 수 있다; 어느 쪽을 선택해야 하는지는 자동적으로 결정될 수 없고, 당신은 어느 쪽이 원문을 더 충실하게 보존하고 있는지를 결정하기 위하여 자료들을 분석하지 않으면 안 된다.

쿰란 사본(*The Qumran scrolls*). 이 판본은 보통 사해 사본(the Dead Sea Scrolls)으로 불리고, BHS 비평장치에는 Q로 표기된다. 몇몇 경우들, 이를테면 이사야서와 하박국서 같은 경우에는 상당 부분이 이전에 알려져 있던 사본들보다 여러 세기 앞선(그리고 몇 가지 점에서 좀 더 신뢰할 만한) 기독교 이전의 히브리어 본문으로 보존되어 있다. 그러나 성경의 대부분의 책들은 오직 작은 단편들만이 발견되었다. 그러므로 당신이 주석하기로 선택한 구절이 쿰란 사본에는 없을 가능성이 많다. 그러나 만약 당신이 선택한 주석 본문이 쿰란 사본에 존재한다면, 당신은 일반적으로 쿰란 사본의 본문을 마소라 본문과 동일한 정도로 신빙성이 있는 것으로 다루어야 한다. 쿰란 시대(대략 주전 100년 —주후 100년) 동안에는 많은 히브리어 단어들이 초기 페르시아 시대(이 시대의 [정방형] 철자법은 랍비들에 의해서 현존하는 히브리 성경을 위한 철자법으로 채택되었다)와는 다른 철자법으로 씌어졌다. 그러나 이러한 철자법상의 차이들은 쿰란 시본을 마소라 본문과 비교해 보면 별 문제가 되지 않는다는 것을 우리는 알게 된다.

시리아어 구약성서(*The Syriac OT*). 페쉬타(the Peshitta)로 불리는 시리아어 구약성서는 기독교가 등장한 지 수 세기 후에 히브리어 본문에서 번역된 것으로서 종종(그러나 칠십인역보다는 훨씬 드물게) 그 히브리어 본문에 대한 유용한 증거로 사용된다. 페쉬타는 히브리어 마소라 본문과 다르면서 칠십인역과는 일치하는 경우가 자주 있다. 이 판본은 BHS/BH3에서 P로 표시된다.

아람어 구약성서(*The Aramaic OT*). 탈굼(the Targum)이라 불리고 BHS/BH3에서 T로 표기되는 아람어 구약성서는 가끔씩 원래의 히브리어를 보여주는 지표로서 중요하지만, 흔히 본문 확대와 지나치게 의역을 선호하는 성향으로 인해서 많이 훼손되어 있다. 시리아 역본인 페쉬타와 마찬가지로, 이 판본은 비교적 후대의 증거이다.

라틴어 구약성서(*The Latin OT*). 불가타역(the Vulgate, BHS/BH3에서 V로 표기됨)으로 불리는, 제롬(Jerome)이 히브리어 구약성서를 라틴어로 번역한 이 판본(주후 389년에서 405년)은 완전한 형태로 남아 있는 유일한 고대 라틴어 역본이다. 이 판본은 본질적으로 초기 또는 원시 MT라 부를 수 있는 판본으로부터 번역된 것이기 때문에, 마소라 본문 이외의 다른 것에 대한 독립적인 증거로 사용되는 경우는 극히 드물다.

다행스러운 것은 당신이 영어만 안다고 해도 당신은 이러한 판본들의 사용에 제약을 별로 받지 않는다는 것이다. 위에서 말한 모든 고대 판본들은 영어로 번역되어 있고(2.2를 보라), 주의깊게 사용하기만 한다면, 이러한 영어 번역본들은 특정한 고대 판본이 마소라 본문을 지지하는지, 아니면 마소라 본문과 다른지를 꽤 정확하게 알려준다. 게다가 당신은 본문상의 쟁점들에 관한 많은 통찰들을 본문 비평에 특별한 주의를 기울이고 있는 주요한 "비평적인"(자세하고 학문적인) 주석서들(*Anchor Bible, Hermeneia, Word Biblical Commentary*, 그리고 오래 되었지만 여전히 매우 유익한 *International Critical Commentary*; 4.11.4를 보라)에서 찾아볼 수 있다. 또한 본문상의 결정들을 하는 데 있어서 결정적으로 중요한 자료들의 대부분은 히브리어와 헬라어 속에 있기 때문에, 신학교에서 배운 이러한 언어들은 본문 비평에서 아주 유용하게 사용된다.

1.4. 비평판 본문들

칠십인역은 히브리어 구약성서와 마찬가지로 출간된 이래로 수없이 필사되고 재필사되었다. 이렇게 오랜 세월 동안 필사되면서 필사자들의 실수로 인한 필사 오류들(훼손들) 및 의도적인 확장들과 그 밖의 다른 "편집" 작업의 결과로서 여러 가지 다른 읽기들이 발전할 수 있는 기회들이 풍부하게 제공되었다. 그 결과 비평을 거친 헬라어 본문들이 요구되어 왔다. 이 본문들은 인쇄된 구약성서 본문 전체를 담고 있을 뿐만 아니라, "헬라어 본문 내에서의" 이독들(원래의 히브리어 본문과는 아무런 상관 없이 헬라어 본문들을 필사하는 과정에서 생겨난 이독들)을 보여주는 풍부한 각주들, 개정에 의한 이독들(특정한 개정자가 기존의 LXX 사본을 기존의 히브리어 사본과 의도적으로 일치시키기 위하여 도입한 이독들)을 보여주는 각주들, 다른 언어들로 된 판본들로부터의 정보를 제공해주는 각주들을 포함하고 있다.

현재 칠십인역에 대한 여러 권으로 된 주요한 비평판본으로는 두 가지 총서가 나와 있다. 각각의 총서는 아직 완결되지 않았지만, 이 두 총서는 서로를 보완해주고 있기 때문에 이 둘을 합치면 구약성서 전체를 거의 포괄한다:

Alan E. Brooke, Norman McLean, and Henry St. J. Thackeray, *The Old Testament in Greek* (Cambridge University Press, 1906-1940)

이 총서에서는 다음과 같은 책들이 간행되어 있다: 창세기에서 역대기하까지(영어 성경의 순서를 따라), 에스드라1서, 에스라-느헤미야서, 에스더서, 유딧서, 토빗서. 또 하나의 총서는 이것이다:

Septuaginta: Vetus Testamentum Graecum Auctoritate Societatis Litterarum Gottingensis Editum (Vandenhoeck & Ruprecht, 1931-)

다음과 같은 책들이 이 총서 속에 포함되어 있다:

에스더서, 마카베오1, 2, 3서, 시편(Psalmi cum Odis); 솔로몬의 지혜서(Sapientia Salomonis); 시락서(Sapientia Iesu Filii Sirach); 소선지서(Duodecim Prophetae); 이사야서(Isaias); 예레미야서(Jere-mias); 바룩서; 예레미야 애가(Threni); 예레미야의 편지(Epistula Jeremiae); 에스겔서; 수산나서; 다니엘서; 벨과 용(Bel et Draco)

위에서 말한 이 두 가지 총서는 BH3 및 BHS와 마찬가지로 라틴어를 의사소통의 수단으로 사용한다. 신약성서 본문들과는 달리, 히브리어 또는 헬라어로 된 구약성서 비평판들 중에는 절충 본문(모든 이독들 중에서 가장 유력한 것들을 선택하여 새롭게 편집한 본문)을 사용하고 있는 것이 하나도 없다. 부분적으로 예외로는 괴팅겐 칠십인역본(the Gottingen Septuaginta)이 있는데, 이 판본은 절충 본문을 주변적으로 택하고 있다. 따라서 절충 본문을 만들어내는 일은 당신의 몫이다. 당신이 사용할 수 있는 여러 도구들을 사용한다면, 당신은 적어도 마소라 본문(종종 "공인 본문"으로 불리는)보다 더 나쁜 본문을 만들어낼 가능성은 거의 없고, 오히려 마소라 본문을 어느 정도 개선시킬 가능성이 훨씬 더 많다.

칠십인역을 매우 읽기 쉽고 꽤 포괄적으로 소개하고 있는 책으로는 다음과 같은 것이 있다:

Karen H. Jobes and Moises Silva, *Invitation to the Septuagint*

(Baker Academic, 2000)

Jobes와 Silva는 모든 중요한 쟁점들을 다 다루면서, 많은 예들을 들어서 칠십인역과 고대의 다른 판본들의 관계를 설명한다.
또한 다음의 책도 도움이 된다:

Emmanuel Tov, *The Text-Critical Use of the Septuagint in Biblical Research* (Eisenbrauns, 1981)

칠십인역을 좀 더 자세하게 살펴볼 필요가 있는 경우에는, 당신은 1993년까지 간행된 칠십인역을 다룬 대부분의 저작들을 제시해주고 있는 다음의 세 가지 서지(書誌) 중 하나를 참고하면 된다. 여기서는 간행연대순으로 소개한다:

Sebastian P. Brock, Charles T. Fritsch, and Sidney Jellicoe (eds.), *A Classified Bibliography of the Septuagint* (E. J. Brill, 1973)
Emmanuel Tov, *A Classified Bibliography of Lexical and Grammatical Studies on the Language of the Septuagint* (Academon, 1980)
Cecile Dogniez (ed.), *A Bibliography of the Septuagint: 1970-1993.* Vetus Testamentum Supplement 69 (E. J. Brill, 1995)

쿰란 사본들(The Dead Sea Scrolls)

여러 본문들이 다양한 자료집으로 출간되어 있다. 대부분의 본문들은 너무 단편적이어서, 주석 작업에서는 별 쓸모가 없다. 1990년까지 출간된 것들에 대한 훌륭한 목록으로는 Fitzmyer, *The Dead Sea Scrolls* (4.11.6)를 보라. 쿰란에서 나온 거의 완벽한 두 가지 구약성서 본문들(이사야서와 하박국서, 후자는 고대의 주석서에 포함되어 있다)에 대한 훌륭한 영인본으로는 다음과 같은 것이 있다:

John C. Trever, *Scrolls from Qumran Cave I from Photographs* (The Albright Institute of Archaeological Research and The Shrine of the Book, 1974)

쿰란 사본들에 대한 권위 있는 출간물들은 옥스퍼드 대학의 Clarendon Press에서 *Discoveries in the Judean Desert*라는 제목으로 계속해서 간행하고 있는 총서 속에서 찾아볼 수 있다. 이 총서는 현재까지 대략 30권 정도가 출간되었다. *Discoveries in the Judean Desert*라는 총서명을 사용해서, 당신은 거의 모든 도서관이나 인터넷 검색엔진에서 이 총서들을 찾을 수 있을 것이다. 최근에 간행된 이 총서의 한 권의 예는 다음과 같다:

Eugene Ulrich (ed.), *Qumran Cave 4: Psalms to Chronicles*, Discoveries in the Judean Desert XVI (Clarendon Press, 2000)

페쉬타(The Peshitta)

이 본문의 비평판에 대한 간행은 현재 진행중에 있고, 현재까지 구약성서의 극히 일부만이 간행되어 나왔다:

The Old Testament in Syriac, ed. by the Peshitta Institute of Leiden

(Brill Academic, 1972)

우리가 쉽게 구해 볼 수 있는 것은 무비평판으로서 통상적으로 성서공회들에서 간행된 것들이다:

Vetus Testamentum Syriace et Neosyriace (Urmia, 1852; repr. Trinitarian Bible Society, 1954)

그 밖의 다른 판본들에 대해서는 Eissfeldt, The Old Testament: An Introduction, section 120 (4.1.2를 보라)을 보라.

탈굼(The Targum)

표준적인 판본으로는 다음과 같은 것이 있다:

Alexander Sperber (ed.), The Bible in Aramaic, 4 vols. (E. J. Brill, 1959-1973)

하지만 현재는 최근에 여러 권으로 된 Aramaic Bible 프로젝트가 이미 상당히 진행되어서 구약성서의 대부분의 책들이 새로운 번역과 주를 달고 간행되어 나왔다. 이 판본은 도서관이나 인터넷 검색엔진에서 찾아볼 수 있다:

The Aramaic Bible, 17 vols. (Liturgical Press, 1988-)

불가타역(Vulgate)과 고대 라틴역(Vetus Latina)

불가타역과 그 전신(前身)인 Vetus Latina(고대 라틴역)는 여러 판본들이 존재하는데, 다음과 같은 판본들이 있다 — 후자의 경우에는 아직까지 보존되어 있는 구약성서의 몇몇 부분들을 토대로 한 것이다:

Roger Gryson, *Manuscrits vieux latins* (Herder, 1999)

또한 불가타역본의 경우에는 값싼 보급판들도 나와 있다. 많이 사용되는 것으로는 다음의 두 가지가 있다:

Alberto Colunga, Laurentio Turrado (eds.), *Biblia Vulgata* (Biblioteca de Autores Cristianos, 1953; repr. 1965)
Biblia Sacra iuxta Vulgatam versionem, 4th ed. (Deutsche Bibelgesellschaft, 1969, 1994)

1.5. BH3와 BHS의 각주들과 그 밖의 다른 장치들

예전의 BH3("Kittel" 판)은 각주가 두 개의 난(欄)으로 되어 있었다. 상단의 각주난에는 편집자들이 보기에 비교적 덜 중요하다고 생각하였던 이독(異讀, variants)들에 관한 정보가 배치되어 있었는데, 이 상단에 속한 각주들은 본문에서 헬라어 소문자들로 표시되었다. 라틴어 소문자로 표시된 하단의 각주난은 편집자들이 아주 중요하다고 생각한 것들을 포함하고 있었는데, 여기에는 마소라 본문보다 더 원문에 가까울 것이라고 여겨진 실제적인 수정 제안들도 들어 있었다. 편집자들은 본문 수정에 관한 결정을 독자들에게 미룬 채 그저 여러 역본들과 사본들로부터의 증거들만을 기록해둔 경우도 있고, 실제로 마소라 본문을 어떻게 수정하는 것이 좋을지를 제안하거나 적어도 어떤 주석자가 어떠한 수정을 제안했는지를 기록한 경우도 있다. 설명들은 라틴어로 된 약어들로 되어 있다. 이러한 약어들과 기호들, 주요한 판본들에 대한 영어로 된 편리한 설명은 아주 유용한 다음의 작은 책자 속에 나와 있다:

Prescott Williams, Jr., *An English Key to the Symbols and Latin Words and Abbreviations of Biblia Hebraica* (Wurttembergische Bibelanstalt, 1969)

현재 대다수의 사람들이 사용하고 있는 좀 더 최신판인 BHS("Stuttgart" 판)도 각주가 두 개의 난으로 되어 있긴 하지만, 각각은 서로 다른 목적을 지닌다. 아주 작은 활자로 인쇄되어 있는 상단의 각주난은 방주(傍註, margins)에 인쇄된 마소라 주(4.1.6을 보라)와 관련된 설명들을 담고 있다. 하단의 각주난은 BH3의 편집자들이 두 개의 난으로 구분해 놓았던 내용들을 개정해서 한데 모아 놓았다. 일반적으로 BHS의 본문 주들은 BH3의 것보다 우수하지만, 여전히 모든 것을 다 다루고 있지도 않고 언제나 확정적인 것도 아니다. 그것들은 부분적이고 선별적이며 때로는 오도하는 부분도 없지 않기 때문에, 우리는 적절한 주의를 기울여서 그것들을 사용하지 않으면 안 된다. 달리 말하면, 그것들은 좋은 출발점이 되기는 하지만, 당신이 본문의 상태를 온전히 분석하는 데 필요로 하는 모든 정보를 제공해 주지는 못한다.

지금까지 BHS의 비평장치에서 사용된 라틴어에 대한 표준적인 설명을 제공해 준 것은 다음의 책자였다:

H. P. Rüger, *An English Key to the Latin Words and Abbreviations and the Symbols of Biblia Hebraica Stuttgartensia* (Biblia-Druck Stuttgart, 1981). 약간의 수정이 가해졌지만, 이것과 동일한 설명은 Brotzman의 *Old Testament Textual Criticism* (위의 1.2)의 부록에도 게재되어 있다.

좀 더 최근에 나온 다음과 같은 자료도 유용하다:

William R. Scott, *A Simplified Guide to BHS* (BIBAL Press, 1987)

BHS를 사용하는 데에 도움을 주는 가장 최근의 자료로는 다음과 같은 것이 있다:

Reinhard Wonneberger, *Understanding BHS: A Manual for the Users of Biblia Hebraica Stuttgartensia*, 2d ed. (Pontifical Biblical Institute Press, 1990)

BH3와 BHS에 나와 있는 비평장치는 당신이 몇몇 명백한 본문상의 쟁점들에 대한 일부 증거들을 신속하게 한눈에 살펴보는 데 도움을 주겠지만, 그러한 것들은 당신이 직접 특정한 본문에 대한 본격적인 주석상의 분석을 위하여 여러 판본들을 각 단어마다 포괄적으로 검토하는 일을 대체하는 것이 되어 버려서는 안 된다.

1.6 히브리 대학 성서 프로젝트와 BH5

히브리 대학 성서 프로젝트(Hebrew University Bible Project)

1965년에 예루살렘에서 시작된 이 프로젝트는 결국 히브리어 구약성서에 대한 여러 권으로 된 방대한 비평판을 낳게 될 것이다. 하지만 현재까지는 이사야서와 예레미야서만이 출간되었고, 에스겔서는 곧 출간될 예정이다 — 이렇게 이 프로젝트는 아주 느리게 진행되어 왔다. 이 판본은 주후 900-925년경의 것인 알레포 사본(Aleppo Codex)을 토대로 하고 있다(즉, 레닌그라드 사본보다 한 세기 앞선). 불행히도 알레포 사본은 불완전해서, 오경의 거의 전체, 아가서, 전도서, 예레미야 애가, 에스더, 다니엘서, 에스라의 일부 또는 전부가 빠져 있다. 물론 이 프로젝트는 레닌그라드 사본과 그 밖의 다른 고대 사본들을 사용해서 이러한 공백을 메우게 될 것이다.

이 프로젝트의 목표는 본문 비평과 관련된 모든 정보를 제공하는 것인데, 실제로 이 판본에 실려 있는 본문 주들과 주석을 위한 네 개의(!) 비평장치들은 본문과 관련된 모든 것을 아주 철저하게 다루고 있다. 하지만 이 프로젝트는 약간 문제가 있는 편향성을 지니고 있다: 이 프로젝트는 본문상의 대부분의 변이(變異)들이 실수에 의한 것들, 즉 오랜 세월에 걸쳐 잘못 필사되면서 생겨난 실제적인 이독들이 아니라 옛 필사자들이 채택한 다양한 번역, 전승, 해석 기법들(이론상으로는)로부터 결과하였다고 믿는 경향을 보여준다. 대부분의 학자들은 이러한 편향을 거부한다. 어쨌든 이 프로젝트에 의해 나온 판본은 아주 완벽한 자료들, 그리고 증거들에 대한 아주 철저한 논의를 제공해 주기 때문에, 당신은 이러한 비평장치들로부터 당신이 원하는 모든 정보를 얻어낼 수 있다. 본 지침서가 출간된 당시에 구할 수 있었던 두 권의 분책은 다음과 같다:

Moshe H. Goshen-Gottstein (ed.), The *Book of Isaiah* (Magnes, 1995)

Shemaryahu Talmon and Emmanuel Tov (eds.), *The Book of Jeremiah* (Magnes, 1998)

히브리서 성서 제5판(Bibia Habraica Quinta)

BHS가 현재는 예전의 BH3을 거의 완전히 대체한 것과 마찬가지로, 지금 BHS를 대체할 목적으로 히브리 성서의 새로운 판본이 준비중에 있다. 이 새로운 판본은 Biblia Hebraica Quinta(BH5 — BHS는 실제로 "BH4"이다)로 불리고, 앞선 판본들이 사용했던 것과 동일한 우수한 사본, 즉 주후 1008년의 레닌그라드 사본을 토대로 하고 있다. 제5판에서 전면적으로 바뀌는 부분은 "비평장치"(주들과 주석들)가 될 것이다. 제5판의 비평장치에서는 "외적 증거"(MT 이외의 판본들)에 토대를 둔 본문상의 문제들과 "내적 증거"(MT 전승 자체 내에서의)에 토대를 둔 문제들을 구별하고, 세월이 흐르면서 이루어진 MT의 문헌적인 발전과 관련된 문제들에 대해 언급할 예정이다. 본문상의 취사선택이 어떻게 이루어졌는지를 설명하게 될 본문 주석은 BH3와 BHS를 실제적으로 개선한 것이 될 것이다. 지금까지 출간된 것은 첫 번째 분책인 룻기뿐이지만, 이 프로젝트 전체에 대한 개괄적인 소개를 포함하고 있어서 특히 가치가 있다.

히브리 대학 성서 프로젝트와 히브리 성서 제5판의 작업이 진행됨에 따라, 이것들은 느리지만 견실한 아주 귀한 본문 판본들과 본문 자료들을 제공함으로써 결국 현재 우리가 필수적으로 사용하고 있는 BHS조차도 시대에 뒤떨어진 것으로 만들어버리고 말 것이다.

1.7. 마소라(The Masora)

BH3와 BHS의 방주(또는 난외주)에는 마소라 학자들이 아람어로 매우 축약해서 써놓은 일군의 주(註)들이 있다. 종종 본문에 대한 더 나은 수정들을 제안하는 주들도 있지만, 이 주들은 대개 본문의 정확한 보존과 필사에 유용한 정보들을 표시해둔 것들이다. 옛 마소라 사본들에서는 이러한 주들 중 다수는 난외의 본문 옆에 위치해 있었다. 이 주들은 마소라 파르바(masora parva), 즉 "소(小)마소라"로 불렸다. 좀 더 긴 주들은 본문의 머리 부분이나 꼬리 부분에 두어졌는데, 이것들은 마소라 마그나(masora magna), 즉 "대(大)마소라"로 불렸다. 주석상의 대부분의 목적들을 위해서 학자들은 이 마소라 자체에 별로 주의를 기울이지 않는다. 왜냐하면, 마소라에 나와 있는 중요한 정보들은 이미 BH3와 BHS의 비평장치들에 들어 있거나 성구사전을 참조함으로써 신속하게 알아낼 수 있기 때문이다. 게다가 그러한 정보들은 인쇄 기술의 발달로 불필요하게 되었다. 달리 말하면, 주석을 행함에 있어서 마소라를 무시하는 것이 일반적인 현상이 되었다는 것이다. 당신도 그렇게 하는 것이 좋을 것이다.

1.8. 그 밖의 마소라 기호들

마소라 학자들은 당시에는 이미 사어(死語)가 되어 버린 히브리어를 배우는 문도들이 특히 회당 예배에서 본문을 영창(詠唱)으로 부를 목적으로 단어들을 제대로(즉, 주후 6세기에서 9세기까지 발전되어 왔던 성경 시대 이후의 발음에 맞게) 발음할 수 있도록 하기 위하여 점과 선으로 이루어진 모음표기 체계를 만들어내었다. 아울러, 그들은 예배 속에서 무리들이 함께 영창할 수 있도록 하기 위한 목적으로 단어의 악센트들, 절 구분, 문단 구분을 나타내기 위하여 특별한 기호들을 만들어내었다. 또한 그들은 회당에서의 연례 성경 봉독을 위하여 사용되는 성경 단락구분 같은 기호들도 거기에 포함시켰다. 모음표기 체계를 포함한 이러한 표기들 또는 기호들은 모두 마소라 학자들 자신의 중세 초기의 흔히 서로 상반되는 전승들에 따른 견해에 지나지 않는다. 달리 말하면, 당신은 당신의 주석상의 판단에 의해서 모음 점들, 절 구분들, 그 밖의 기호들이 믿을 만하지 않다고 할 경우에는 언제든지 그러한 것들을 무시할 준비가 되어 있어야 한다는 말이다. 마소라 기호들에 관한 좀 더 자세한 정보는 4.1.2에 나와 있다.

2. 사역(私譯)

2.1. 번역 이론

좋은 번역이란 단순히 원문의 단어들을 거기에 맞는 가장 좋은 역어(譯語)로 번역할 뿐만 아니라 원문의 문체, 정신, 취지를 가급적 충실하게 반영하는 번역이다. 당신은 충실한 번역이 되려면 어떤 요소들이 구비되어야 하는지를 가장 잘 판단할 수 있는 위치에 있다. 당신이 선택한 원문으로 된 본문을 잘 알고, 당신의 주석이 사용될 대상이 되는 청중을 당신은 잘 알고 있기 때문에 번역의 정확도를 극대화하는 단어들을 선택할 수 있다. 문자 그대로 딱딱하게 직역해서는 정확한 전달이 되지 않는다는 것을 기억하라. 서로 다른 언어들에 속한 단어들은 일대일로 서로 대응되지 않는다. 따라서 서로 일치되어야 하는 것은 개념들이다. 당신의 번역은 당신이 원문을 읽을 때에 받는 것과 동일한 인상을 당신에게 남겨야 한다. 이러한 기준을 충족시키는 번역은 원문에 충실하다고 할 수 있다.

성경 번역에 관한 책으로는 두 권이 여전히 가치가 있다. 이 두 권의 책은 특정한 정보를 얻기 위해서 참조하는 용도로 사용하기보다는 전체적으로 읽는 것이 좋다:

Eugene A. Nida and Charles R. Taber, *The Theory and Practice of Translation* (E. J. Brill, 1974)

John Beekman and John Callow, *Translating the Word of God* (Zonder-van Publishing House, 1974)

이 책들은 성경을 한 언어에서 다른 언어로 번역할 때에 생겨나는 특별한 문제점들에 관한 논의들을 담고 있다. 이 책들은 은유들, 직유들, 다의어(多義語)들, 관용표현들 등을 어떻게 다룰지에 관한 조언을 제공해준다. 또한 아래의 책도 유용하다:

Sakae Kubo and Walter Specht, *So Many Versions?* (Zondervan Publishing House, 1975)

Kubo와 Specht는 20세기에 나오는 성경 번역본들을 사세하게 섬토하는 가운데, 각각의 번역본들로부터 풍부한 사례들을 제시하고, 관련된 번역 기법들과 전제들을 철저하게 설명해 놓았다.

2.2. 번역을 위한 보조도구들

히브리어, 헬라어, 그 밖의 다른 언어들에 대한 당신의 실력이 녹슬었다고(또는 원래부터 별 실력이 없었다고) 할지라도, 당신은 여전히 몇몇 영어로 번역된 본문을 사용함으로써 원어들에 대한 작업을 통해서 유익을 얻을 수 있다. 이러한 것들을 사용하기를 주저하지 말라. 이러한 보조도구들을 사용하여 시간을 아끼고 좌절감을 덜어내는 것은 결코 부끄러운 일이 아니고, 당신이 읽을 수 없는 자료를 단순히 추측을 통해서 더듬거리며 작업해 나갈 필요는 전혀 없다.

가장 신속하고 다용도로 사용되는 기본적인 번역 보조도구들은 컴퓨터 소프트웨어 형태로 되어 있는데, 이 중에서 가장 강력한 것 두 가지를 들자면 AcCordance와 BibleWorks(8.2를 보라)가 있다. 이 소프트웨어들은 당신이 알고자 하는 단어에 커서를 갖다대기만 하면 순식간에 사전적·문법적 자료들을 제공해준다. 또한 이 프로그램들은 특정한 단어가 성경 전체에 걸쳐서 사용되고 있는 온갖 다양한 문맥들을 불과 몇 초만에 다 모아서 보여주기 때문에, 당신은 그 단어의 쓰임새의 범위를 직접 검토해 볼 수 있다. 게다가 이 프로그램들은 당신이 구입한 현대어 역본들 속에서 특정한 단어가 번역된 맥락들에 대한 전체 목록을 즉각적으로 제공해주기 때문에, 당신은 얼마나 여러 다양한 현대어 역본 번역자들이 특정한 단어를 그들의 번역문의 여러 부분들 속에서 다루었는지를 쉽게 확인해 볼 수 있다.

이 모든 것은 엄청난 유용성을 지니고 있지만, 그렇다고 해서 그것이 아래에 열거된 책으로 된 참고문헌들을 자동적으로 무용지물로 만들어버리지는 않는다. 책은 저자의 판단에 따라 선별과 강조가 이루어지기 때문에, 컴퓨터 성구사전의 기계적인 과정으로는 따라잡을 수 없고, 또한 책은 자료들을 제시함에 있어서도 특정한 포맷(format) 또는 여러 다양한 포맷들을 채택할 수 있다(저자가 유익한 포맷으로 제시된 본문의 맥락 속에서 당신에 대한 저자의 특별한 조언을 삽입해놓았음을 보여주기 위하여 선택한 독특한 방식을 포함해서). 게다가 책은 컴퓨터 성구사전들에 의해서 생성된 자동 적이고 완벽한 스크린 포맷들보다 어떤 경우들에는 당신에게 더 유 용한 현명하게 선별된 맥락들을 보여줄 수 있다.

히브리어 구약성서와 관련해서는 몇 권의 대역판들이 있다. 각각 의 대역판은 각 단락별로 원문과 아울러 믿을 만한 번역이 대역 형 태로 인쇄되어 있다. 대역판들은 좀 분량이 많은 단락들을 훑어 보 는 데 유용하게 사용될 수 있다:

Jay P. Green (ed.), *Interlinear Bible: Hebrew, Greek, English* (Sovereign Grace Publishers, 1997)

Jay P. Green (ed.), *Interlinear Bible: Hebrew, Greek, English, large edition* (Sovereign Grace Publishers, 2000)

John R. Kohlenberger, III (ed.), *NIV Interlinear Hebrew-English Old Testament* (Zondervan Publishing House, 1987)

또한 구약성서의 일부에 대해서 위와 비슷한 대역판을 사용할 수 있는데, 이 대역판은 좀 딱딱한 문체로 되어 있는 것이 흠이다:

Joseph Magil, *The Englishman's Linear Hebrew-English Old Testament* (Zondervan Publishing House, 1974)

칠십인역과 관련된 대역판은 나와 있지 않지만, 헬라어와 영역이 편리하게 나란히 나와 있는 것은 출간되어 있다:

The Septuagint Version of the Old Testament with an English Translation (Samuel Bagster & Sons, n.d.; repr. Zondervan Publishing

House, 1972)

시리아어 페쉬타(the Syriac Peshitta)는 영어로 번역되어 있다. 이 번역본은 통상적으로 믿을 만하기 때문에, 페쉬타가 마소라 본문 및 그 밖의 다른 판본들과 다를 경우에 비록 당신이 시리아어를 모른다고 해도 이 번역은 당신에게 도움을 줄 것이다.

George M. Lamsa, *The Holy Bible from Ancient Eastern Manuscripts* (A. J. Holman Co., 1957)

아람어 탈굼들의 여러 부분들은 영어로 번역되어 있다. 그러한 번역본들로는 다음과 같은 것들이 있다:

J. W. Etheridge, *The Targums of Onkelos and Jonathan ben Uzziel on the Pentateuch*, 2 vols. (Longman, Green, Longman & Roberts, 1862-1865; repr. KTAV Publishing House, 1969)

Bernard Grossfeld (ed.), *The Targum to the Five Megilloth* (Hermon Press, 1973)

라틴어 불가타역도 영어로 번역되어 있다:

Ronald Knox, *The Old Testament: Newly Translated from the Vulgate Latin*, 2 vols. (Sheed & Ward, 1950)

분해사전들은 단어들을 성경 본문에 나오는 순서대로 배열한 다음에 문법사항을 분해해 놓고 있다. 이러한 사전들은 시간을 절약하거나 컴퓨터 프로그램을 사용해서 동일한 작업을 할 수 없을 때에 유용하게 사용될 수 있지만, 단어의 의미들 또는 그 밖의 다른 전문적인 정보들을 제공해 주지는 못한다. 그러한 목적을 위해서는 정식 사전들을 사용하라. 히브리어와 아람어에 대한 분해사전으로는 다음의 책이 있다:

Benjamin Davidson, *The Analytical Hebrew and Chaldee Lexicon* (Samuel Bagster & Sons, 1848; 2d ed. 1850; repr. Zondervan Publishing House, 1970)

칠십인역 헬라어 단어들에 대해서는, 비록 그 등재된 어휘가 신약성서에 나오는 단어들로 한정되어 있긴 하지만, 백스터(Bagster)의 신약성서 분해사전이 흔히 사용된다:

Harold K. Moulton (ed.), *The Analytical Greek Lexicon Revised* (원래는 *The Analytical Greek Lexicon*, Samuel Bagster & Sons, 1852; rev. ed. 1908로 출간되었음; new rev. Zondervan Publishing House, 1978)

여전히 인기 있는 Brown, Driver, and Briggs의 히브리어 사전(4.8.1을 보라)을 좀 더 손쉽게 사용할 수 있도록 하기 위해서 히브리어 단어들을 대체로 성경 각 책의 장절 순서로 나열하고 그 단어가 수록된 BDB의 쪽수를 적어 놓은 색인이 만들어져 있다. 물론 이러한 보조도구는 당신의 히브리어 실력이 단어 분해를 하는 데 어려움을 느낄 정도로 약할 때에만 필요하다:

Bruce Einspahr, *Index to the Brown, Driver and Briggs Hebrew Lexicon* (Moody Press, 1976)

자세한 주석을 위해서는 당신은 믿을 만한 사전을 사용하여야 한다. 그러나 당신이 히브리어로 된 본문 단락을 처음으로 읽거나 여러 단락들을 신속하게 훑어보고자 한다면 — 그리고, 당신의 히브리어 어휘 실력이 제한되어 있다면 — 당신은 다음의 책들을 활용하여 시간을 절약할 수 있을 것이다:

John Joseph Owens, *Analytical Key to the Old Testament* (Baker Book House, 1989)

Terry A. Armstrong, *A Reader's Hebrew-English Lexicon of the Old Testament* (Zondervan Publishing House, 1980)

3. 역사

3.1. 전체적인 연대기

이스라엘을 비롯한 고대 근동의 연대기에 관한 전체적인 개관들은 다음의 저작들 중 어디에서도 찾아볼 수 있다:

William W. Hallo and William K. Simpson, *The Ancient Near East: A History* (Harcourt Brace, 1997)

Amelie Kuhrt, *The Ancient Near East: 3000-330 BC* (Routledge, 1997)

Jack Sasson, *Civilization of the Ancient Near East*, 2 vols.

(Hendrickson, 2000)

Donald B. Redford, *Egypt, Canaan and Israel in Ancient Times* (Princeton University Press, 1992)

특히 이스라엘을 둘러싼 연대기와 관련된 쟁점들을 좀더 짤막하고 편리하게 다루어 놓은 책으로는 다음이 있다:

Jack Finegan, *Handbook of Biblical Chronology* (Hendrickson, 1998)

이스라엘 왕들과 유다 왕들에 관한 성경의 연대기들을 조화시키는 어려운 문제는 Thiele에 의해서 잘 다루어졌는데, 그의 독창적인 해법은 점차 학자들에 의해 받아들여져 왔다:

Edwin R. Thiele, *The Mysterious Numbers of the Hebrew Kings*, rev. ed. (Zondervan Publishing House, 1983) (「히브리왕들의 연대기」: CLC)

그 밖에도 연대기와 관련하여 논란이 심한 몇몇 쟁점들에 대한 나른 분석들을 통해서 위에서와는 다르게 접근하고 있는 것으로는 다음과 같은 책들이 있다:

Gershon Galil, *The Chronology of the Kings of Israel and Judah* (E. J. Brill, 1996)

J. H. Hayes and P. K. Hooker, *A New Chronology for the Kings of Israel and Judah* (John Knox Press, 1988)

3.2. 이스라엘 역사

대부분의 역사서들은 특정한 시대 또는 사건들에 관한 정보를 얻을 목적으로 여기저기 참조하기 위해서가 아니라 전체적으로 연구되기 위하여 씌어진다. 그러나 이 두 가지 목적에 상당히 적합한 몇몇 주요한 이스라엘 역사서들이 존재한다. 아래에 첫 번째로 나오는 카이저(Kaiser)의 책은 주제, 저자, 성구별 색인이 갖춰져 있고, 광범위한 용어 해설과 참고문헌을 싣고 있기 때문에 특히 사용하기가 편리하다.

Walter C. Kaiser, Jr., *A History of Israel: From the Bronze Age to the Jewish Wars* (Broadman and Holman, 1998) (「이스라엘의 역사」: 크리스챤출판사)

Eugene Merrill, *Kingdom of Priests: A History of Old Testament Israel* (Baker Book House, 1987) (「제사장의 나라」: CLC)

Leon J. Wood, *A Survey of Israel's History* (Zondervan Publishing House, 1986).(「이스라엘의 역사」: CLC)

J. Maxwell Miller and John H. Hayes, *A History of Ancient Israel and Judah* (Westminster Press, 1986) (「고대 이스라엘 역사」: 크리스챤다이제스트)

구약성서의 각 책들의 역사 및 개관을 함께 다루고 있는 고전적인 책은 다음의 책이다:

Samuel J. Schultz, with John Loudon (ed.), *The Old Testament Speaks: A Complete Survey of Old Testament History and Literature,*

5th ed. (HarperCollins, 2000) (「구약 총론」: 생명의 말씀사)

존 브라이트의 책은 그 세심하고 사려깊으며 철저한 학문성으로 인해서 여전히 권위 있고 널리 사용되고 있다:

John Bright, *A History of Israel*, 4th ed. Introduction and Appendix by William P. Brown (Westminster John Knox Press, 2000) (「이스라엘 역사」: 크리스챤다이제스트)

좀 더 일반적으로 이스라엘의 "세속"사를 다루는 것이 아니라 구약 성서의 순서 및 내용을 매우 밀접하게 따르고 있어서 특히 환영받고 있는 고전적인 저서로는 다음이 있다:

Charles F. Pfeiffer, *Old Testament History* (Baker Book House, 1973)

특정한 주제를 좀 더 깊이 있게 다룬 것으로는 다음과 같은 것들이 있다:

Patrick D. Miller, *The Religion of Ancient Israel* (Westminster John Knox Press, 2000)

Rainer Albertz, *A History of Israelite Religion in the Old Testament Period*, 2 vols. (Westminster John Knox Press, 1994) (「이스라엘 종교사 I,II」: 크리스챤다이제스트)

학자가 아닌 저자에 의해서 편집되었지만 읽기 쉽고 해박한 지식

을 다루고 있는 것으로는 다음이 있다:

Herschel Shanks (ed.), *Ancient Israel: From Abraham to the Roman Destruction of the Temple* (Biblical Archaeology Society, 1999)

유명한 케임브리지 고대사 총서(Cambridge Ancient History series)에 속한 많은 책들은 구약 역사와 직접적으로 관련된 문제들을 다루는 몇몇 책들을 포함하고 있다. 예를 들면, 다음과 같은 것들이다:

John Boardman (ed.), *The Assyrian and Babylonian Empires and Other States of the Near East, from the Eighth to the Sixth Centuries* (Cambridge University Press, 1992)

John Boardman (ed.), *Persia, Greece, and the Western Mediterranean, 525-479 B.C.* (Cambridge University Press, 1988)

3.3. 이스라엘 및 고대 근동의 문화

성경을 그 직접적인 사회학적 맥락 속에서 이해하기 위한 고전적인 책으로는 다음을 능가할 책이 없다:

Roland DeVaux, *Ancient Israel: Its Life and Institutions*, repr. (Eerdmans/Dove, 1997) (「구약시대의 생활 풍속」:대한기독교서회)

이와 비슷한 목적으로 씌어진 그 밖의 다른 두 권의 책은 다음과 같다:

Daniel C. Snell, *Life in the Ancient Near East, 3100-332 B.C.E.* (Yale University Press, 1998)

Michael D. Coogan (ed.), *The Oxford History of the Biblical World* (Oxford University Press, 1998)

이러한 책들과 유사하고, 몇몇 경우에는 보완하고 있는 책들로는 다음과 같은 것들이 있다:

J. David Pleins, *The Social Visions of the Hebrew Bible* (Westminster John Knox Press, 2000)

Victor H. Matthews and Don C. Benjamin, *The Social World of Ancient Israel* (Hendrickson, 1995)

John H. Walton, Victor H. Matthews, and Mark W. Chavalas, *The IVP Bible Background Commentary: Old Testament* (Intervarsity Press, 2000) (「성경배경주석: 구약」:IVP)

John W. Walton, *Ancient Israelite Literature in Its Cultural Context* (Zondervan Publishing House, 1989)

Wolfram vonSoden, *The Ancient Orient: An Introduction to the Study of the Ancient Near East* (Wm. B. Eerdmans, 1994)

좀 더 좁은 주제를 집중적으로 다루면서도 그것들이 다루고 있는 문화적 하위주제들과 관련하여 아주 유용한 것으로는 다음과 같은 네 권의 책이 있다:

Moshe Weinfeld, *Social justice in Ancient Israel and in the Ancient Near East* (Augsburg/Fortress Press, 1995)

H. J. Boecker, *Law and the Administration of justice in the Old Testament and Ancient East* (Augsburg, 1980)

Herbert G. Livingstone, *The Pentateuch in Its Cultural Environment*, 2d ed. (Baker Book House, 1987) (「모세오경의 문화적 배경」:CLC)

Norman K. Gottwald, *The Politics of Ancient Israel* (Westminster John Knox Press, 2000)

3.4. 고대 근동의 다른 지역들

성경 세계 속에 나오는 여러 민족들과 문화들에 관한 많은 훌륭한 역사서들 중에서도 그 포괄성과 신뢰성의 측면에서 몇 가지 주요한 저작들이 추천할 만하다.

구약성서에서 이스라엘의 이웃나라들 또는 이스라엘을 정복한 나라들로 언급되어 나오는 인종적·민족적 집단들에 관한 자료들을 전체적으로 제시하고 있는 것으로는 다음의 두 책 중의 하나를 보라:

Alfred J. Hoerth, Gerald L. Mattingly, and Edwin Yamauchi (eds.), *Peoples of the Old Testament World* (Baker Book House, 1998)

Donald J. Wiseman (ed.), *Peoples of Old Testament Times* (Oxford University Press, 1973)

애굽의 역사에 대해서 뛰어난 책으로는 여러 권이 있다:

Cyril Aldred, *The Egyptians* (Thames and Hudson, 1998)

Alan Gardiner, *Egypt of the Pharaohs* (Oxford University Press,

1966)

Donald Redford (ed.), *The Oxford Encyclopedia of Ancient Egypt*, 3d ed., 3 vols. (Oxford University Press, 2000)

구약성서와 애굽의 역사 및 문화와의 유사점들 및 상관성들을 말해주는 몇 권의 훌륭한 책이 출간되어 있다:

John D. Currid, *Ancient Egypt and the Old Testament* (Baker Book House, 1997)

Donald B. Redford, *Egypt, Canaan and Israel in Ancient Times* (Princeton University Press, 1993)

애굽의 신화를 만들어낸 종교적 사고에 대한 예리한 분석을 포함하여 애굽인들의 문화 및 종교를 다루고 있는 것으로는, 구할 수만 있다면, 특히 다음을 읽으라:

Henri Frankfort, *Ancient Egyptian Religion* (Harper & Row, Harper Torchbooks, 1961)

주전 745년에서 540년까지의 기간, 즉 열왕기와 역대기의 상당 부분이 다루고 있는 주제임과 동시에 구약성서의 예언서들 중 거의 대부분이 나온 시기에 이스라엘과 앗시리아, 바빌로니아 간에는 계속해서 중요한 관계가 존재하였다. 앗시리아와 바빌로니아의 역사에 대해서는 다음을 보라:

H. W. F. Saggs, *The Greatness That Was Babylon: A Survey of the*

Ancient Civilization of the Tigris-Euphrates Valley, repr. (St. Martin's Press, 1988)

H. W. F. Saggs, *The Might That Was Assyria*, repr. (St. Martin's Press, 1990)

George Roux, *Ancient Iraq* (Viking Penguin, 1993)

느부갓네살 대왕의 시대를 살펴보는 데 특히 매우 유익한 책으로는 다음이 있다:

Donald J. Wiseman, *Nebuchadnezzar and Babylon* (Oxford University Press, 1991)

고대 수메르, 바빌로니아, 앗시리아의 문헌, 생활, 종교, 제도에 관한 믿을 만한 전체적인 개관은 다음에 나와 있다:

A. Leo Oppenheim, *Ancient Mesopotamia*, rev. ed. (University of Chicago Press, 1976)

시리아의 에블라(Ebla)에서 극히 이례적인 새로운 유물들이 발견되면서 수메르의 역사와 문화에 대한 관심이 고조되어 왔다. 수메르 문헌에 대한 훌륭한 두 권의 입문서가 나와 있는데, 이 두 권은 모두 성경과 병행되는 몇몇 수메르 문헌들에 대한 설명들을 담고 있다:

Samuel N. Kramer, *The Sumerians* (University of Chicago Press, 1990)

C. Leonard Woolley, *The Sumerians* (W. W. Norton & Co., 1978)

힛타이트인(헷족)들은 성경 속에는 특별히 언급되지 않고 있지만 초기 시대에 성경의 무대가 된 땅들에 대하여 상당한 영향력을 행사하였다. (성경의 "헷족"은 헷의 자손들로서 가나안인의 하위 집단이다.) 그들의 역사와 문명에 대한 표준적인 입문서는 다음의 책이다:

O. R. Gurney, *The Hittites*, 2d ed. (Penguin Books, 1954)

페르시아와 관련해서는 세 권의 훌륭한 역사서들이 나와 있다. 이러한 저작들 중 첫 번째 책은 의도적으로 구약성서와의 관련성들에 초점을 맞추고 있기 때문에 특히 주목할 만하다:

Edwin M. Yamauchi, *Persia and the Bible* (Baker Book House, 1997)

Josef Wiesehofer, *Ancient Persia; From 550 BC to 650 AD* (St. Martin's Press, 1998)

Pierre Briant, *From Cyrus to Alexander: A History of the Persian Empire*, 2 vols. (Eisenbrauns, 2000)

구할 수만 있다면, 옴스테드(Olmstead)가 쓴 페르시아에 대한 고전적인 역사서(유익한 색인들도 첨부되어 있음)는 여전히 매우 가치 있다:

A. T. Olmstead, *History of the Persian Empire* (University of

Chicago Press, 1948)

우가릿 문명, 페니키아인, 가나안인, 블레셋인과 관련된 문제들에 대해서는 다음에 나오는 해당 저작들을 보라:

Marguerite Yon, *The City of Ugarit at Ras Shamra* (Eisenbrauns, 2000)

Jacob H. Katzenstein, *The History of Tyre*, rev. ed. (Ben Gurion University, 1997)

Jonathan N. Tubb, *Canaanites: Peoples of the Past* (University of Oklahoma Press, 1998)

Trude Dothan and M. Dothan, *People of the Sea: Search for the Philistines* (Macmillan Publishing Co., 1992)

Othniel Margalith, *Sea Peoples in the Bible* (Harrassowitz, 1994)

3.5. 고고학

팔레스타인 고고학 분야에 대한 몇몇 개론서들이 현재 널리 사용 되고 있고, 개별 분야들 및 지역들에 관한 구체적인 정보를 보여주 는 유익한 자료들이 다양하게 나와 있다. 불행히도 많은 고고학자 들은 발굴 결과들을 전혀 간행하지 않거나, 발굴 보고서들 속에 나 오는 성경 본문들을 제외하고는 구약성서의 일반 학도들이 주석에 서 제대로 활용할 수 없는 전문적인 방식으로 출간한다. 성경 고고 학에 관한 최근의 저작들 중에서 가장 유익한 것들로는 다음과 같 은 것들이 있다. 당신이 주석하고자 하는 본문의 성격에 따라서, 다 음의 저작들 중 어느 것이 유익할 것이다.

John D. Currid. *Doing Archaeology in the Land of the Bible: A Basic Guide* (Baker Book House, 1999)

Amnon Ben-Tor, *The Archaeology of Ancient Israel* (Yale University Press, 1992)

Brian Fagan (ed.), *The Oxford Companion to Archaeology* (Oxford University Press, 1996)

Alfred J. Hoerth, *Archaeology of the Old Testament* (Baker Book House, 1998)

Amihai Mazar, *Archaeology of the Land of the Bible: 10,000-586 B.C.E.* (Doubleday, 1992)

다음에 나오는 여러 권으로 된 두 가지 고고학 사전은 아주 뛰어나고 대단히 포괄적이다. 이것들은 당신이 반드시 참조해 보아야 할 자료들에 속한다.

Eric M. Meyers (ed.), *The Oxford Encyclopedia of Archaeology in the Near East*, 5 vols. (Oxford University Press, 1996)

Ephraim Stern (ed.), *New Encyclopedia of Archaeological Excavations in the Holy Land*, 4 vols. (Israel Exploration Society and Carta; and Simon and Schuster, 1993)

도시 고고학을 전문적으로 다루고 있는 것으로는 다음이 있다:

Volkmar Fritz, *The City in Ancient Israel* (Sheffield Academic Press, 1995)

Lamoine DeVries, *Cities of the Biblical World* (Hendrickson, 1997)

다음의 두 책은 그 전문적인 관심 분야와 관련해서 당신에게 유익
을 줄 것이다:

Thomas E. Levy, *The Archaeology of Society in the Holy Land*
(Cassell Academics, 1998)

Israel Finkelstein, *The Archaeology of the Israelite Settlement* (IES,
1988)

훌륭한 팔레스타인 고고학자들이 쓴 다음의 책들도 여전히 가치가
있다:

William F. Albright, *The Archaeology of Palestine*, rev. ed.
(Penguin Books, 1954; repr. Peter Smith, 1960)

William F. Albright, *Archaeology and the Religion of Israel*, 4th ed.
(Johns Hopkins Press, 1968)

Yohanan Aharoni, *The Archaeology of the Land of Israel*
(Westminster Press, 1982)

G. Ernest Wright, *Biblical Archaeology*, rev. ed. (Westminster Press,
1963)

Kathleen Kenyon, *Archaeology in the Holy Land*, 4th ed. (W. W.
Norton & Co., 1979)

Kathleen Kenyon, *The Bible and Recent Archaeology* (John Knox
Press, 1978)

Michael Avi-Yonah (ed.), *Encyclopedia of Archaeological
Excavations in the Holy Land*, 4 vols. (Prentice-Hall, 1975)

금석문을 집중적으로 다루고 있는 최근의 자료로는 다음이 있다:

Kyle P. McCarter, Jr., *Ancient Inscriptions: Voices from the Biblical World* (Biblical Archaeology Society, 1996)

고고학을 예언서들의 해석에 적용한 좋은 예를 보여주는 책으로는 다음이 있다:

Philip J. King, *Amos, Hosea, Micah — An Archaeological Commentary* (Westminster Press, 1988)

특히 특정한 성경의 책들 및 본문들과 관련하여, 고고학적 발견들과 구약성서의 역사의 관계에 관한 지도들, 그림들, 일반적으로 믿을 만한 주석들에 대한 모음집으로는 다음을 참조하라:

Gaalyahu Cornfeld, *Archaeology of the Bible: Book by Book*; David Noel Freedman, consulting ed. (Harper & Row, 1976)
Gonzalo Baez-Carmago, *Archaeological Commentary on the Bible* (Doubleday, 1984)

고고학적 정보들의 출처인 고대 세계의 실제적인 문헌 및 역사 자료들에 대한 광범위한 개관으로는 다음의 책이 여전히 유용하다:

D. Winton Thomas (ed.), *Archaeology and Old Testament Study* (Oxford University Press, 1967)

이 책은 당신이 선택한 본문 또는 성경의 책과 관련이 있는 고대 자료들을 신속하게 찾아볼 수 있게 해주는 많은 분량의 성경 색인을 싣고 있다.

다음의 사전은 고고학과 관련된 800개가 넘는 항목들을 다루고 있어서 도움이 된다:

E. M. Blaiklock and R. K. Harrison (eds.), *The New International Dictionary of Biblical Archaeology* (Zondervan Publishing House, 1983)

또한 다음의 책도 보라:

Robert F. Heizer, et al., *Archaeology: A Bibliographical Guide to the Basic Literature* (Garland Publishing, 1980)

구약성서와 관련된 중요한 주제들 및 발견들에 관한 많은 양의 항목들을 싣고 있는 책으로는 다음이 있다:

Edward F. Campbell, Jr., David Noel Freedman, and G. Ernest Wright (eds.), *The Biblical Archaeologist Reader*, 3 vols. (Doubleday, 1961-1970)

3.6. 지리와 지도들

성경 지리를 다루고 있는 가장 최근의 것들 중에서는 다음의 책이 가장 좋은 것들 중 하나이다:

Leslie J. Hoppe, *A Guide to the Lands of the Bible* (Michael Glazier, 1999)

성지(聖地) 지리(기후, 농업, 지형 등)에 관하여 꽤 오래 전에 나온 두 권의 책은 아직도 여전히 권위 있는 연구서들로서 사용하면 많은 유익을 얻을 수 있다:

Denis Baly, *The Geography of the Bible*, rev. ed. (Harper & Row, 1974)

Yohanan Aharoni, *The Land of the Bible: A Historical Geography*, rev. ed. (Westminster Press, 1980) (「성서지도」: 아가페)

구약성서 연구를 위한 가장 좋은 다음의 지도집은 사용하기에도 아주 쉽고, 주석 작업에서도 대단히 도움이 된다. 이 지도집에는 수많은 지도들, 도표들, 그 밖의 다른 그림들이 명료한 설명들과 함께 빽빽이 실려 있다. 이 지도집과 관련되어 있는 많은 성경 본문들은 각각의 그림들에도 표시되어 있고, 별도의 색인으로도 되어 있다:

Yohanan Aharoni and Michael Avi-Yonah (eds.), *The Macmillan Bible Atlas* (Macmillan Co., 1968; rev. edv 1977; 3d ed., 1993)

그 밖에도 다음에 열거한 것들을 비롯하여 유익하고 정확한 지도집들이 꽤 있다:

J. J. Bimson, et al. (eds.), *The New Bible Atlas*, repr. (Intervarsity Press, 1996)

Thomas C. Brisco and Thomas V. Brisco (eds.), *The Holman Bible Atlas: A Complete Guide to the Expansive Geography of Biblical History* (Broadman and Holman, 1998)

Carl G. Rasmussen (ed.), *The Zondervan NIV Atlas of the Bible* (Zondervan Publishing House, 1989)

Herbert G. May, et al. (eds.), *Oxford Bible Atlas*, 2d ed. (Oxford University Press, 1974)

Barry Beitzel (ed.), *The Moody Atlas of the Bible* (Moody Press, 1985)

3.7. 역사비평

가장 좁게 정의하면, 역사비평은 특정한 성경 본문 속에 언급되거나 관련되어 있는 이름들, 연대들, 시기들을 확정하는 것을 포함한 성경 본문들의 역사적 배경에 관심을 갖는다. 이런 유의 역사비평의 목적은 성경 본문과 관련된 역사적 요소들을 해명함으로써 유익한 이해에 도달하는 것이다. 이렇게 해서, 역사가는 성경에 제시된 방식과는 어느 정도 무관하게 성경 본문 자체의 한계들을 뛰어넘어서 역사적 요소들 및 경향들을 확정한다.

그러나 역사비평은 역사비평적인 방법론이라 불리는 것을 의미하는 것으로 사용되는 용어이기도 하다. 이 방법론은 "객관적인" 성경적-역사적 연구는 영감, 권위, 신적 작용 같은 "주관적인" 개념들을 제쳐놓고, 성경을 다른 책들과 마찬가지로 다루어야 한다는 개념을 그 기본적인 전제로 갖는다. 여러 분명한 이유들로 인해서, 역사비평적 방법론은 그 자체의 "객관성"과 관련하여 커다란 논쟁의 대상이 되고 있다.

이와 관련된 구체적인 쟁점들과 방법론적인 전제들을 알기 쉽고 명쾌하게 개관해 놓은 책으로는 다음이 있다:

Edgar Krentz, *The Historical-Critical Method, Guides to Biblical Scholarship* (Fortress Press, 1975)

다음의 책은 역사비평적 방법론에 대하여, 동기는 옳지만 부적절한 논거들을 사용하여 공격하고 있다:

Gerhard Maier, *The End of the Historical-Critical Method* (Concordia Publishing House, 1977)

객관성이라는 이름으로 행해진 구약성서에 대한 몇몇 역사적 연구들의 특징을 이루어 왔던 검증되지 않은 회의주의를 교정해주는 데 아주 도움이 되는 것으로는 다음의 책이 있다:

Kenneth A. Kitchen, *Ancient Orient and Old Testament* (Intervarsity Fellowship, Tyndale Press, 1966)

종종 증거들 및 그 증거들로부터 무엇이 추론될 수 있는가에 관한 논란되는 결론들을 보여주는 구약성서에 대한 역사적 연구 속에서 만나게 되는 도전들과 난점들에 대한 관점으로는 다음과 같은 책들을 보라:

V. Phillips Long, *Israel's Past in Present Research: Essays on Ancient Israelite Historiography* (Eisenbrauns, 1999)

J. Maxwell Miller, *The Old Testament and the Historian, Guides to Biblical Scholarship* (Fortress Press, 1976)

John D. Levenson, *The Hebrew Bible, the Old Testament and Historical Criticism* (Westminster Press, 1993)

Niels Peter Lemche, *Prelude to Israel's Past: Background and Beginnings of Israelite History and Identity* (Hendrickson, 1998)

John Van Seters, *In Search of History: Historiography in the Ancient World and the Origins of Biblical History* (Eisenbrauns, 1997)

3.8. 전승비평

고대 이스라엘의 문학, 특히 역사를 공식적으로 글로 기록되기 이전에 보존하는 기능을 했던 구전 전승의 역사에 관한 연구는 전승비평이라 불린다.

유용한 개관으로는 다음 중 하나를 읽으라:

Douglas A. Knight, "Tradition History" in *The Anchor Bible Dictionary*, vol. 6, pp. 633-38 (Doubleday, 1992)

J. H. Hayes and C. R. Holladay, "Tradition Criticism," chap. 7 in *Biblical Exegesis: A Beginner's Handbook* (Westminster John Knox Press, 1997)

약간 이론적인 분야인 전승비평에 대하여 현재 널리 사용되고 있는 몇몇 개론서들은 다음과 같다:

Jan Vansina, *Oral Tradition as History* (University of Wisconsin

Press, 1990)

Douglas A. Knight, *Rediscovering the Traditions of Israel* (Scholars Press and the Society of Biblical Literature, 1973)

Walter Rast, *Tradition History and the Old Testament, Guides to Biblical Scholarship* (Fortress Press, 1972)

4. 문학적(문헌적) 분석

4.1. 유사 문헌

성경은 독특한 책이다; 성경을 닮은 책은 존재하지 않는다. 그러나 고대 세계로부터 전해 내려온 개별적인 문헌들 중에는 성경의 부분부분들과 상당히 닮은 것들이 많이 존재한다. 그러한 것들이 존재하는 경우에 그러한 가치 있는 병행들(parallels)을 무시하는 것은 주석을 빈곤하게 만들어 버리는 것이다. 다행히도 지금까지 알려진 병행들의 대부분은 손쉽게 참조할 수 있도록 수집되어 있다.

구약성서와 병행이 되는 본문들을 표준적으로 번역해 놓은 자료들(대게는 전문을 다 번역해 놓았음)은 방대한 양으로 되어 있는 다음의 책 속에 나와 있는데, 매우 비싸긴 하지만 구입을 권할 만하다:

James B. Pritchard (ed.), *Ancient Near Eastern Texts Relating to the Old Testament*, 3d ed. with supplement (Princeton University Press, 1969)

이 책을 두 권으로 압축해 놓은 요약판도 나와 있다:

James B. Pritchard (ed.), *The Ancient Near East: An Anthology of Texts and Pictures* (Princeton University Press, 1958); Vol. 2: *The Ancient Near East: A New Anthology of Texts and Pictures* (Princeton University Press, 1976)

원판이나 요약판에는 모두 관련된 성경 본문들을 쉽게 찾아볼 수 있도록 성구 색인이 실려 있다. (그림들을 위한 자매본들은 4.11.6 에 열거되어 있다.)

대부분 당신의 관심은 성격상 종교적인 고대 근동에서 나온 성경 본문과 병행되는 문헌들에 모아질 것이다. 다음에 든 책들은 모두 앞에서 말한 프리차드(Pritchard)의 책보다 더 포괄적인 소개들과 일반적으로 더 도움이 되는 설명들을 담고 있고, 구약성서 본문들과 병행되는 중요한 종교 문헌들을 거의 완벽하게 싣고 있다:

William W. Hallo and K. L. Younger (eds.), *The Context of Scripture* (Brill Academic Publishers, 1997)

Victor H. Matthews and Don C. Benjamin, *Old Testament Parallels: Laws and Stories from the Ancient Near East* (Paulist Press, 1997)

John H. Walton, *Ancient Israelite Literature in Its Cultural Context: A Survey of Parallels between Biblical and Ancient Near Eastern Texts* (Zondervan Publishing House, 1994)

Walter Beyerlin (ed.), *Near Eastern Religious Texts Relating to the Old Testament*, The Old Testament Library (Westminster Press, 1978)

우가릿에서 발견된 후기 청동기 시대의 것인, 의미상으로 병행되는 중요한 텍스트들에 대해서는 우가릿어와 히브리어로 된 단어들, 용

어들, 개념들을 중심으로 모아놓은 매우 유익한 모음집이 나와 있
다. 여기에는 동물들, 식물들, 숫자들, 이름들, 직업들, 사회제도들,
문학적인 어구들, 문학적인 장르들 등이 포함되어 있다:

Loren Fisher (ed.), *Ras Shamra Parallels: The Texts from Ugarit and
the Hebrew Bible*, 2 vols.; Analecta Orientalia 49, 50 (Pontifical
Biblical Institute, 1972, 1976)

각각의 항목에는 우가릿 본문에 대한 번역문, 본문 주들, 참고문헌,
우가릿어-히브리어의 연관성에 대한 평가가 실려 있다.

당신은 우가릿의 가나인인들의 중요한 신화들을 스스로 직접 읽
어봄으로써 그들의 신앙에 관하여 많은 것을 배울 수 있다. 이러한
신화들은 쿠건(Coogan)에 의한 훌륭한 번역이 나와 있다:

Michael Coogan, *Stories from Ancient Canaan* (Westminster Press,
1978)

다음의 책도 상당히 가치 있는 책이다:

Nicolas Wyatt, *Religious Texts from Ugarit* (Sheffield Academic
Press, 1998)

4.2. 장르비평

장르들(문학 유형들)에 대한 비평 또는 분석은 통상적으로 율법,
역사, 지혜 같은 좀 더 큰 문학 단위들 및 문체들에 한정된다. 그러

나 흔히 학자들은 "장르"라는 명칭 대신에 "양식"이라는 명칭을 사용함으로써, 양식비평(4.5.1을 보라)과 장르비평은 서로 차이가 없고, 따라서 좀 더 큰 문학 유형들(장르들)과 좀 더 작고 구체적이며 개별적인 유형들(양식들) 간에도 차이가 없다고 말하기도 한다. 장르와 양식을 구별하는 것이 약간 자의적인 것으로 생각될 수 있고, 특정한 문학 유형이 일반적이고 큰 것이어서 장르라 부를 수 있는지, 아니면 작고 구체적인 것이어서 양식이라 부를 수 있는지를 결정하는 것이 주관적인 것이라고 할지라도, 이러한 구별은 여전히 유익하기 때문에, 당신은 이 구별을 따르는 것이 바람직하다. 예를 들면, "이야기"(narrative)는 전체적인 장르로 생각되지만, "인구조사 이야기"(census narrative)는 개별 양식으로 생각될 수 있다; "지혜"(wisdom)는 전체적인 장르이지만, "숫자 지혜"(numerical wisdom enumeration)는 구체적인 양식으로 생각될 수 있다; 애가(哀歌)는 구약성서에 자주 나오는 것으로서 장르라 부를 수 있지만, 사무엘하 1:19-27 같은 "전후(戰後) 애가"는 구체적인 것으로서 "양식"으로 분류될 수 있다. 따라서 당신은 "장르"라는 용어를 그 아래에 여러 하위유형들을 둔 문학 유형들에만 국한해서 사용해야 한다; 여기서 하위유형들이 바로 양식들이다.

장르들(그리고 양식들)에 대한 가장 좋고 이해하기 쉽고 포괄적인 개론으로는 여전히 Eissfeldt, *The Old Testament: An Introduction* (4.1.2)의 제1부가 있다.

예들을 들면서 장르비평이라는 방법론을 좀 더 자세하게 분석해 놓은 책으로는 다음이 있다:

D. Brent Sandy and Ronald L. Giese (eds.), *Cracking Old Testament Codes: A Guide to Interpreting Literary Genres of the Old Testament*

(Broadman and Holman, 1995)

4.3. 편집비평

편집비평은 구약성서의 대분류(오경, 예언서 등등) 또는 책을 구성하는 여러 단위들이 그 중간 형태 또는 최종 형태 속에서 어떻게 결합되었는가에 관심을 갖는다. 그러므로 편집비평은 구약성서의 대분류 또는 책의 (익명의) 편집자들의 작업에 대한 분석을 요구한다. 그런데 편집활동이나 편집자들 자체에 관하여는 직접적으로 알려져 있지 않기 때문에, 편집비평은 대단히 사변적인 종류의 비평이다.

이 주제에 대한 유익한 개론서는 페린(Perrin)에 의해 씌어졌는데, 그의 책은 주로 구약성서가 아니라 신약성서를 다루고 있다:

Norman Perrin, *What Is Redaction Criticism? Guides to Biblical Scholarship* (Fortress Press, 1969)

구약성서와 관련해서 이 방법론에 대한 짤막힌 개론시로는 다음이 있다:

J. H. Hayes and C. R. Holladay, "Redaction Criticism," chap. 8 in *Biblical Exegesis: A Beginner's Handbook* (Westminster John Knox Press, 1997) (「성경주석학」: 나단)

편집비평의 결과들을 성서신학에 적용할 것을 염두에 두고 행한 이 비평의 예를 보여주는 것으로는 다음의 책이 있다:

Simon J. DeVries, *From Old Revelation to New: A Tradition-Historical and Redaction-Critical Study of Temporal Transitions in Prophetic Prediction* (Wm. B. Eerdmans, 1994)

4.4. 문헌(문학)비평

"문헌(문학)비평"이라는 용어는 몇 가지 방식으로 사용된다. 오랫동안 문헌비평은 자료비평과 거의 동일한 것을 의미하였다(4.4.5를 보라). 종종 문헌비평은 대체로 "역사비평"이라는 용어를 통해서 현재 설명되고 있는 것을 의미하였다(4.3.7을 보라). 그러나 점차 이 용어는 그 가장 기본적인 의미에서 문학으로서의 성경의 여러 부분들을 분석하고 이해하며, 기법과 문체, 그 밖의 특징들을 검토하여서, 문학적 저작으로서의 특정한 부분의 의도 및 결과들을 이해하는 과정을 가리키는 데 사용된다.

이런 유형의 비평에 관한 간단한 개관으로는 다음과 같은 책이 있다:

J. H. Hayes and C. R. Holladay, "Literary Criticism," chap. 5 in *Biblical Exegesis: A Beginner's Handbook* (Westminster John Knox Press, 1997) (「성경주석학」: 나단)

이 방법론을 적용한 좀 논란이 되는 예들을 실어놓은 좀더 자세한 입문서로는 다음이 있다:

David Robertson, *The Old Testament and the Literary Critic*, Guides to Biblical Scholarship (Fortress Press, 1977)

문헌(문학)비평의 정의 속에서 자료비평에 주안점을 두고 이 방법
론과 관련된 좀더 광범위한 사례들 및 논거들을 들고 있는 것으로
는 다음의 책을 보라:

Norman C. Habel and J. Coert Rylaarsdam (eds.), *Literary Criticism
of the Old Testament* (Augsburg Fortress Press, 1994)

J. Cheryl Exum and David J. A. Clines, *The New Literary Criticism
and the Hebrew Bible* (Trinity Press International, 1994)

목회자들과 교사들이 주석을 하는 데 유익한 결과물들을 특별히
염두에 둔 채 이 주제에 관하여 쓴 최고의 책들 중 두 권은 다음의
책들이다:

Paul R. House (ed.), *Beyond Form Criticism: Essays in Old
Testament Literary Criticism* (Eisenbrauns, 1992)

Leland Ryken (ed.), *The Complete Literary Guide to the Bible*
(Zondervan Publishing House, 1993)

4.5. 자료비평

대체로 오경의 경우에 적용되고, 역사서들에도 어느 정도 적용 가
능한 자료비평은 최종 편집자(예를 들면, 오경의 최종 편집자)가 완
결된 저작을 만들어내면서 활용하였던 글로 된 여러 문서들을 확인
하고자 하는 시도이다. 이 비평은 오늘날 흔히 시대에 뒤떨어진 것
으로 여겨진다. 왜냐하면, 구약성서를 이루고 있는 인간적인 "자료
들"은 몇 가지 글로 씌어진 문서들을 확인해내는 것으로 끝나는 것

이 아니라 훨씬 더 복잡하고 확인하기 어려운 것들이기 때문이다. 그렇긴 하지만, 오경과 관련된 네 가지 주된 자료들(J, E, D, P)을 상정하고 각각의 자료의 대략적인 연대를 추정한 그라프(Graf)와 벨하우젠(Wellhausen)의 문서 가설의 일반적인 특징들은 오늘날에도 여전히 많은 구약학자들에 의해 받아들여지고 있다. 자료비평에 대한 개론적인 서술(동일한 명칭인 문헌비평이라는 이름으로 된)은 다음에서 찾아볼 수 있다:

Norman C. Habel, *Literary Criticism of the Old Testament*, Guides to Biblical Scholarship (Fortress Press, 1971)

4.6. 연대 설정

오랫동안 구약학자들 사이에서는 그 어떤 내재적이고 객관적인 판별기준들을 토대로 해서가 아니라 이스라엘 종교의 진화(進化)에 관한 이론들을 토대로 성경의 각 부분들의 연대를 추정하는 경향이 있어 왔다. 그래서 율법은 "발전된" 특징들을 보여준다고 생각되어서 후대의 것으로 추정되었고, 반면에 예를 들면 야훼가 출애굽을 인도하였다는 것에 관한 좀 더 "원시적인" 이야기들은 초기의 것으로 설정될 수 있었다. 이러한 가설적인 연대 구성은 오늘날에는 거의 설득력을 잃고 있지만, 구약성서의 여러 책들과 대분류들의 연대 설정과 관련해서는 여전히 각양각색의 이론들이 존재한다.

성경의 각 책들을 언어학적인 특징들을 토대로 연대를 설정하는 것은 기본적으로 좀 더 객관적이긴 하지만, 구체적인 지식의 결여로 인해서 어려움을 겪어 왔다. 시가(詩歌)와 관련해서는 잠정적이긴 하지만 희망을 보여주는 몇몇 접근방식들이 존재한다. 당신이 주석하려고 선택한 본문이 시가라면, 당신은 다음의 책을 참조해서 그 본문의 연대를 추정할 수 있다 — 해당 문맥이 아무런 단서도 제공해주고 있지 않더라도:

David A. Robertson, *Linguistic Evidence in Dating Early Hebrew Poetry* (Scholars Press, 1973)

로버트슨(Robertson)은 대체로 형태론적인 특징들을 토대로 시가의 연대를 설정하는 예비적인 유형학(typology)을 제시한다.

또한 다음의 책의 제1장도 여전히 도움이 된다:

W. F. Albright, *Yahweh and the Gods of Canaan* (Doubleday, 1968)

일부 시가와 실제로 거의 모든 산문의 경우에는 언어학적인 특징들을 토대로 구체적으로 연대를 설정할 수 있게 해주는 일치된 증거들이 거의 없다. 당신은 본문 자체의 주장들과 비언어학적인 특징들에 주로 의지할 수밖에 없다. 몇몇 경우에는 정서법적인(철자법과 관련된) 특징들이 본문의 연대를 지시해주는 것이 될 수 있다. 하지만 대부분의 경우에서는 히브리어 구약성서의 정서법은 아무런 도움도 되지 못한다. 이것은 초기 본문과 후기 본문 둘 모두 페르시아 시대(주전 540-333년)의 정서법으로 씌어져 있기 때문인데, 그 이유는 초기 시대의 본문들이 이스라엘의 회복기, 즉 포로기 이후 시대에 널리 수집되고 필사되었기 때문이다.

이렇게 해서, 히브리어와 아람어로 된 구약성서 전체에 하나의 단일한 정서법이 적용되었다. 이와 같은 평준화 과정을 부분적으로 피하였던 약간의 부분들(가장 초기의 몇몇 시가들 같은)만이 정서

법적 증거들을 통해서 그 연대가 추정될 수 있다. 정서법과 관련된
책으로는 다음을 보라:

David Noel Freedman, Francis Andersen, and A. Dean Forbes
(eds.), *Studies in Hebrew and Aramaic Orthography* (Eisenbrauns,
1992)

또한 좀 오래 되긴 했지만 다음의 책도 여전히 가치가 있다:

Frank Moore Cross, Jr., and David Noel Freedman, *Early Hebrew
Orthography* (American Oriental Society, 1952)

5. 양식

5.1. 양식비평

양식비평의 관심은 본문 속에 들어 있는 특정한 문학 유형들을
찾아내어 분석하는 것이다. 그러한 분석을 통해서 주석자들은 흔히
해당 본문이 저작된 방식, 그 주제들, 그 중심적인 관심들, 고대 이
스라엘에서 그 본문이 사용되었던 것으로 보이는 상황의 유형(양식
에 따라서)에 관한 정보를 알아낼 수 있다. 이러한 정보들은 해당
본문의 맥락 자체가 그러한 것들을 담고 있지 않는 경우에도 이론
적으로 추론될 수 있다. 왜냐하면, 성경 전체(그리고 그러한 양식이
존재하는 그 밖의 다른 고대 문헌들)에 걸쳐서 나오는 특정한 양식
의 모든 다양한 특징들에 대한 연구를 통해서 어느 정도의 일반화
가 가능하고 그 결과물들은 그 양식으로 되어 있는 각각의 구체적

인 본문에 적용될 수 있기 때문이다.

양식비평은 흔히 본문들로부터 거의 "의미"를 찾아낼 수 없는 방법론, 그 밖의 다른 타당한 비평 기법들을 무시하는 방법론이라는 공격을 받아 왔다. 또한 양식비평은 일부 학자들에 의해서 전방위적으로 적용됨으로써, 또한 이 방법론이 제공해줄 수 있는 통찰들에 대한 지나친 과신으로 말미암아 나쁜 평판을 얻어 왔다. 예를 들면, 일부 양식비평 광신자들은 성경 본문들의 연대 설정, 저자 문제, 진정성, 원문 여부, 문맥 적합성, 역사적 타당성 등등에 관한 확고한 결론들(이라고 그들이 여기는 것)에 도달하기 위하여 이 기법을 사용해 왔다. 하지만 실제로 이 방법론은 그러한 것들을 보장해줄 수 없다. 오늘날 널리 받아들여지는 이해는 고대의 기자(記者)들(특히 양식비평이 자주 적용되는 예언서들을 쓴 선지자들을 포함한)은 흔히 고대 세계로부터 양식들을 임시로 차용해와서 개작했다는 것이다. 그들 자신의 영감된 창조성은 도처에 분명하게 나타나 있고, 그들은 그들이 빌려와 사용한 양식들(그리고 양식들의 일부)이 전형적으로 지켜온 일련의 규칙들을 맹목적으로 추종한 것이 아니었다. 이렇게 고대의 성경 기자들과 화자(話者)들은 그들이 원한 것을 기존의 양식들로부터 가져와서(전형적인 요소), 새로운 결합들 또는 구성들을 만들어내었다(독특한 요소).

양식비평을 이해하는 데 도움이 되는 자료로는 두 가지가 나와 있다. 이 방법론에 대한 좋은 안내서로는 터커(Tucker)의 것이 있는데, 그는 양식비평을 구조, 장르, 배경, 의도라는 네 가지 요소에 따라 체계적으로 다루고 있다:

Gene M. Tucker, *Form Criticism of the Old Testament*, Guides to Biblical Scholarship (Fortress Press, 1971)

다음에 소개하는 여섯 편의 논문을 묶은 모음집은 양식비평의 역사 및 현재의 동향을 잘 설명해 준다. 양식비평의 목표들과 전제들을 이해하고, 그것이 구약성서 본문들에서 어떻게 적용되는지를 알아보려면, 다음의 책을 보라:

John H. Hayes (ed.), *Old Testament Form Criticism* (Trinity University Press, 1974)

양식비평과 역사의 구체적인 관계를 예들을 들어 설명하고 있는 것으로는 다음을 보라:

Martin J. Buss, *Biblical Form Criticism in Its Context*, JSOT 274 (Sheffield Academic Press, 1999)

구약성서의 양식비평을 이 방법론을 적용한 사례들을 들어 설명하고 있는 다음의 책은 원래 독일어로 씌어진 고전적인 개론서이다:

Klaus Koch, *The Growth of the Biblical Tradition: The Form-Critical Method* (Charles Scribner's Sons, 1969)

무엇보다도 다음의 여러 권으로 된 총서 속에는 구약성서에 나오는 모든 문학 양식들을 단락별로 다 논의하고 있는 책들이 포함되어 있다. 이 총서에서 당신이 주석하기로 선택한 특정한 본문을 다루고 있는 책은 전문적인 조언을 위해서, 즉 당신이 주석하고자 하는 단락에 대한 노련한 양식비평가의 판단을 구하는 데 유용할 수 있다.

Rolf Knierim and Gene Tucker (eds.), *Forms of the Old Testament Literature* (Wm. B. Eerdmans, 1984-)

이제까지 FOTL 총서로 나와 있는 것들은 다음과 같다: 창세기; 출애굽기 1-18장; 열왕기상하; 역대기상하; 시편 1-60편; 욥기; 잠언; 룻기; 아가서; 전도서; 에스더; 이사야 1-39장; 에스겔서; 다니엘서; 소선지서 1부; 미가서.

5.2. 양식과 구조의 관계

먼저 어떤 문학 양식을 구성하고 있는 여러 요소들(양식의 내용)과 그러한 요소들이 서로와 관련하여 및 좀더 큰 맥락과 관련하여 배치되어 있는 방식(구조)을 알아내지 않고는, 특정한 문학 양식을 정확하게 찾아낼 방법은 없다. 달리 말하면, 만약 당신이 양식 X에 통상적으로 포함되어 있는 몇몇 핵심 단어들 또는 양식 X와 통상적으로 관련되어 있는 그 밖의 다른 몇몇 문체상의 특징들을 토대로 해서 어떤 본문이 양식 X로 되어 있다는 결론을 성급하게 내린다면, 당신은 밀을 수레 뒤에 매다는 우(愚)를 범하게 된다. 우리는 실제로 양식 유형학에 대한 대부분의 증거들을 무시한 채 어떤 양식을 잘못 분류할 수 있다. 또한 우리는 엄격한 양식비평적 방법론에 너무 치중하여서, 양식비평적 분석의 결과들 속에 담겨지지 않는 주식상으로 많은 중요한 특징들을 간과해 버릴 수 있다.

그러므로 당신은 양식을 확정하기 전에 먼저 해당 본문의 내용을 이루고 있는 요소들 또는 "구성요소들"을 이해하고, 그 요소들이 어떻게 구조화되어 있는지를 적어도 잠정적으로라도 이해하고 있는지를 확인하라. 양식을 제대로 찾아내게 되면, 그 이후에 양식의 요소들과 구조를 제대로 확인하는 데 도움이 되겠지만, 당신은 특정한 양식의 이미 알려진 전형적인 특징들을 미리 염두에 두고서 해당 본문의 구체적인 특징들을 분석하려 해서는 안 된다. 도리어, 그 반대로 하는 것이 옳다: 먼저 아무런 선입견 없이 해당 본문의 구체적인 특징들을 찾아낸 후에, 그 특징들로 보아서 본문에 존재한다고 생각되는 양식들이 본문을 어느 정도나 규정하고 있는지 — 그리고 그 양식이 어느 정도나 순수한지, 또는 개작되어 있는지, "나뉘어 있는지," 불완전한지 — 를 알아내어야 한다.

6. 구조

6.1. 정의들

구약학에서는 다섯 가지 비슷한 용어들이 서로 다른 빈도와 적어도 두 가지 매우 다른 의미로 사용된다. 이 용어들 중 세 가지 — 구조주의, 구조적 주석, 구조 분석 — 는 통상적으로 성서 연구에 적용되는 언어학적 분석을 가리키는 데 사용된다. 구조주의(이 용어들 중에서 가장 흔하게 사용되는)는 주로 한 문장 속의 단어들 간의 모종의 특별하고도 전문적으로 정의된 관계들에 관심을 갖는다. 구조주의자들은 언어가 기능하는 규칙들이 문장들의 구성요소들 및 문장들 자체의 구조(그리고 의미)를 좀 더 심층적으로 이해할 수 있게 해준다는 이론하에서 그러한 규칙들을 이해하고자 애쓴다. 다음의 책들은 구조주의를 설명하면서, 이 이론이 성경 본문을 이해하는 데 어떻게 사용될 수 있는지를 여러 사례들을 통해서 보여준다:

Roland Barthes, et al., *Structural Analysis and Biblical Exegesis:*

Interpretational Essays (Pickwick Press, 1974)

Jean Calloud, *Structural Analysis of Narrative* (Fortress Press and Scholars Press, 1976)

Daniel Patte, *The Religious Dimensions of Biblical Texts: Greimas's Structural Semiotics and Biblical Exegesis* (Society of Biblical Literature, 1990)

Daniel Patte, *Structural Exegesis for New Testament Critics* (Trinity Press International, 1996)

그러나 초보자가 이 이론을 익히는 데 가장 좋은 책은 아래의 책이다:

Daniel Patte, *What Is Structural Exegesis?* Guides to Biblical Scholarship (Fortress Press, 1976)

나머지 두 가지 용어 — 구조비평과 구조 연구 — 는 통상적으로 본문의 좀 더 큰 단위들(단락들)이 그 내용을 이루는 여러 다양한 요소들로 구성되고 있는 방식을 설명하기 위하여 사용된다. 달리 말하면, 후자의 두 용어는 일반적으로 한 단락의 내용 구조를 가리 키는 반면에, 전자의 세 용어는 대체로 개별 문장들에 나타나는 언어학적 패턴들에 대한 관심을 가리킨다.

구조주의(전문적인 언어학적 분석)는 전문적이고 그 관심분야가 좁기 때문에, 역사적·문화적·신학적 측면에 대해서는 부차적으로 만 관심을 갖는다. 따라서 당신은 특정한 본문에 대한 주석 속에서 이 방법론을 널리 사용하는 경우는 거의 없을 것이다. 철학에서의 "언어 분석"과 마찬가지로, 그 결과물들은 이따금 대단한 경우도 있긴 하지만, 대체로 미미하다. 그럼에도 불구하고 성실한 학도들은

어떤 본문들에 대한 주석에서는 이 작업을 해볼 만한 가치가 있다
는 것을 발견하게 될 것이다.

구조 연구라는 폭넓은 방법론, 단락들이 그 구성요소들로 비추어
어떻게 결합되어 있는지, 그들의 구조가 추론되고 체계화될 수 있
는지, 이러한 것들이 주석에서 지니는 의미 등을 이해하는 데 간략
하지만 도움이 되는 사례들로 가득차 있는 매우 훌륭한 책이 나와
있다:

Robert C. Culley, *Studies in the Structure of Hebrew Narrative*
(Fortress Press and Scholars Press, 1976)

구조 연구라는 폭넓은 방법론은 주석자들에게 지속적인 가치를 지
니고 있다고 보아야 하는데, 수사비평이라는 분과도 일반적으로는
구조 연구를 포괄하는 것으로 여겨지고 있다.

6.2. 수사비평

수사비평은 하나의 문단적 단위(통상적으로 단락이라 함)가 어떻
게 결합되어 있는지를 살핀다. 양식비평이 전형적이고 일반적인 것
을 강조하는 경향이 있다고 한다면, 수사비평은 어떤 본문의 독창
성 ─ 개인적이고 특수하고 독특하고 창조적인 것 ─ 에 집중한다.
수사비평학자들은 영감받은 기자(記著)의 논리, 문체, 목적을 이해
하고자 한다. 이를 위하여 (a) 특정한 문학적 단위 내에서 발견되는
패턴들; (b) 단위 전체의 전반적인 취지에 기여하는 개별적인 문체
상의 장치들; (c) 각 부분들이 전체에 대하여 지니는 관계에 주안점
이 두어진다. 수사비평은 대체로 통시적(해당 본문이 현재 형태에

도달하기 이전에 어떻게 전승되고 변화되고 재형성되고 편집되어 왔는가에 관한 이론적인 역사에 관심을 갖는다)이지 않고 공시적 (최종 형태의 본문에 관심을 갖는다)이다.

통상적으로 수사비평은 정경 본문의 구조에 주안점을 두지만, 이 와 같은 주안점을 실행하기 위하여 가장 현대적이고 믿을 만한 기 법들을 사용한다. 양식비평의 한계를 뛰어넘어서 수사비평으로 나 아가야 할 필요성을 최초로 제기한 책으로는 다음을 보라:

James Muilenburg, "Form Criticism and Beyond" (*Journal of Biblical Literature* 88 [1969], 1-18)

여러 사례들과 도움이 되는 참고문헌들을 싣고 있는 가운데 수사 비평에 대하여 좀 더 포괄적으로 분석하고 있는 것으로는 다음의 책들을 보라:

Roland Meynet, *Rhetorical Analysis: An Introduction to Biblical Rhetoric* (Sheffield Academic Press, 1999)

L. J. De Regt, J. P. Fokkelman, and J. De Waard (eds.), *Literary Structure and Rhetorical Strategies in the Hebrew Bible* (Eisenbrauns, 1996)

Duane F. Watson and Alan J. Hauser, *Rhetorical Criticism of the Bible: A Comprehensive Bibliography with Notes on History and Method* (E. J. Brill, 1994)

Dale Patrick and Allen Scult, *Rhetoric and Biblical Interpretation*, *JSOT* 82 (Almond Press, 1990)

수사비평을 성경의 여러 다양한 단락들에 적용한 사례들은 다음의
책들에서 찾아볼 수 있다:

James W. Watts, *Reading Law: The Rhetorical Shaping of the
Pentateuch* (Sheffield Academic Press, 1999)

Phyllis Trible, *Rhetorical Criticism: Context, Method, and the Book
of Jonah* (Augsburg Fortress Press, 1994)

Pieter Van Der Lugt, *Rhetorical Criticism and the Poetry of the Book
of Job* (E. J. Brill, 1995)

Jared J. Jackson and Martin Kessler (eds.), *Rhetorical Criticism:
Essays in Honor of James Muilenburg* (Pickwick Press, 1974)

어떤 단락의 수사학을 분석하는 작업 속에는 거기에 나오는 수사
적 표현을 밝혀내는 일도 포함된다. 이 작업을 위해서는 다음의 고
전적인 책을 참조하라:

E. W. Bullinger, *Figures of Speech Used in the Bible*, repr. (Baker
Book House, 1968)

6.3. 정형구 비평(Formula criticism)

몇몇 단어군들(때로는 개별 단어들)은 서로 다른 여러 본문들 속
에서 비슷한 방식으로 나타나는 경향을 보여준다. 어떤 단어군이
여러 다양한 문맥들 속에서 특정한 기본적인 개념을 표현하는 기능
을 일관되게 할 때, 그 단어군은 정형구라 불린다. 정형구는 산문보
다는 시가(詩歌)에 더 많이 나타난다. 흔하게 등장하고 잘 알려진

정형구들의 예를 들어본다면, 다음과 같은 것들이 있다(번역문으로): "여호와께서 이렇게 말씀하시니라"; "만군의 여호와께서 말씀하시기를"; "언제까지니이까?"; "그 날에"; "마지막 날들에"; "주는 크시고 찬송받으시리로다."

이러한 정형구들은 여러 다양한 본문들 속에 등장한다. 정형구들이 어떻게 기능하는지, 정형구들이 문학적 단위 내에서 어떻게 "벽돌들"이 되는지, 정형구들이 본문의 운율과 어떻게 연관이 되는지 등등을 이해하는 것이 정형구 비평의 목표이다. 정형구 비평은 정형구가 등장하는 맥락들을 서로 비교하는 것에 주안점을 두기 때문에 성경의 맥락(제9단계)과 구조(제6단계)와 특히 밀접한 관련이 있다. 아래의 두 책은 정형구 비평의 과정과 이 비평이 주석에서 지니는 함의들을 설명해 놓고 있다:

Robert C. Culley, *Oral Formulaic Language in the Biblical Psalms* (University of Toronto Press, 1967)

William R. Watters, *Formula Criticism and the Poetry of the Old Testament* (Walter de Gruyter, 1976)

6.4. 시가 분석(시학)

시학(詩學)은 방대한 연구 범위를 지닌 분과이다. 그럼에도 불구하고, 구약성서의 시학에 대한 적절한 감(感)을 잡는 일은 그리 어렵지 않기 때문에 구태여 피할 이유가 없다. 사실 어느 정도의 시간만 투자하면, 구약학도들은 시가를 분석하는 일에 있어서 비교적 무지의 상태에서 꽤 유능한 상태로 상당히 신속하게 진보할 수 있다. 특정한 시가 본문을 특징짓는 병행법(또는 평행법, parallelism)

의 유형들과 보격(步格, 또는 운율) 구조를 이해하는 것이 특히 중요
한데, 이 각각에 대해서 익힐 수 있는 좋은 자료들이 나와 있다.

이 두 가지 문제에 대한 간략하지만 명료한 개론으로는 다음을 보
라:

Norman K. Gottwald, "Poetry, Hebrew" *in The Interpreter's Dictionary of the Bible* (Abingdon Press, 1972), vol. 3, pp. 829-38

좀 더 포괄적으로 다루고 있는 책으로는 다음을 보라:

Frank Moore Cross and David Noel Freedman, *Studies in Ancient Yahwistic Poetry* (Wm. B. Eerdmans, 1997)

David L. Peterson and Kent H. Richards, *Interpreting Hebrew Poetry* (Augsburg Fortress Press, 1994)

James L. Kugel, *The Idea of Biblical Poetry: Parallelism and Its History*, repr. (Johns Hopkins University Press, 1998)

그리고 오래 되긴 했지만 여전히 유익한 고전적인 책으로는 다음
이 있다:

George Buchanan Gray, *The Forms of Hebrew Poetry, with Prolegomenon by David Noel Freedman* (KTAV Publishing House, 1970)

시적 병행법의 어떤 유형들을 제대로 분석하려면, 당신은 단어들
의 "고정된 쌍"이 구약성서의 시가들 속에서 어떻게 기능하는지를

알 필요가 있다. 따라서 하기 쉬운 많은 예들을 들면서 이러한 분석을 아주 훌륭하고 명쾌하게 소개하고 있는 책으로는 다음과 같은 것이 있다:

Stanley Gevirtz, *Patterns in the Early Poetry of Israel* (University of Chicago Press, 1964)

히브리 시가의 보격(步格)에 대해서는 다음을 보라:

Douglas K. Stuart, *Studies in Early Hebrew Meter* (Scholars Press and Harvard Semitic Museum, 1976)

보격과 관련된 상황은 성경학도들에게 좀 어렵다고 할 수 있는데, 이는 보격 구조와 관련된 상반된 여러 이론들이 여전히 서로 경합하고 있기 때문이다. 그럼에도 불구하고, 가장 흔하게 사용되는 네 가지 접근방법들("강세" 보격, 의미론상의 병행법 보격, 교차 보격, 음절 보격) 중 어느 하나를 임의로 선택해서 일관되게 적용한다면, 성경학도들은 시가의 행들의 상대적인 길이, 또한 행들이 모여서 이행구(couplet 또는 bicola)와 삼행구(triplet 또는 tricola), 또는 더 큰 단위들(종종 연(聯)이라 불리는)을 이루는 방식을 식별하고 평가하는 객관적인 수단을 갖게 될 것이다.

히브리어의 보격에 대한 두 가지 중요한 책은 아주 전문적이고 복잡한 분석을 하고 있기 때문에 히브리어 실력이 상당히 갖춰진 학도들만이 그 책들을 활용할 수 있는 것이 보통이다. 따라서 가장 좋은 책은 다음의 것이다:

Stephen Geller, *Parallelism in Early Biblical Poetry*, Harvard Semitic Monographs 20 (Scholars Press, 1979)

홍미를 자아내긴 하지만 약간 논란이 되는 책으로는 다음과 같은 것들이 있다:

Michael O'Connor, *Hebrew Verse Structure* (Eisenbrauns, 1980)
Donald R. Vance, *The Question of Meter in Biblical Hebrew Poetry* (Edwin Mellen Press, 2001)

7. 문법

7.1. 참조용 문법서들

제대로만 사용한다면, 참조용 문법서들은 주석과 관련이 있는 정보가 많이 들어 있는 자료이다. 문법서들은 흔히 특정한 유형의 문법 현상을 보여주는 많은 또는 모든 예들을 모아놓고 있다. 그러한 문법 현상에 대한 정보를 얻기 위하여 문법서를 참조함으로써, 당신은 일련의 사례들과 그 현상이 구약성서에서 어떻게 기능하는지에 관한 설명을 얻을 수 있게 된다. 이것은 당신이 어떤 주석상의 결정들을 내릴 때에 필요한 바로 그러한 정보일 수 있다.

당신이 기본적인 문법을 사용하는 정도의 히브리어 실력을 다시 한 번 점검할 필요가 있다면, 다음과 같은 네 책이 이러한 목적에 아주 적합하다:

Gary D. Pratico and Miles Van Pelt, *Basics of Biblical Hebrew*

(Zondervan Publishing House, 2001)

Duane Garrett, *Reading Biblical Hebrew* (Broadman and Holman, 2001)

Choon L. Seow, *A Grammar for Biblical Hebrew* (Abingdon Press, 1995)

Thomas O. Lambdin, *Introduction to Biblical Hebrew* (Charles Scribner's Sons, 1971)

지금까지 히브리어에 대한 고전적인 참조용 문법서는 게제니우스의 책이다:

F. W. Gesenius, *Hebrew Grammar*, rev. by E. Kautzsch, 2d English ed., ed. and tr. by A. E. Cowley (Clarendon Press, 1910)

좀 더 최근에 나온 세 권의 문법서들은 히브리어의 문법 구조들과 뉘앙스들에 대한 일련의 정교한 통찰을 제공해 준다. 첫 번째 책의 제목(An Outline)에 현혹되어서는 안 된다; 이 책은 모든 중요한 구문상의 특징들에 대한 깊이 있는 해박한 개관을 싣고 있는 책이기 때문에, 나머지 두 책보다 좀더 신속하게 문법사항을 찾아볼 수 있다. 이 나머지 두 책도 문법사항을 꽤 깊고 해박하게 다루고 있다:

Ronald J. Williams, *Hebrew Syntax: An Outline* (University of Toronto Press, 1976)

Paul Jouon, *A Grammar of Biblical Hebrew*, 2 vols. (Pontifical Biblical Institute, 1996)

Bruce K. Waltke and M. O'Connor, *An Introduction to Biblical*

Hebrew Syntax (Eisenbrauns, 1990)

특별한 문법상의 특징들의 예들을 히브리 성서 전체에 걸쳐서 모아 놓고, 많은 문제 있는 문법적인 쟁점들에 대한 해법들을 제시해 놓고 있는 유익한 책으로는 다음이 있다:

Alexander Sperber, *A Historical Grammar of Biblical Hebrew* (E. J. Brill, 1966)

아람어의 문법사항들과 관련해서는, 당신은 다음에 열거한 책들 중의 하나 속에서 당신이 필요로 하는 거의 모든 것들을 찾을 수 있을 것이다:

Frederick E. Greenspahn, *An Introduction to Aramaic* (SBL Scholars Press, 1999)

Alger F. Johns, *A Short Grammar of Biblical Aramaic* (Andrews University Press, 1982)

Franz Rosenthal, *A Grammar of Biblical Aramaic* (Harrassowitz, 1961)

William B. Stevenson, *Grammar of Palestinian Jewish Aramaic* (Wipf and Stock Publishers, 2000)

고아람어 시대 전체의 아람어 문법과 관련 있는 자료들(페르시아 제국의 말기인 주전 333년에 나온 가장 초기의 문헌들)을 참조하고자 한다면, 전문적이고 매우 포괄적인 저작이 나와 있다:

Stanislav Segert, *Altaramaische Grammatik* (Verlag Enzyklopadie, VEB, 1975)

탈굼 아람어를 포괄하고 있는 것으로는 다음과 같은 것들이 있다:

Marcus David, *A Manual of Babylonian Jewish Aramaic* (University Press of America, 1981)

Vitzchok Frank, *Grammar for Gemara: An Introduction to Babylonian Aramaic*, 2d. rev. ed. (Philipp Feldheim, 1994)

칠십인역과 관련된 두 권의 유익한 문법서들이 나와 있는데, 이 중 첫 번째 책은 형태론에 초점을 맞추고 있다:

Henry St. J. Thackeray, *A Grammar of the Old Testament in Greek according to the Septuagint* (Cambridge University Press, 1909)

F. C. Conybeare and St. George Stock, *Grammar of Septuagint Greek: With Selected Readings, Vocabularies, and Updated Indexes* (Hendrick-son, 1995)

시가로 된 본문, 특히 시편이나 욥기의 본문을 주석하려 한다면, 당신은 이차 문헌들 속에서 히브리어와 매우 유사한 두 가지 언어, 즉 우가릿어와 페니키아어에 대한 빈번한 언급을 발견하게 된다. 이러한 언어들을 당신이 공식적으로 배운 적이 없다고 할지라도, 당신은 다음과 같은 문법서들을 참조함으로써 이 언어들이 특정한 사항들과 관련이 있고 또한 도움이 되는지를 알 수 있다:

Stanislav Segert, *Basic Grammar of the Ugaritic Language: With Selected Texts and Glossary* (University of California Press, 1985)

Daniel Sivan, *A Grammar of the Ugaritic Language* (Brill Academic Publishers, 1997)

Cyrus H. Gordon, *Ugaritic Textbook*, rev. repr. (Pontifical Biblical Institute, 1998)

Zellig S. Harris, *A Grammar of the Phoenician Language* (American Oriental Society, 1936)

Stanislav Segert, *A Grammar of Phoenician and Punic* (C. H. Beck, 1976)

구약성서의 본문 비평을 위해 필수적인 언어 중의 하나인 시리아어에 대해서는 최근에 나온 다음의 세 문법서들을 추천할 만하다:

Wheeler M. Thackston, *Introduction to Syriac: An Elementary Grammar with Readings from Syriac Literature* (IBEX Publishers, 2000)

Takamitsu Muroaka, *Classical Syriac: A Basic Grammar* (Harrassowitz, 1997)

Michael P. Weitzman, *The Syriac Version of the Old Testament: An Introduction* (Cambridge University Press, 1999)

바빌로니아와 앗시리아에서 나온 수많은 문헌들 중 다수는 성경과 직접적으로 연관되어 있는데, 이러한 문헌들에 사용된 언어인 아카드어에 대해서는 다음을 보라:

John Huehnergard and Jo Ann Hackett (eds.), *A Grammar of Akkadian* (Scholars Press, 1997)

7.2. 기타 전문적인 자료들

히브리어의 형태들과 특징들을 그 밖의 다른 셈어들에 비추어서 고찰하고 있는 비교 문법을 참조하는 것도 때로 도움이 된다. 이와 관련해서는 다음과 같은 책들이 모두 유익하다:

Patrick R. Bennett, *Comparative Semitic Linguistics: A Manual* (Eisenbrauns, 1998)

E. Lapinski, *Semitic Languages: Outline of a Comparative Grammar,* OLA 80 (Peeters, 1997)

Gideon Goldenberg, *Studies in Semitic Linguistics: Selected Writings* (Magnes Press, 1998)

히브리어를 가나안 어군이라는 좀 더 직접적인 맥락 속에서 이해하려면, 다음의 두 책 중 하나를 보라:

Zellig S. Harris, *Development of the Canaanite Dialects* (American Oriental Society, 1939)

William L. Moran, "The Hebrew Language in Its Northwest Semitic Background," in G. Ernest Wright (ed.), *The Bible and the Ancient Near East* (Doubleday, 1961)

문법 분야 중에서 정서법(철자 분석)은 주석자가 난해한 본문의 여러 측면들을 해결하는 데 종종 도움이 되는 전문적인 분야이다.
다음의 고전적인 연구서는 구약성서 시대의 것인 금석문들의 증거
를 토대로 히브리어를 페니키아어, 아람어, 모압어와 비교하고 있
다:

Frank Moore Cross, Jr., and David Noel Freedman, *Early Hebrew Orthography* (American Oriental Society, 1952)

이 책은 최근에 여러 가지 측면들이 좀더 유익하게 개정되어서 다
시 출간되었다:

David Noel Freedman, Francis Andersen, and A. Dean Forbes (eds.), *Studies in Hebrew and Aramaic Orthography* (Eisenbrauns, 1992)

8. 사전적 분석

8.1. 어휘사전들

어휘사전(lexicon)은 사전의 일종이다. 성경 및 고전 학자들이 "사
전"(dictionary)이라는 말 대신에 "어휘사전"(lexicon)이라는 용어를
사용해 왔다는 사실은 그 자체에 대한 단어 연구를 잘 보존하고 있
는 언어사의 흔적이다.

어휘사전들은 거기에 실려 있는 단어들에 관한 정보를 담고 있는
귀중한 자료들이다. 어휘사전들은 흔히 신학적으로 흥미롭거나 중
요한 단어들이나 어떤 이례적인 또는 중요한 특징들을 지닌 단어들

을 자세하고 길게 다룬 항목들(작은 "단어 연구들" 또는 개념 연구들)을 싣고 있다. 따라서 먼저 관련 어휘사전들을 참조함이 없이, 성경에 나오는 특정한 단어에 대한 연구에 착수하거나 그 단어에 대하여 자세하게 설명하는 것은 잘못이다.

히브리어 사전으로 사용할 만한 것은 다음의 것이다:

Ludwig Koehler and Walther Baumgartner [rev. by Walther Baumgartner and Johann J. Stamm], *Hebrew and Aramaic Lexicon of the Old Testament*, 5 vols. (Brill Academic Publishers, 1994-2000)

이 사전은 세계의 표준이다. 이 사전은 그 분량이 방대하고 비싸기 때문에, 방대한 "모사전"에 실린 거의 모든 핵심적인 정보들을 보존하고 있는 축약판을 사용하는 편이 현명하다:

William L. Holladay, *A Concise Hebrew and Aramaic Lexicon of the Old Testament* (Wm. B. Eerdmans, 1972)

현새는 아주 환영할 만하고 방대한 어휘사전 편찬 프로젝트가 진행중에 있고, 곧 완결될 것이다:

David J. A. Clines (ed.), *The Dictionary of Classical Hebrew*, 5 vols. (Sheffield Academic Press, vols. 1-4, 1994-2001)

신뢰성에 있어서는 훨씬 떨어지지만 여전히 널리 사용되고 있는 (주로 저작권 보호 시효가 지나서 싸게 구입할 수 있고 종종 여러 컴퓨터 성구사전과 함께 끼워주기 때문에) 것은 다음의 사전이다:

Francis Brown, S. R. Driver, and Charles A. Briggs, *A Hebrew and English Lexicon of the Old Testament* (Clarendon Press, 1907; repr. 1962, 1966)

*BDB*는 핵심적인 내용들을 작은 분량에 담고 있기 때문에 여전히 어느 정도 유익하긴 하지만, 우가릿어와 그 밖의 다른 최근의 발견들로부터의 관련된 정보와 성과들이 빠져 있기 때문에 시대에 뒤떨어진 것이라 할 수 있다. 게다가 이 사전이 제시하고 있는 단어들의 어원에 관한 설명들(단어의 기원에 관한 역사들 및 셈어 어근과의 관계) 중에는 받아들이기 어려운 것들이 많다.

성경 아람어와 관련해서는 표준적인 히브리어 사전들에는 모두 아람어편이 실려 있다.

성경 밖의 아람어, 특히 탈굼에서 사용된 아람어에 대해서 영어로 된 전통적인 자료는 다음의 사전이었다:

Marcus Jastrow, *A Dictionary of the Targumim, the Talmud Babli and Yerushalmi, and the Midrashic Literature*, 2 vols., 2d ed. (1962; repr. Pardes Publishing House, 1950)

당신이 라틴어를 읽을 수 있다면, 다음의 아주 훌륭한 아람어 사전을 사용할 수 있다:

Ernesto Vogt, *Lexicon Linguae Aramaicae Veteris Testamenti Documentis Antiquis Illustratum* (Pontifical Biblical Institute, 1971)

칠십인역과 관련해서는 다음의 사전을 능가하는 것이 아직은 나와

있지 않다:

J. Eynikel, E. Hauspie, J. Lust, and A. Rahlfs (eds.), *Greek-English Lexicon of the Septuagint*, 2 vols. (American Bible Society, 1993, 1998)

다음의 사전도 여전히 유익하다:

W. Bauer, F. W. Gingrich, and F. W. Danker, *A Greek-English Lexicon of the New Testament and Other Early Christian Literature*, 2d ed. (University of Chicago Press, 1979)

또한 다음의 사전도 유익한 경우가 많지만, 종종 칠십인역에 나오는 단어들의 의미를 오도하는 약점이 있다:

Henry O. Liddell and Robert Scott, *A Greek-English Lexicon*, rev. by Henry Stuart Jones and Roderick McKenzie; 9th ed. (Clarendon Press, 1940)

또한 다음의 사전도 보라:

E. A. Barber, et al. (eds.), *Supplement to A Greek-English Lexicon* (Oxford University Press, 1968)

시리아어 페쉬타를 읽으려면, 다음 사전을 보라:

R. Payne Smith, *A Compendious Syriac Dictionary*, ed. by J. Payne Smith (Clarendon Press, 1903; repr. 1957)

루이스(Lewis)와 쇼트(Short)가 편찬한 방대한 분량의 라틴어 사전은 불가타역과 그 밖의 다른 라틴어 본문들을 읽는 데에 아주 좋다:

Charlton T. Lewis and Charles Short, *A Latin Dictionary* [또한 *A New Latin Dictionary*로도 되어 있다; *Harper's Latin Dictionary*로 처음 출간됨] (New York, 1879; repr. Oxford University Press, 1979)

구약성서 히브리어에 관한 많은 어휘사전적인 정보들은 앗시리아어/바빌로니아, 우가릿어 자료들로부터 왔기 때문에, 종종 당신은 이러한 언어들에 관한 사전들을 참조할 필요를 느끼게 될 것이다.
앗시리아어/바빌로니아어에 대해서는 가능하다면 여러 권으로 된 *CAD*라는 사전을 사용하라:

Ignace Gelb, Benno Landsberger, A. Leo Oppenheim, Erika Reiner, et al. (eds.), *The Chicago Assyrian Dictionary* (Oriental Institute of the University of Chicago, 1956-)

독일어를 읽을 수 있는 사람들에게는 폰 조덴(von Soden)의 사전이 여전히 유익하다:

Wolfram von Soden, *Akkadisches Handworterbuch* (Harrassowitz, 1965)

싸게 구입할 수 있는 보급판으로는 다음의 사전이 있다:

Jeremy Black, et al. (eds.), *A Concise Dictionary of Akkadian* (Harrassowitz Verlag, 2000)

우가릿어 단어들을 포괄적으로 다루고 있는 사전은 독일어로 되어 있다:

Joseph Aisleitner, *Worterbuch der ugaritischen Sprache*, 4th ed. (Akademie-Verlag, 1974)

하지만 고든(Gordon)의 *Ugaritic Textbook* (7.1)의 제3부는 상당히 많은 수의 우가릿어 단어들을 영어 번역과 아울러 싣고 있다.
페니키아어-카르타고어 사전도 나와 있다:

Richard Tomback, *A Comparative Semitic Lexicon of the Phoenician and Punic Languages* (Scholars Press, 1978)

8.2. 성구사전들

성구사전은 특정한 단어가 성경 전체(또는 그 밖의 어떤 문학 모음집)에 걸쳐서 등장하는 대목들을 열거해 놓는다. 성구사전은 특정한 단어의 용례, 분포, 문맥 등을 알아보는 데 도움을 주기 때문에 (8.3을 보라), 사전적 분석에서 요긴한 도구이다. 성구사전 없이는 단어(개념) 연구는 거의 불가능하고, 단어(개념) 연구 없이는 철저한 주석은 거의 불가능하다.

컴퓨터 성구사전은 책으로 된 성구사전보다 훨씬 더 빠르고 강력하다. 컴퓨터 성구사전은 어느 것이나 정보를 신속하게 제공해줄 수 있고, 많은 성구사전들은 원어를 기반으로 한 검색을 가능하며, 일부는 여러 웹 사이트들을 통해서 무료로 사용할 수 있다. 진정하고 정교한 주석을 위해서 사용할 수 있는 것(히브리어, 헬라어, 아람어의 문법적·사전적 정보를 다양하고 신뢰성 있게 활용할 수 있고, 또한 주석상의 용도로 결합하거나 수집할 수 있는 것)으로는 두 가지가 뛰어나다:

가장 좋은 컴퓨터 성구사전은 이것이다:

Accordance (Macintosh), 또한 Gramcord (PC)로도 불림, the Gramcord Institute [www.gramcord.org] (360-576-3000; 2218 NE Brookview Dr., Vancouver, WA 98686, U.S.A. E-mail: schol ars@GRAMCORD.org)에서 구입할 수 있음.

문법사항에 대한 검색 능력에 있어서 좀 떨어지고 덜 정교하긴 하지만 이것과 비견할 수 있는 것으로는 다음과 같은 것이 있다:

Bible Works (Windows), Hermeneutika [bibleworks.com] (406-837-2244; (800) 74-BIBLE; Hermeneutika, P.O. Box 2200, Big-fork, MT 59911-2200, U.S.A. E-mail: sales@bibleworks.com)에서 구입할 수 있음.

책으로 된 성구사전들도 여전히 인기가 있다. 책으로 된 성구사전들의 강점은 이것들은 무엇을 포함시키고 무엇을 뺄지를 선택한 학자들의 현명한 선택들의 결과물이기 때문에 컴퓨터 성구사전들만

큼 다용도로 사용될 수 없고 또한 훨씬 덜 포괄적이지만 대부분의
주석자들이 구하고 있는 핵심적인 몇몇 정보들을 단번에 제공해준
다는 것이다. 다음에 열거한 것들은 어느 것이나 당신에게 유익할
것이다:

John R. Kohlenberger, III, and James A. Swanson, *The Hebrew-English Concordance to the Old Testament* (Zondervan Publishing House, 1998)

Abraham S. Evans (ed.), *A New Concordance of the Old Testament Using the Hebrew and Aramaic Text* (Baker Book House, 1989)

Robert L. Thomas (ed.), *New American Standard Exhaustive Concordance of the Bible with Hebrew-Aramaic and Greek Dictionaries* (Broadman and Holman, 1990)

Eliezer Katz, *Topical Concordance of the Old Testament Using the Hebrew and Aramaic Text* (Baker Book House, 1992)

예전에 표준적인 히브리어 성구사전이었고 지금도 여전히 유용한
것은 맨델컨(Mendelkern)의 사선이나. 이 사전은 오직 라틴어와 히
브리어로만 씌어있고, 단어들을 다소 복잡한 순서로 열거하고 있지
만(부분적으로는 해당 단어가 나오는 구절들을 순서대로 나열하지
않고 성경의 특정한 책 속에서의 맥락에 따라서), 이러한 약점들은
사소한 것들이다:

Solomon Mandelkern, *Veteris Testamenti Concordantiae Hebraicae atque Chaldaicae*, 8th ed. (P. Shalom Publications, 1988)

하지만 맨델컨(Mandelkern)의 성구사전은 점점 더 구입하기가 어려워지고 있다. 다행히도 최근에 맨델컨의 것과 비슷한 정도로 방대한, 책으로 된 새로운 히브리어 성구사전이 출간되었다. 이 사전은 모든 것(성경의 여러 책들의 장 숫자들을 포함한)이 히브리어로만 되어 있어서, 처음에는 사용하기가 쉽지 않지만, 혁신적인 체제와 단어의 빈도수, 모음을 다 붙여서 구절을 인용하고 있는 점, 단순히 개별 단어들만이 아니라 흔히 사용되는 어구들도 포함시키고 있는 점 등과 같은 몇 가지 귀중한 특징들을 지니고 있다. 또한 이 사전에는 사용법을 분명하게 설명하고 있는 매우 유익한 서론이 실려 있다:

Abraham Even-Shoshan (ed.), *A New Concordance of the Old Testament*, 2d ed., introduction by John H. Sailhamer (Kiryat-Sefer Publishing House and Baker Book House, 1997)

철저하지는 못하지만 꽤 사용하기 쉬운 성구사전으로는 다음이 있다:

Gerhard Lisowsky, *Konkordanz zum hebräischen Alten Testament* (Württembergische Bibelanstalt, 1958)

흠정역(King James Version)과 히브리어를 함께 연결시켜서 다루고 있는 표준적인 성구사전으로는 다음이 있다:

George V. Wigram, *The Englishman's Hebrew and Chaldee Concordance of the Old Testament* (Samuel Bagster & Sons, 3d ed. 1874;

repr. Zondervan Publishing House, 1978)

칠십인역과 관련해서도 책으로 된 완벽한 성구사전이 나와 있다. 성경의 특정한 본문을 분석하기 위해서는 당신은 칠십인역의 단어 표현들을 분석하지 않으면 안 된다. 칠십인역에서 사용된 단어 표현들이 독특한 것인지 이례적인 것인지 아니면 통상적인 것인지를 알 수 있는 유일한 방법은 칠십인역 번역자들이 특정한 히브리어 단어를 어떤 헬라어 단어로 번역하였는지를 보여주는 성구사전을 참조하는 것이다.

Edwin Hatch and Henry A. Redpath, *A Concordance to the Septuagint and the Other Greek Versions of the Old Testament*, 3d ed., 2 vols. 여기에는 R. A. Kraft and E. Tov, "Introductory Essay" and Takamitsu Muraoka, *Hebrew/Aramaic Index to the Septuagint: Keyed to the Hatch-Redpath Concordance* (Baker Book House, 1999) 가 포함되어 있다.

간략하지만 매우 유익한(그리고 값도 싼) 단권으로 된 칠십인역 성구사전도 나와 있다:

George Morrish, *A Concordance of the Septuagint* (Samuel Bagster & Sons; repr. Zondervan Publishing House, 1976)

또한 다음의 사전도 보라:

Bernard Alwyn Taylor, *The Analytical Lexicon to the Septuagint: A*

Complete Parsing Guide (Zondervan Publishing House, 1994)

또한 쿰란 문헌들, 일부 탈굼, 구약성서의 몇몇 개별 책들, 몇몇 고대 저자들 등과 관련된 특별한 성구사전들도 있다. 피츠마이어 (Fitzmyer)의 Bibliography (서론을 보라)에는 당신이 심심치 않게 어떤 단어의 용례를 실질적으로 성경의 증거들을 뛰어넘어서 자세히 검토해볼 필요가 있다고 느끼게 될 때에 필요한 **특별한 성구사전들**에 관한 풍부한 서지(書誌) 정보가 실려 있다. 외경(外經)에 속한 책들에 대해서는 영어 단어를 검색 키(key)로 하면서도 그에 해당하는 헬라어들을 아울러 열거해 놓고 있는 성구사전이 **나와 있다:**

Lester T. Whitelocke (ed.), *An Analytical Concordance of the Books of the Apocrypha* (University Press of America, 1978)

컴퓨터로 생성해낸 영어 기반의 외경 성구사전도 있다:

A Concordance to the Apocrypha/Deuterocanonical Books of the Revised Standard Version (Wm. B. Eerdmans, William Collins Sons & Co., 1983)

8.3. 단어 연구(개념 연구)

단어(개념) 연구는 특정한 본문 속에서의 구체적이고 특정한 의미를 찾아내기 위하여 단어 또는 표현의 의미를 철저하게 분석하는 것이다 — 해당 단어는 어떤 개념을 나타내는지, 그 밖의 다른 어떤 단어들이 그와 동일한 본질적인 개념을 나타낼 수 있는지. 이런 유의 연구에 접근하는 데에는 여러 다양한 방식들이 존재하지만, 아래에 서술한 절차가 기본적인 지침 역할을 할 수 있을 것이다. 어느 경우이든 "단어 연구"는 조사 중인 해당 단어 또는 표현이 (1) 일반적으로, (2) 여러 다양한 문맥들 속에서, (3) 특정한 본문 자체 속에서 어떻게 사용되는지를 확정하고자 한다. 이것을 확정하기 위한 절차들은 일반적으로 다음과 같다:

1. 성구사전 — 컴퓨터이든 책으로 된 것이든 — 을 사용해서 해당 단어 또는 표현이 구약성서에 나오는 모든 구절들을 찾아내라. 그 단어 또는 표현이 흔한 것이라면, 용례들을 여러 묶음으로 분류해서 고찰하고, 드물게 사용되는 것이라면, 모든 용례들을 자세하게 검토해도 될 것이다. 작업이 방대한 경우에는 범위를 좁게 설정하는 것도 바람직할 것이다(예를 들면, "호세아서에서의 זָנָה [매춘/창녀의 의미").

2. 어휘사전 같은 다른 보조수단들을 사용해서, 해당 단어 또는 표현이 구약성서 이외의 자료들(금석문들, 랍비 문헌들 등) 속에서 어떻게 사용되고 있는지를 알아보라.

3. 이휘사진들을 사용해서, 당신이 알고 있는 나른 언어늘 속에서 해당 단어 또는 표현과 비슷한 의미를 지니는 것들을 알아보라. 또한 해당 단어 또는 표현의 동의어들도 확인하라. 왜냐하면, 특정한 개념은 서로 다른 단어들에 의해서 나타내질 수 있고, 궁극적으로 당신이 알고자 하는 것은 해당 단어 또는 표현의 배후에 있는 개념이기 때문이다.

4. 성경의 용례들을 검토해서, 해당 단어 또는 표현, 그리고 동일한 어원의 단어들이 지니고 있는 것으로 보이는 여러 다양한 의미들의 범위를 확정하라. 여기에서도 특정한 개념은 여러 단어들 또

는 표현들을 통해서 나타내질 수 있다는 것, 당신이 해당 단어 또는 표현을 당신이 선택한 본문 속에서의 그 실제적인 의미(개념)와 연결시키고자 할 때에 당신의 시야에 들어와서 궁극적으로 당신의 판단에 영향을 주게 될 여러 동의어들 또는 밀접하게 연관된 단어들이 존재할 수도 있다는 것을 명심하라. 이렇게 되는 이유 중의 일부는 우리가 "정의"라고 부르는 것은 단순히 특정한 단어가 무엇을 의미하는지를 말하고자 하는 것을 통해서만이 아니라 그 단어가 무엇을 의미하지 않는지를 말하고자 하는 것을 통해서도 확정되기 때문이다. (예: 영어에서 man은 주어진 문맥 속에서 여자와 반대되는 남자라는 의미일 수도 있고, 아이와 반대되는 성인일 수도 있으며, 동물과 반대되는 사람이 될 수도 있고, 초자연적인 존재와 반대되는 인간이라는 의미일 수도 있으며, 겁쟁이와 반대되는 대장부라는 의미일 수도 있다.)

5. 해당 단어 또는 표현이 어떻게 분포되어 있는지를 조사하라. 우리는 이런 식으로 해서 해당 단어 또는 표현의 의미에 관하여 많은 것을 알 수 있다. 예를 들면, 해당 단어 또는 표현이 오직 또는 대체로 예언서들에서 사용되는가? 이것은 당신에게 그 의미에 관하여 아주 많은 것을 알려줄 수 있다. 해당 단어 또는 표현은 오직 또는 대체로 율법 정형구들 속에서 사용되는가? 또는, 특정한 종류의 표현들 속에서 사용되는가? 가능하다면, 패턴들도 살펴보라.

6. 핵심적인 용례들 — 해당 단어 또는 표현의 의미(개념)를 결정적인 방식으로 집어내기에 충분할 정도로 명료한 용례들 — 을 찾아내라.

7. 해당 본문 속에서의 그 단어 또는 표현의 기능에 초점을 맞추라. 당신이 지금까지의 연구 속에서 알아낸 모든 것을 해당 본문과 연관시키고, 해당 본문 속에서의 구체적인 용법과 의미를 다른 대

목들로부터 알아낸 여러 용법 및 의미들과 연관시키라.

8. 의역(意譯), 동의어들, 요약문, 또는 그 밖의 모든 것들을 당신의 독자 또는 회중에게 해당 단어 또는 표현을 정의하는 의미로서 제공하라. 즉, 해당 단어의 단순히 일반적인 용법 또는 용법들만이 아니라 해당 본문 속에서의 용법에 따른 당신 자신의 "사전" 속에서의 정의를 제공하라는 말이다. 또한 개념이 궁극적인 목표라는 것, 단어 또는 표현은 그 자체로 기능하는 것이 아니라 언제나 어떤 개념을 가리키는 역할을 한다는 것을 명심하라.

단어 연구 배후에 있는 이론에 대해서는 다음의 책을 보라:

Moises Silva, *Biblical Words and Their Meaning: An Introduction to Lexical Semantics* (Zondervan Publishing House, 1983)

8.4. 신학사전들

신학사전은 독자들에게 세심한 단어/개념 연구의 결과물들을 제공해준다. 물론, 신학사전은 단어의 일반적이고 포괄적인 용법만을 다룰 수밖에 없고, 통상적으로 개별 본문들에 초점을 맞출 수 없다. 그럼에도 불구하고, 신학사전은 주석을 할 때에 시간을 절약하게 해주고 정보를 제공해주는 귀중한 자원이다. 하지만 신학사전에 실려 있는 항목의 결론들을 맹목적으로 받아들이지 않는 것이 중요하다. 필자의 특정한 편향이 거기에 들어있을 수 있기 때문이다. 항목에 서술되어 있는 논거들과 증거들을 비판적인 안목으로 검토하는 것이 최선이다.

신학사전 중에서 *TDOT*는 참조용 도구로서 철저하고 해박한 자료

로서 아주 귀중하다:

G. Johannes Botterweck and Helmer Ringgren (eds.), *Theological Dictionary of the Old Testament*, vols. 1-10 (Wm. B. Eerdmans, 1974-1999). 아직 완결되지 않고 계속 출간되고 있음.

또한 단어들과 주제들을 광범위하게 다루고 있는 신학사전으로는 다음과 같은 것들이 있다:

Willem A. VanGemeren (gen. ed.), *New International Dictionary of Old Testament Theology and Exegesis* (Zondervan Publishing House, 1998), 5 vols., 또한 CD-ROM (2001)으로도 나와 있음.

Ernst Jenni and Claus Westerman (eds.), *Theological Lexicon of the Old Testament*, 3 vols., repr. (Hendrickson, 1997)

매우 유익한 두 권으로 된 다음의 신학사전은 앞으로도 히브리어 단어들에 대한 세심한 분석을 위한 좋은 자료로 남을 것 같다. 이 사전에 실린 항목들은 *TDOT*의 해당 항목들보다 더 짧지만, 바로 그러한 특징으로 인해서 흔히 더 읽기가 편리하다:

R. Laird Harris, Gleason Archer, and Bruce K. Waltke (eds.), *Theological Wordbook of the Old Testament*, 2 vols. (Moody Press, 1980)

다음의 사전으로부터도 여전히 많은 것을 배울 수 있다:

Johannes B. Bauer (ed.), *Encyclopedia of Biblical Theology*, 3 vols.

(Sheed & Ward, 1970)

좀 오래 전에 나온 *TDNT*는 신약성서에 그 대응어들이 나오는 구약성서의 단어들에 관한 유익한 배경 정보를 제공해준다:

Gerhard Kittel and Gerhard Friedrich (eds.), *Theological Dictionary of the New Testament*, 10 vols., including index vol. (Wm. B. Eerdmans, 1964-1976)

주: 또한 수많은 핵심적인 단어들과 개념들에 관한 상세한 내용을 서술한 항목들을 싣고 있는 주요한 성서사전들을 통해서도 당신은 큰 유익을 얻을 수 있다. 즉, 예를 들면, "믿음"에 관한 가장 좋은 항목 기사는 그 어떤 신학사전들보다도 *International Standard Bible Encyclopedia* 또는 *Anchor Bible Dictionary*에서 쉽게 찾아볼 수 있다.

8.5. 금석문들

금석문을 읽고 분석하는 것은 내대수의 성경학도들과 목회자들의 관심을 뛰어넘는 언어학적이고 어원학적인 훈련을 요구하는 전문 분야이다. 그럼에도 불구하고, 단어(개념) 연구를 세밀하게 진행하다보면 당신은 어느새 금석문 증거들에 접하게 될 것이다. 금석문들의 여러 다양한 내용들을 훌륭하게 분석해 놓은 많은 모음집들이 여러 언어로 나와 있다. 중요한 금석문들 중 다수는 프리차드(Pritchard)의 *ANET*(4.4.1을 보라)에 번역되어 있지만, 거기에 실린 금석문들은 어휘가 분석되어 있지 않다. 다음에 든 책들은 그 제목

에 나타나 있는 내용과 관련된 금석문들을 명료하게 설명해 놓았다:

Jacob Hoftijzer, et al., *Dictionary of the North-West Semitic Inscriptions*, 2 vols. (E. J. Brill, 1995)

Markus Bockmuehl, et al., *Ancient Hebrew Inscriptions: Corpus and Concordance* (Cambridge University Press, 1991)

John C. L. Gibson, *Textbook of Syrian Semitic Inscriptions: Vol. I, Hebrew and Moabite Inscriptions; Vol. II, Aramaic Inscriptions* (Oxford University Press, 1971,1975)

Walter Aufrecht and John C. Hurd, *A Synoptic Concordance of Aramaic Inscriptions* (Biblical Research Associates, Scholars Press, 1975)

한 가지 여전히 유익한 자료는 독일어로 되어 있다:

M. Donner and W. Rollig, *Kanaänaische und aramäische Inschriften*, 2d ed. (Harrassowitz, 1966)

9. 성경적 배경

9.1. 관주 목록들

영어로 된 많은 성경들은 통속적으로 "관주"라 불리는 것을 싣고 있다. 별개의 난(欄) 또는 각 절의 끝에, 성경의 다른 곳에서 그 절과 어떤 식으로든 비슷하거나 연관되어 있는 구절들이 표시된다. 이러한 관주들은 그 어느 것도 완전히 신뢰할 만하거나 일관된 것은 아니고, 많은 관주들이 억지스럽거나 말도 되지 않는 관주들을 제시한다. 그럼에도 불구하고, 이러한 관주들을 통해서 당신은 흔히 주석 본문 속에 나오는 것과 동일한 단어들을 포함하고 있지는 않더라도 비슷한 개념들을 담고 있는 유사하거나 관련된 구절들 ― 따라서 성구사전을 통해서는 찾을 수 없는 구절들 ― 을 신속하게 찾아볼 수 있다. 다음과 같은 성경본들을 포함한 몇몇 영어 성경들에는 특히 풍부한 관주들이 실려 있다:

The Thompson Chain Reference Bible (Kirkbride Bible Co., 1998) ― KJV

Harper Study Bible (HarperCollins, 1991) ― NRSV

New American Standard Bible, Reference Edition (Broadman and Holman, 1999) ― NASB

9.2. 주제별 성구사전

대부분의 신학생들은 단어별 성구사전들(4.8.2를 보라)에는 친숙하다. 단어 성구사전은 "단어 연구들"을 쉽게 해줌과 동시에 신학생들로 하여금 성경적 맥락에 관한 내용들을 알려주는 용도로 사용될 수 있다. 후자의 목적을 위해서, 성구사전은 구약성서(그리고 신약성서)에서 (1) 해당 단어를 포함하고 있는 병행 구절들; (2) 특징적인 어휘를 통해서 관련된 주제들 또는 개념들을 포함하고 있는 병행 구절들을 신속하게 검색하는 수단으로 사용된다.

그러나 단어별 성구사전 외에도 공통의 주제 또는 주제(개념)를 통해서 서로 연관되어 있는 성경 구절들을 한데 모아놓은 주제별 성구사전이 있다. 이러한 주제별 사전은 당신이 주석하고 있는 본문과 관련되어 있는 그 밖의 다른 구절들을 찾는 데 아주 유익하다. 어떤 의미에서 주제별 성구사전은 관주들이 하는 역할을 하는 것이지만, 해당 구절들을 훨씬 더 자세하게, 그리고 직접적인 분석을 위해서 관련 본문 전체를 인쇄해 놓고 있다.

특정한 교리들(고전적인 범주들에 따라 배열된 것들, 즉, 하나님, 그리스도, 구원 등등)과 관련된 성경 구절들의 전문(全文)을 편리하게 모아놓은 것으로는 다음을 보라:

Walter A. Elwell, *Topical Analysis of the Bible* (Baker Book House, 1991) John J. Davis, *Handbook of Basic Bible Texts* (Zondervan Publishing House, 1984)

다음의 사전들도 유익하다:

Orville J. Nave, *Nave's Topical Bible* (Moody Press, 1974)

Charles R. Joy, *Harper's Topical Concordance*, rev. and enl. ed. (Harper & Row, 1976)

Edward Viening (ed.), *The Zondervan Topical Bible* (Zondervan Publishing House, 1969)

Steve Bond (ed.), *Holman Concise Topical Concordance* (Holman Bible Publishers, 1999)

9.3. 주석서들과 성경적 배경

주석자의 과제들 중 하나는 어떤 본문이 그 본문이 속한 책과 어떻게 관련되어 있는지, 그리고 성경 전체의 맥락과는 어떤 관계에 있는 것인지를 독자들에게 환기시키는 것이다. 주석자의 통찰들은 통상적으로 관주들과 성구사전들을 사용하여 얻어낼 수 있는 것을 뛰어넘는다. 그러므로 주석을 위주로 한 몇몇 주석서들 ― 고전적인 것이든 현대적인 것이든 ― 을 참조해서, 특히 성경 본문들 간의 관계를 보여주는 여러 지표들을 찾아낼 필요가 있다. 석의(釋義)를 위주로 한 주석서들에 관한 구체적인 서지 정보에 대해서는 4.11.6을 보라.

9.4. 외경과 위경들

고대의 유대교는 성경의 책들을 모델로 삼아서 계시를 목적으로 한 몇몇 종교적인 저작들을 만들어내었다. 이러한 저작들 중 일부는 주후 1, 2세기에 이런저런 집단에 의해서 적어도 준성경적인 지위가 부여되었기 때문에 지금까지 살아남아 있게 되었다. 우리는 이러한 저작들을 외경(外經, "모호한 저작들")과 위경(僞經, "틀리게 특정한 저자에게 돌려진 저작들")이라 부른다. 거의 전적으로 시대적으로는 구약성서 이후에 씌어졌고, 유대교 및 기독교의 공의회들에 의해서 징경으로 받아들여지지 않았지만(주목할 만한 에외는 16세기에 가톨릭은 공식적으로 외경을 정경으로 받아들였다), 이러한 저작들은 구약성서의 여러 부분들과 매우 밀접하게 관련되어 있고 구약성서 주석에 매우 유익하다. 영감을 받은 것도 아니고 교리적으로 신뢰할 만하지도 않지만, 이러한 저작들은 어원, 주제, 역사, 문체 등의 측면에서 정경과 비교 연구하면 유익하다. 장르상으로 이 저작들은 그 유형에 있어서 "성경적"이고, 따라서 비교 연구의 목적을 위해서 적합하다. 그러므로 가능하다면, 당신은 이러한 비정경적인 저작들이 담고 있는 내용에 주의를 기울이는 것이 좋다.

외경과 위경에 대한 고전적인 간행물은 찰스(Charles)가 편집한 판본이다:

R. H. Charles (ed.), *The Apocrypha and Pseudepigrapha of the Old Testament: Vol. I, Apocrypha; Vol. 2, Pseudepigrapha* (Clarendon Press, 1913)

위경에 속한 책들을 영어로 가장 잘 번역해 놓은 책은 다음의 책이다:

James H. Charlesworth (ed.), *The Old Testament Pseudepigrapha*, 2 vols. (Doubleday, 1986)

이 책에 번역되어 실려 있는 53가지 본문들에는 각각 짤막한 서론과 몇몇 유익한 비평주(批評註)들이 붙어 있다. 신약성서의 외경 및 위경 문헌들에 관한 정보는 다음을 보라:

James H. Charlesworth and James R. Mueller (eds.), *New Testament Apocrypha and Pseudepigrapha: A Guide to Publications, with Excurses on Apocalypses* (Scarecrow Press, 1987)

외경과 위경에 관한 상당수의 연구서들은 다음의 책에 나오는 참고문헌(pp. 113-22)에 소개되어 있다:

Joseph A. Fitzmyer, *An Introductory Bibliography for the Study of Scripture*, 3d ed. (Loyola Press, 1990)

또한 외경과 위경에 대한 개론서인 다음의 책은 그 밖의 다른 저작들에 대해서도 언급하고 있다:

Leonhard Rost, *Judaism Outside the Hebrew Canon* (Abingdon Press, 1976)

외경에 대해서는 다음의 책도 보라:

Bruce M. Metzger, *An Introduction to the Apocrypha* (Oxford University Press, 1977)

구약성서의 위경들이 신약성서와 어떠한 관련이 있는지에 대하여 분석해 놓은 책으로는 다음의 책이 있다:

James H. Charlesworth, *The Old Testament Pseudepigrapha and the New Testament: Prolegomena for the Study of Christian Origins* (Trinity Press, 1998)

또한 다음의 책들도 도움이 된다:

James H. Charlesworth, P. Dykers, and M. J. H. Charlesworth, *The Pseudepigrapha and Modern Research* (Scholars Press, 1981)

Mitchell G. Reddish (ed.), *Apocalyptic Literature: A Reader* (Hendrick-son, 1996)

9.5. 신약성서 속에 나타난 구약성서

신약성서에 나타나 있는 구약성서의 주제들, 교리들 등등을 분석하는 일은 상당히 부담되는 작업이다. 너무도 자주 구약성서의 주석자들은 신약성서에 나오는 자료들이 후대의 해석들로서 주석 작업을 흐려놓을 수 있다는 이유로 그 자료들을 무시해 버린다. 그러나 당신이 신약성서의 영감성과 권위를 거부하지 않는다면, 당신은 궁극적으로 구약성서의 본문을 신약성서가 어떻게 사용하고 분류하는지를 반드시 밝히지 않으면 안 된다. 이 작업과 관련된 원칙들을 전반적으로 소개하고 있는 것으로는 다음을 보라:

F. F. Bruce, *The New Testament Development of Old Testament Themes* (Wm. B. Eerdmans, 1969)

Gregory K. Beale (ed.), *The Right Doctrine from the Wrong Texts? Essays on the Use of the Old Testament in the New* (Baker Book House, 1994)

다음의 책은 오래 전에 절판되었지만, 그럼에도 불구하고 이 분야에 있어서 효시를 이루는 저작이다:

C. H. Dodd, *According to the Scriptures: The Sub-structure of New Testament Theology* (Charles Scribner's Sons, 1953)

신약성서가 구약성서의 본문들을 직접 또는 간접적으로 인용하고 있는 대목들을 모두 모아놓은 목록으로는 네슬-알랜드(the Nestle-Aland)의 최신판 또는 미국성서공회판 헬라어 신약성경의 뒷부분에 나오는 "인용문 색인"(일부 판본들에서는 "직접인용문들과 간접인용문들의 색인"으로도 불리는)을 참조하라.

10.1. 구약신학서들

주요한 구약신학서들은 구약성서의 책들과 본문들을 광범위하게 다루고 있기 때문에, 특정한 본문을 구약신학 전체와 연관시킴에 있어서 주석상의 지침으로 사용하면, 유익을 얻는 경우가 많다. 그러나 구약신학서들은 그 전망이 아주 다양하기 때문에, 아주 조심스럽게 사용되지 않으면 안 된다. 어떤 신학서들은 구약성서의 특정한 부분들과 본문들의 중요성 또는 신빙성을 다른 것들에 비해서 경시하는 관점을 지니고 있다. 또 어떤 신학서들은 성경이 전체적으로 한목소리를 내고 있다는 것에 세심한 주의를 기울인다. 그럼에도 불구하고, 그러한 편향들이 있고, 우리가 그 편향들을 알았다고 해서, 이러한 신학서들이 유익하게 사용될 수 없다는 것은 아니다. 사실 당신이 주석하기로 선택한 본문이 구약신학서들에 의해서 편향적으로 보아지고 있다거나 그 쟁점들이 당신이 보기에 무시되고 있다면, 신학서들이 그렇게 함으로써 직무를 유기하고 있는지 아닌지를 입증해 보이는 것은 당신의 책임 — 그리고 기회 — 이 된다. 기존의 신학서들 속에서 부족한 점이 발견된다면, 당신이 주석을 통해서 발견해낸 결과물들의 의미는 한층 더 중요하고 신학에 기여하는 것이 될 것이다.

여기에 열거되어 있는 신학서들은 그 출간연대가 다양하다. 신학적인 개념들이 시대에 뒤떨어지게 되는 경우는 그리 흔치 않기 때문에, 우리는 좀 더 최근의 저작들이 과거의 저작들보다 자동적으로 더 가치 있다고 전제해서는 안 된다. 일반적으로 철저한 주석을 준비하기 위해서는 가급적 이러한 신학에 관한 저작들을 많이 참조

하는 것이 현명하다. 왜냐하면, 신학서들은 주석을 위한 다른 유형
의 보조수단들보다 상대적으로 더 큰 다양성과 차이들을 보이기 때
문이다:

Bruce C. Birch, Walter Brueggemann, and David L. Peterson, *A Theological Introduction to the Old Testament* (Abingdon Press, 1999)

Walter Brueggemann, *Theology of the Old Testament* (Fortress Press, 1997) (「구약신학」: CLC)

Walther Eichrodt, *Theology of the Old Testament*, 2 vols.; The Old Testament Library (Westminster Press, 1961,1967) (「구약성서신학」: 크리스챤다이제스트)

Gerhard Hasel, *Old Testament Theology*, rev. ed. (Wm. B. Eerdmans, 1975) (「현대구약신학의 동향」: 대한기독교서회)

Paul R. House, *Old Testament Theology* (Intervarsity Press, 1998) (「구약신학」: CLC)

Edmond Jacob, *Theology of the Old Testament* (Harper & Brothers, 1958) (「구약신학」: 크리스챤다이제스트)

Walter Kaiser, Jr., *Toward an Old Testament Theology* (Zondervan Publishing House, 1978) (「구약성경신학」: 생명의 말씀사)

James Muilenburg, *The Way of Israel: Biblical Faith and Ethics* (Harper & Row, 1961)

Horst Dietrich Preuss, *Old Testament Theology*, 2 vols. (Westminster John Knox Press, 1999)

Gerhard von Rad, *Old Testament Theology*, 2 vols. (Harper & Row, 1962, 1965) (「구약성서신학」: 분도출판사)

John H. Sailhamer, *Introduction to Old Testament Theology: A*

Canonical Approach (Zondervan Publishing House, 1995) (「구약신학개론」: 솔로몬)

Ralph L. Smith, *Old Testament Theology: Its History, Method and Message* (Broadman and Holman, 1994) (「구약신학」: 크리스챤다이제스트)

Walther Zimmerli, *Old Testament Theology in Outline* (John Knox Press, 1978) (「구약신학」: 한국신학연구소)

10.2. 기독교 신학서들

분명히 기독교 신학서는 구약성서를 뛰어넘는 쟁점들에 상당한 관심을 기울이기 때문에, 구약성서에 나오는 자료들에 대하여 구약신학서보다는 덜 직접적으로 다룰 것이다. 바로 이러한 폭넓은 관점은 주석이 그 결론들에 있어서 완전한 균형을 갖추기 위해서 꼭 필요하다. 어떤 기독교 신학서가 주석에 가치가 있느냐를 평가하는 데 있어서 가장 중요한 판별기준은 그 신학이 성경 본문과 끊임없이 대화를 하는 가운데 성경에 토대를 두고 있느냐 하는 것이다. 바르트(Barth), 브룬너(Brunner) 같은 아주 잘 알려진 신학자들이 쓴 유명한 신학서들 외에도 성경을 토대로 한 몇몇 저작들이 눈에 띈다. 다음에 열거된 저작들은 주석자들에게 권장할 만한 이유가 있는 여러 특징들을 지니고 있다. 다시 한 번 말해두지만, 기독교 신학서들은 쉽사리 시대에 뒤떨어져서 쓸모없게 되어 버리는 일이 극히 드물다.

Herman Bavinck, *Our Reasonable Faith* (Wm. B. Eerdmans, 1956; repr. Baker Book House, 1977) (「개혁교의학 개요」: 크리스챤다이제스트)

G. C. Berkouwer, *Studies in Dogmatics*, 14 vols. (Wm. B. Eerdmans, 1952-1976)

Donald Bloesch, *Christian Foundations*, 4 vols. (Intervarsity Press, 1992-2000)

Charles W. Carter (gen. ed.), *A Contemporary Wesleyan Theology*, 2 vols. (Zondervan Publishing House, 1984)

Millard J. Erickson, *Christian Theology*, 2d ed. (Baker Book House, 1998) (「복음주의 조직신학」: 크리스챤 다이제스트)

Wayne Grudem, *Systematic Theology: An Introduction to Biblical Doctrine* (Zondervan Publishing House, 2000) (「조직신학」: 은성)

Carl F. H. Henry, *God, Revelation and Authority*, 6 vols. (Word Books, 1976-1983)

Wolfhart Pannenberg, *Systematic Theology*, 3 vols. (Wm. B. Eerdmans, 1991) (「조직신학」: 은성)

Helmut Thielicke, *The Evangelical Faith*, 3 vols. (Wm. B. Eerdmans, 1974-1979)

Geerhardus Vos, *Biblical Theology* (Wm. B. Eerdmans, 1948) (「성경신학」: 크리스챤 다이제스트)

Otto Weber, *Foundations of Dogmatics*, 2 vols. (Wm. B. Eerdmans, 1983)

H. Orton Wiley, *Christian Theology*, 3 vols. (Beacon Hill Press, 1940)

11. 이차 문헌들

11.1. 특별한 참고 자료들

귀중한 논문들과 책들이 구약성서 분야에서 해마다 상당수 출간
된다. 당신이 선택한 주석 본문을 주석적으로 다루는 논문이나 책
을 누군가가 어디에서 이미 썼고 출간하였다면, 어떻게 되는가? 그
러한 논문이나 책을 쉽게 구할 수 있는데도 그러한 저작들을 무시
해 버린다면, 그것은 통탄스러운 일이 될 것이다. 특히 당신의 주석
이 학기 논문(a term paper)이나 그 밖의 다른 중요한 과제라면, 당
신은 당신이 주석하고자 하는 주제를 전문적으로 다룬 학문적인 저
작을 참조하지 않는다는 것은 있을 수 없는 일이다.

당신이 선택한 주석 본문과 관련하여 1930년과 1983년 사이에 씌
어진 대부분의 중요한 책들과 학술 논문들을 빠르게 찾으려면, 당
신은 각각의 단행본이나 학술잡지들을 일일이 다 뒤질 필요 없이,
그러한 저작들을 편리하게 분류해서 모아놓은 다음의 자료집을 보
면 된다:

Paul-Emile Langevin, *Bibliographie biblique, Biblical Bibliography, Biblische Bibliographie, Bibliografia biblica, Bibliografla biblica*, I (1930-1970); II (1930-1975); III (1975-1983) (Quebec: L' Universite Laval, 1972, 1978)

제1권은 로마 가톨릭의 학술잡지들과 단행본들에 대한 서지(書誌)
만을 싣고 있다. 제2권은 로마 가톨릭 이외의 서지를 덧붙여 놓았
고, 로마 가톨릭의 서지 5년분(1971-1975)을 추가적으로 실어 놓았
다. 제3권은 이 두 가지 서지들을 1983년에 나온 것들까지 모아 놓
았다.

구약성서에 관하여 출간된 실제로 모든 최근의 단행본 또는 논문
에 대한 목록과 초록(抄錄, 짤막한 요약)은 *OTA*에서 찾아볼 수 있

다. 1978년 이래로 *Old Testament Abstracts*라는 정기간행물은 해마다 구약성서에 관하여 씌어진 거의 모든 중요한 논문들과 단행본들에 대한 짤막한 내용 요약을 제공해 주어 왔다. 이러한 초록들을 통해서 당신은 해당 논문이나 단행본을 직접 구해서 찾아보는 수고를 하기 전에 어떤 논문이나 단행본이 당신의 연구와 연관이 있을 수 있는지에 대한 감을 잡을 수 있다. 논문들은 범주별로 열거되어 있고, 성구 색인, 저자 색인, 주요한 (히브리어/아람어) 단어 색인이 첨부되어 있다. *OTA*는 매우 방대하고 포괄적이기 때문에, 당신은 1978년 이래로 나온 자료들 중에서 당신이 필요한 거의 모든 것들을 거기에서 찾아볼 수 있다. 이 정간물을 발행하는 곳의 주소는 다음과 같다:

Old Testament Abstracts, Catholic Biblical Association of America, c/o The Catholic University of America, Washington, DC 20064.

또한 *OTA*는 이제 컴퓨터 소프트웨어로로도 나와 있는데, 이 소프트웨어는 개별 성구들, 여러 언어로 된 핵심 단어들, 저자 등등을 항목으로 해서 검색할 수 있는 엔진을 제공해 준다. 당신은 그 밖의 다른 언어들을 읽을 수 없기 때문에 오직 영어로 된 저작들을 찾고자 할 경우에, 이 검색 엔진은 그러한 것을 가능하게 해준다. 컴퓨터를 다룰 줄 아는 주석자들에게는 *OTA* 소프트웨어는 최상의 것이다.

1920년에서 1930년까지 구약성서와 관련된 모든 간행물들은 *Biblica*라는 학술잡지에서 매년 한 번씩 발행하는 부록에 주제와 성구 중심으로 분류되어 실려 있다:

Elenchus Bibliographicus Biblicus, vols. 1-48 (1920-1967); *Biblica*, 1968- (Vol. 49-) 과 함께 별책으로 간행됨.

1930년 이후에 간행된 저작들에 대해서는 랑쥐뱅(Langevin)과 *Old Testament Abstracts*가 찾기 쉬운 체제로 동일한 정보를 제공해 준다.

*Book List of the British Society for Old Testament Study*는 일년에 한 번 발행되는데, 1946년 이래로 매년 간행된 구약성서 분야의 단행본들을 소개하고 있다. 이 자료가 지닌 특별한 가치는 각각의 단행본마다 짤막한 서평이 붙어 있다는 것이다. 당신은 이러한 서평들을 통해서 어떤 책이 당신의 연구에 도움이 될 수 있는지를 가늠해볼 수 있다. 이 Book List는 다음과 같은 합본으로도 나와 있다:

H. H. Rowley (ed.), *Eleven Years of Bible Bibliography* (1946-1956); (Falcon's Wing Press, 1957)

G. W. Anderson (ed.), *A Decade of Bible Bibliography* (1957-1966); (Basil Blackwell, Publisher, 1967)

P. R. Ackroyd (ed.), *Bible Bibliography 1967-1973: Old Testament* (Basil Blackwell, Publisher, 1974)

Lester L. Grabbe (ed.), *Society for Old Testament Study Book List 1998* (Sheffield Academic Press, 1998)

The Institute for Biblical Research (IBR)는 구약성서의 여러 주제들에 관한 특별한 서지들을 간행하는데, 이 서지들은 특정한 분야와 관련된 저작들을 엄선해서 제공해주기 때문에 특히 유익하다. 이 서지들 중 몇 가지만 들어보면, 다음과 같다:

Ewin C. Hostetter, *Old Testament Introduction*, IBR Bibliographies 11 (Baker Book House, 1995)

Elmer A Martens, *Old Testament Theology*, IBR Bibliographies 13

(Baker Book House, 1997)

Peter Enns, *Poetry and Wisdom*, IBR Bibliographies 3 (Baker Book House, 1997)

본서를 읽는 대다수의 독자들은 주로 영어에 능숙할 것이기 때문에, 다음의 총서를 특별히 언급해 둘 필요가 있다: 1769년 이래로 영어로 씌어진 구약 논문들은 아주 훌륭한 *ATLA Bibliography* 총서로 여덟 권으로 모아져 있다(1,157개의 항목으로 분류되어!). 이 총서에서 가장 최근에 나온 분책은 1987년에서 1999년까지 씌어진 논문들을 포괄하고 있다:

William G. Hupper (ed.), *An Index to English Periodical Literature of the Old Testament and Ancient Near East*, vol. 8 (Scarecrow Press, 1999)

11.2. 정기간행물들

수십 가지의 정기간행물들이 일반적으로는 구약성서, 특별히는 구약성서 주석과 관련된 논문들을 주기적으로 싣고 있다. 최고의 정간물들 중 일부를 빠뜨려서 모욕을 줄 위험성이 있긴 하지만, 우리는 주석 및 주석과 관련된 중요한 문제들을 특별히 다루고 있는 열 가지의 정간물을 선별해서 여기에서 권해볼 수 있을 것이다. 이 열 가지 정간물은 대부분의 신학교 도서관들, 많은 대학 도서관들에 비치되어 있다. 이러한 정간물들에 지속적인 관심을 두고 읽어보는 것을 습관화한다면, 당신은 최고 수준의 주석 논문의 동향을 익히게 되는 보상을 받게 될 것이다. 이 정간물들은 모두 영어로 된 논문들을 싣고 있다; 대부분의 논문들은 오직 영어로만 씌어져 있다. 이 정간물들을 알파벳 순으로 나열하면 다음과 같다:

Biblica

Catholic Biblical Quarterly

Expository Times

Interpretation

Journal for the Study of the Old Testament

Journal of Biblical Literature

Revue Biblique

Vetus Testamentum

Westminster Theological Journal

Zeitschrift fur die alttestamentliche Wissenschaft

11.3. 구약성서 개론서들

단권으로 된 여러 다양한 구약성서 개론서들은 구약성서의 어떤 책가 관련된 중요한 비평저(주서가 관련된) 사항들에 관한 논의에 대하여 가장 빠른 접근수단을 제공해 준다. 아이스펠트(Eissfeldt)의 고전적인 저서인 *The Old Testament: An Introduction* (4.1.2) 외에도 몇몇 아주 훌륭한 저작들이 있는데, 당신이 이러한 책들을 참조하면 실질적인 유익을 얻을 수 있다. 다음에 열거한 책들은 영어로 된 가장 좋은 책들 중의 일부이다:

Bernhard W. Anderson and Katheryn Pfisterer Darr, *Understanding the Old Testament*, Abridged and Updated (Prentice-Hall, 1997) (「구약성서이해」: 크리스챤 다이제스트)

Gleason Archer, Jr., *A Survey of Old Testament Introduction*, rev. ed. (Moody Press, 1973) (「구약총론」: CLC)

Brevard S. Childs, *Introduction to the Old Testament as Scripture* (Fortress Press, 1979) (「구약정경개론」: 대한기독교서회)

Raymond B. Dillard and Tremper Longman, III, *An Introduction to the Old Testament* (Zondervan Publishing House, 1994) (「최신 구약개론」: 크리스챤 다이제스트)

Georg Fohrer, *Introduction to the Old Testament* (Abingdon Press, 1968)

Norman K. Gottwald, *A Light to the Nations: An Introduction to the Old Testament* (Harper & Brothers, 1959)

Roland Kenneth Harrison, *Introduction to the Old Testament*, repr. (Prince Press, 1999) (「구약서론」: 크리스챤 다이제스트)

Andrew E. Hill and John H. Walton, *A Survey of the Old Testament* (Zondervan Publishing House, 2000) (「구약개론」: 은성)

Paul R. House, *Old Testament Survey* (Broadman and Holman, 1994)

Otto Kaiser, *Introduction to the Old Testament* (Augsburg Publishing House, 1975) (「구약성서개론」: 분도출판사)

William S. LaSor, David A. Hubbard, and Frederic W. Bush, *Old Testament Survey: The Message, Form and Background of the Old Testament* (Wm. B. Eerdmans, 1996) (「구약개관」: 크리스챤 다이제스트)

J. Alberto Soggin, *Introduction to the Old Testament*, rev. ed.; The Old Testament Library (Westminster Press, 1982)

Edward J. Young, *An Introduction to the Old Testament*, rev. ed.

(Wm. B. Eerdmans, 1958) (「구약개론」: 개혁주의신행협회)

11.4. 주석서들

많은 주석 총서들 중에서 그 체재와 관심에 있어서 특히 석의(釋義)를 위주로 한 몇몇 주석서들이 있다. 주석 총서에 속한 주석서들은 다 한결같은 것이 아니기 때문에, 당신은 실제로 각각의 장점들을 토대로 각 주석서를 평가하여야 한다. 성경의 각 책별로 유익한 주석서들을 추천해주고 있는 저작들로는 다음과 같은 것들이 있다:

Douglas Stuart, *A Guide to Selecting and Using Bible Commentaries* (Word Books, 1987)

Brevard S. Childs, *Old Testament Books for Pastor and Teacher* (Westminster Press, 1977)

Tremper Longman, III, *Old Testament Commentary Survey* (Baker Book House, 1995)

다음은 최근에 나온 여러 권으로 된 주석 총서이다:

Frank E. Gaebelein (ed.), *The Expositor's Bible Commentary* [OT 7-vol. set] (Zondervan Publishing House, 1993); 현재는 CD-ROM으로도 나와 있음.

조금 오래된 몇몇 주석 총서들도 여전히 대단한 가치가 있다:

Carl Friedrich Keil and Franz Delitzsch, *A Commentary on the Old*

Testament, 10 vols., repr. (Wm. B. Eerdmans, 1975)

International Critical Commentary on the Holy Scriptures (Charles Scribner's Sons, 1896-1951)

The Interpreter's Bible, 12 vols. (Abingdon Press, 1951-1957)

단권으로 된 몇몇 성경 주석들 가운데서는 다음의 두 권을 특히 유익한 것으로 추천할 만하다:

D. A. Carson, et al. (eds.), *The New Bible Commentary: Twenty-first Century Edition* (Intervarsity Press, 1994)

Raymond E. Brown, et al. (eds.), *The New Jerome Biblical Commentary* (Prentice-Hall, 1989)

가장 최근에 나온, 석의(釋義) 위주의 아주 훌륭한 주석 총서들은 아직 다 완간되지 않은 상태이다. 중요한 것들로는 다음과 같은 것들이 있다:

The Anchor Bible (Doubleday, 1946-) [CD-ROM으로도 나와 있음]

Hermeneia (Fortress Press, 1971-)

The New International Commentary on the Old Testament (Wm. B. Eerdmans, 1955-). [거의 완간되어 있고, 몇몇 권들은 개정중에 있음]

The Old Testament Library (Westminster Press, 1961-)

The Word Biblical Commentary (Word Books, 1982-). [거의 완간되었고, CD-ROM으로도 나와 있음]

이 총서들 중에서 가장 전문적으로 주석을 행하고 있는 것들은

*Hermeneia*와 *The Word Biblical Commentary*이다. *WBC*와 *ABD*를 CD-ROM 판으로 검색할 수 있다면, 더할 나위 없이 좋을 것이다.

11.5. 성서사전들과 성서백과사전들

용어에 관한 설명: "성서백과사전"이라는 용어는 거의 언제나 수많은 항목들(주제들에 관한 개별 항목들)이 실린 여러 권으로 된 자료집에 적용된다. 그러나 "성서사전"이라는 용어는 수백 개의 항목들이 실린 단권의 비교적 작은 사전부터 *Anchor Bible Dictionary* 같은 온갖 성서 사전 또는 백과사전들 중에서 가장 방대한 것들에 이르기까지 모든 것을 가리키는 데 사용될 수 있다.

신학 및 주석과 관련된 포괄적인 항목들, 구약성서의 개별 주제들에 관한 구체적인 항목들, 이 둘을 모두 싣고 있는 가장 훌륭한 자료집은 *NIDOTTE*이다:

Willem A. VanGemeren (gen. ed.), *New International Dictionary of Old Testament Theology and Exegesis* (Zondervan Publishing House, 1998), 5 vols., 지금은 CD-ROM (2001)으로도 나와 있음.

가장 포괄적인 성서사전은 *ABD*이다:

David Noel Freedman (ed.), *The Anchor Bible Dictionary*, 6 vols. (Doubleday, 1992)

다음에 소개된 사전은 완전개정판으로서 많은 주제들을 다루고 있고 항목의 질(質)이 일관된 것으로 유명하여 여전히 최고의 사전에 속한다:

G. W. Bromiley (gen. ed.), *The International Standard Bible Encyclopedia*, 4 vols. (Wm. B. Eerdmans, 1979-1988)

상당히 오래되었긴 하지만, 다음의 사전도 여전히 유익하다:

George A. Buttrick (ed.), *The Interpreter's Dictionary of the Bible*, 4 vols. (Abingdon Press, 1962)

여기에 한 권의 보충판이 덧붙여졌다:

Keith Crim (ed.), *The Interpreter's Dictionary of the Bible, Supplementary Volume* (Abingdon Press, 1976)

또한 다음의 사전도 아주 훌륭한데, 특히 많은 주석상의 쟁점들에 대한 보수적인 관점만으로도 충분히 가치가 있다:

Merrill C. Tenney (gen. ed.), *The Zondervan Pictorial Encyclopedia of the Bible*, 5 vols. (Zondervan Publishing House, 1975)

단권으로 된 좋은 성서사전도 여러 권 나와 있다. *Anchor Bible Dictionary* 같은 방대한 규모의 사전들에 비하면 이러한 단권 사전들은 별 쓸모가 없을 것이라고 당신은 생각할지도 모른다. 그러나 사실은 단권으로 된 성서사전들은 바로 그 단권이라는 규모로 인해서 방대한 사전과는 다른 특별한 유익을 우리에게 준다 — 어떤 주제에 관한 많은 내용들 중에서 특히 중요한 것들을 현명하게 개관하고 축약해 놓았다는 점에서. 여러 권으로 된 사전 속에 실려 있는

항목들은 그 내용이 철저한 것이 장점이긴 하지만, 바로 그 이유 때
문에 독자들은 그 내용 중에서 무엇이 가장 중요한 사실들인지를
찾아 헤매게 될 수 있다. 작은 사전들에 실려 있는 항목들은 흔히
노련한 학자들에 의해서 관련 자료들이 명확한 초점과 요약을 통해
서 평가되어 있다는 장점을 지닌다.

　단권으로 된 사전들 중에서 대표적으로 훌륭한 것으로는 다음이
있다:

　I. Howard Marshall, et al. (eds.), *The New Bible Dictionary*, 3d ed.
(Inter-varsity Press, 1996)

*NBD*의 이전 판의 본문에 많은 지도들, 도표들, 삽화들, 그림들을
보완해서 출간된 사전도 나와 있다:

The Illustrated Bible Dictionary, 3 vols. (Tyndale House, 1980)

또한 다음의 사전도 아주 훌륭하다:

　J. D. Douglas, et al. (eds.), *The New International Bible Dictionary*
(Zondervan Publishing House, 1999)

11.6. 기타 도구들

　가장 환영할 만한 일련의 학문적 도구들은 Fortress Press에 의해서
총서로 출간되어 왔다. 이러한 것들 중 일부는 이미 본서의 다른 곳
에서 언급한 바 있다. 이 출판사의 간행물들은 본문 비평, 양식비평,

문헌비평(자료비평을 포함한), 사회학적 분석, 구조 분석, 고고학, 시가 비평 같은 전문적인 기법들을 읽기 쉽고 간결한 체제로 설명하고 있다. 이 총서의 명칭은 다음과 같다:

Guides to Biblical Scholarship: Old Testament Series (Fortress Press, 1971-)

구약학과 관련된 도화(圖畵)들을 철저한 색인과 함께 모아놓은 두 권의 중요한 모음집은 주석자에게 유익한 경우가 많다. 당신이 어떤 지역, 동전, 도량형, 동물, 비품, 그릇, 병기, 또는 그림으로 보았을 때에 "생생하게 살아날" 수 있는 어떤 장소나 대상을 언급하고 있는 본문을 분석하고 있다면, 이러한 모음집을 찾아서 그것과 관련된 그림이 나와 있는지를 확인해 보라:

James B. Pritchard (ed.), *The Ancient Near East in Pictures Relating to the Old Testament* (Princeton University Press, 1954)

이와 동일한 그림들 중 일부는 위에서 언급한 모음집에 실려 있는 그림들과 프리차드(Pritchard)의 *Ancient Near Eastern Texts Relating to the Old Testament* (4.4.1을 보라)에 나오는 본문들 중에서 선별하여 모아놓은 다음의 책에도 나와 있다:

James B. Pritchard (ed.), *The Ancient Near East: An Anthology of Texts and Pictures* (Princeton University Press, 1958)

이 책의 보충판도 나와 있다:

James B. Pritchard (ed.), *The Ancient Near East: Supplementary Texts and Pictures Relating to the Old Testament* (Princeton University Press, 1969)

두 번째로 중요한 모음집은 다음의 책이다:

Clifford M. Jones, *Old Testament Illustrations* (Cambridge University Press, 1971)

사해 사본 분야와 관련해서 가장 유익한 간행물은 여전히 다음의 책이다:

Joseph A. Fitzmyer, *The Dead Sea Scrolls: Major Publications and Tools for Study*, rev. ed. (Society of Biblical Literature and Scholars Press, 1990)

피츠마이어(Fitzmyer)는 사해 사본에 속하는 여러 본문들을 소개하고, 그 본문들 및 번역문들이 어디에서 출간되있는지를 설명함은 물론이고, 주요한 일부 문헌들의 내용을 요약해 놓기도 했다. 또한 그는 훌륭한 참고문헌과 사해 사본 속에 언급된 성경 구절들에 대한 색인을 제공해준다.

주요한 사해 사본에 대한 좋은 번역문은 다음의 책에서 찾아볼 수 있다:

Florentino Garcia Martinez and Eibert J. C. Tigchelaar, *The Dead Sea Scrolls Translated: The Qumran Texts in English*, 2 vols. (Wm. B.

Eerdmans, 1996)

Theodor H. Gaster, *The Dead Sea Scriptures: In English Translation with Introduction and Notes*, 3d ed. rev. and enl. (Doubleday, Anchor Books, 1976)

성서학에서 사용되는 용어들에 대한 정의와 관련해서는 기존에 사용되던 Soulen의 *Handbook*(본서의 서론을 보라)과 아울러, 비록 철저하지는 않지만 다음의 책이 있다:

F. B. Huey, Jr., and Bruce Corley, *A Student's Dictionary for Biblical and Theological Studies* (Zondervan Publishing House, 1983)

끝으로, 신학 연구의 일반적인 분야(교회사, 조직신학, 실천신학, 선교 등 — 성서학을 포함해서)와 관련된 이전의 서지 자료들에 대한 지침이 좀 더 광범위하게 필요하다면, 다음의 책을 보라:

John A. Bollier, *The Literature of Theology: A Guide for Students and Pastors* (Westminster Press, 1979)

11.7. 컴퓨터 성경들

대부분의 "컴퓨터 성경들"은 이전에는 오직 책의 형태로만 되어 있었던 자료들을 점차 검색 가능한 자료들로 만들어가고 있다. 이 분야는 매우 급속하게 확대되고 있는 영역으로서, 계속해서 확대되어 나갈 것임은 거의 의심의 여지가 없다. 다행히 컴퓨터를 갖고 있는 많은 사람들은 인터넷을 이용할 줄 알기 때문에, 적절한 소프트웨어 제작사들의 웹 페이지들을 찾아낼 수 있고, 아니면 적어도 그렇게 할 수 있는 사람을 알고 있다. 다음에 실린 목록은 소프트웨어 제작사의 웹 페이지들로부터 이용할 수 있는 흥미롭거나 유익하거나 독특한 소프트웨어 중에서 일부를 예로 들어본 것이다. 이것들 중 일부는 오해하기 쉬운 제목으로 되어 있고(예를 들면, Bible Works는 실제로는 서로 다른 여러 자원들을 광범위하게 모아놓은 패키지이다). 독자들은 제작사들이 제공하는 자세한 설명을 살펴보고 웹 사이트를 통해서 계속해서 추가되고 개정되는 내용들에 유의하는 것이 좋다.

Oak Tree Software (www.oaksoft.com): AcCordance and Gramcord; *The Accordance Bible Atlas; The Anchor Bible Dictionary*

Hermeneutika (www.bibleworks.com): BibleWorks

Logos Systems (www.logos.com): OT Hebrew Core Collection; NT Greek Core Collection; Scholar's Library; *Anchor Bible Dictionary; Logos Bible Atlas; The Dead Sea Scrolls Revealed; Kittel's Theological Dictionary of the New Testament*

Baker Digital Reference Library (www.bakerbooks.com): *Anchor Bible Dictionary; Word Biblical Commentary;* Koehler-Baumgartner, *Lexicon;* abridged Brown-Driver-Briggs Lexicon; *Biblical Archaeologist,* vols. 40-55; *Journal of the Evangelical Theological Society* (1969-present); *Westminster Theological Journal* (1970-present); *Biblioteca Sacra* (1934-present)

Silver Mountain Software (www.silvermt.com): Bible Windows

Zondervan (www.zondervan.com): *NIV Study Bible Complete Library; New International Dictionary of Old Testament Theology;*

*New International Dictionary of New Testament Theology; Expositor'
s Bible Commentary*

Ages Software (www. ageslibrary.com): The Master Christian Library

Parsons Technology (www.parsonstech.com): Hebrew Tutor; Greek Tutor

Abingdon (www.abingdon.com): *The Interpreter's Bible; The Interpreter's Dictionary of the Bible*

Oxford (www.oup-usa.org): *The New Oxford Bible Maps; The New Oxford Annotated Biblical Reference Library; The Oxford Companion to the Bible*

Brill (www.brill.nl): *The Hebrew and Aramaic Lexicon of the Old Testament*, vols. 1-4

Phoenix Data Systems (www.phoenixdatasystems.com): Holy Land Explorer

Nelson Electronic Publishing (www.thomasnelson.com): *Word Biblical Commentary*

Paulist Press (www.paulistpress.com): *Old Testament Parallels*

Carta (www.science.co.il): *Carta's Comprehensive Bible Atlas*

Judaica Multimedia (www. judiiica.com): *Encyclopedia Judaica*

Ellis Enterprises (www.biblelibrary.com): *The Bible Library*

Center for the Computer Analysis of Texts (www.ccat.sas.upenn. edu): Computer Assisted Tools for Septuagint Study; links to electronic resources, papyrus document resources, Christian origins resources

12. 적용

12.1. 해석학

　해석학은 한 본문의 의미를 이해하는 것과 관련된 이론이다. 실제로 주석의 거의 모든 단계에서, 당신은 암묵적이든 명시적이든 해석학적(해석상의) 원칙들을 사용한다. 하지만, 적용 단계에서는 당신이 채택하고 있는 해석 원칙들을 절대적으로 분명히 해두는 것이 대단히 중요하다. 왜냐하면, 적절한 적용은 좋은 원칙들의 합리적이고 정직한 사용에 아주 많이 달려 있기 때문이다. 달리 말하면, 당신이 해당 본문을 해석하기 위하여 사용하는 원칙들이 당신이 얼마나 정확하게 본문을 적용하게 될 것인지를 대체로 결정한다는 말이다.

　전통적으로 — 그리고 단순화시켜서 개략적으로 말하면 — 네 가지 서로 다른 의미들이 성경 본문 속에서 찾아졌다: (1) 문자적(역사적) 의미; (2) 알레고리적(신비적 또는 "영적") 의미; (3) 모형론적(특히 종말 및 영원과 관련될 때) 의미; (4) 교훈적(도덕적) 의미. 문자직 의미는 아주 협소하게(본문이 현재 의미할 수 있는 것이 아니라, 단순히 과거에 지녔던 의미로만) 이해되었기 때문에, 해석자들은 후자의 세 가지 유형의 의미를 통해서 개인적이고, 현대적이며, 실천적인 내용을 찾지 않을 수 없었다. 결국 우리는 단순히 역사적인 작업으로서가 아니라 우리 자신의 삶에 도움을 받기 위하여 성경을 읽는다. 그러나 후자의 유형의 의미들(알레고리적, 모형론적, 교훈적)은 통상적으로 본문 자체로부터 직접 도출되지 않고, 어느 정도 어떤 원칙들 — 항상 일관되게 적용되지는 않는 — 에 따라 상상력에 의해서 만들어지는 경향을 보여준다. 그러한 종류의 해석들은 흔히 매력적이고 호소력이 있어서, 그렇게 해석하지 않는 경우에 "지루할 수 있는" 본문들을 개인적이고 실천적이 되게 만들 수 있다. 그러나 이러한 해석들은 통상적으로 본문 자체의 의도를 무시하기 때문에, 옛적의 영감받은 성경 기자가 자신의 글로부터 독자들이 이해하기를 원했던 내용이 거의 통제받지 않은 신비적이고 모형론적이고 도덕적인 종류의 과도한 해석에 의해서 압도되어 버리거나 실제로는 침식당해 버리게 된다.

사실 해석자가 세심하게 지켜야 할 과제는 해당 본문이 의미하는 모든 것을 밝히되 본문이 포함하고 있지 않은 것을 본문 속에 첨가해서 읽지 않도록 하는 것이다. 우리는 본문 속에 있는 그 어느 것도 놓치기를 원치 않지만, 또한 본문 속에 있지 않은 어떤 것을 "찾아내는" 것도 원치 않는다. 따라서 제대로 된 해석학은 하나님의 성령이 독자들을 위하여 의도한 해석의 경계들 — 상한과 하한 — 에 관심을 갖는다.

해석학을 비교적 간략하고 읽기 쉽게 소개하고 있는 가장 인기 있는 책은 다음의 책이다:

Gordon D. Fee and Douglas Stuart, *How to Read the Bible for All Its Worth*, 2d ed. (Zondervan Publishing House, 1993) (「성경을 어떻게 읽을 것인가」: 성서유니온선교회)

해석학과 관련해서는 중요한 책들이 많이 씌어져 왔고, 그 중 대부분은 적어도 어느 정도는 유익한 방법론을 제공해 준다. 이론상의 쟁점들에 대한 뛰어난 개론서는 다음의 책이다:

Kevin J. Vanhoozer, *Is There a Meaning in This Text?: The Bible, the Reader, and the Morality of Literary Knowledge* (Zondervan Publishing House, 1998) (「이 텍스트에 의미가 있는가」: IVP)

다음의 책들은 특히 성경 전체의 권위와 영감을 진지하게 받아들이고 있다는 점에서라도 해석학에 관한 가장 중요한 저작들에 속한다:

Robert L. Hubbard, Jr., Craig L. Blomberg, William Klein, and Kermit L. Eckelbarger, *Introduction to Biblical Interpretation* (Word Publishing, 1993) (「성경 해석학 총론」: 생명의 말씀사)

Anthony C. Thistleton, *New Horizons in Hermeneutics* (Zondervan Publishing House, 1992)

A. Berkeley Mickelsen, *Interpreting the Bible* (Wm. B. Eerdmans, 1963) (「성경 해석학 」: 크리스챤다이제스트)

Grant R. Osborne, *The Hermeneutical Spiral: A Comprehensive Introduction to Biblical Interpretation* (Intervarsity Press, 1997)

Walter C. Kaiser, Jr., and Moises Silva, *An Introduction to Biblical Hermeneutics: The Search for Meaning* (Zondervan Publishing House, 1994)

Roger Lundin, Anthony C. Thiselton, and Clarence Walhout, *The Promise of Hermeneutics* (William B. Eerdmans, 1999)

Roy B. Zuck (ed.), *Rightly Divided: Readings in Biblical Hermeneutics* (Kregel Publications, 1996)

D. Brent Sandy and Ronald L. Giese, *Cracking Old Testament Codes* (Broadman and Holman, 1995)

또한 해석학에 관한 다음과 같은 참고 서적들도 보라:

David S. Dockery, Robert B. Sloan, and Kenneth A. Matthews, *Foundations for Biblical Interpretation: A Complete Library of Tools and Resources* (Broadman and Holman, 1999)

John H. Hayes (ed.), *Dictionary of Biblical Interpretation*, 2 vols. (Abingdon Press, 1998)

아울러, 해석학적 작업을 설교에 적용하고 있는 몇몇 최근의 저작들은 설교 작성에 특히 유익할 것이다.

회중에게 성경의 "원래" 청중과 함께 있다는 실제적인 느낌을 주는 그러한 특징들을 본문으로부터 어떻게 뽑아낼 수 있는지를 실제적으로 다룬 책들로는 다음과 같은 것들이 있다:

Wayne E. Ward, *The Word Comes Alive* (Broadman Press, 1969)

Haddon W. Robinson, *Biblical Preaching: The Development and Delivery of Expository Messages* (Baker Book House, 1980) (「성경적인 설교」: 생명의 말씀사)

George L. Klein (ed.), *Reclaiming the Prophetic Mantle: Preaching the Old Testament Faithfully* (Broadman Press, 1992)

구약성서를 설교하는 것과 관련된 많은 측면들에 관한 두 권의 통찰력 있는 책들이 Elizabeth Achtemeier에 의해서 씌어졌다:

Elizabeth Achtemeier, *Preaching from the Old Testament* (Westminster John Knox Press, 1989)

Elizabeth Achtemeier, *Preaching Hard Texts of the Old Testament* (Hendrickson, 1998)

다음의 두 권의 책도 당신에게 도움이 될 것이다. 이 두 책은 이 분야에서 표준이 되어 왔다:

James W. Cox, *A Guide to Biblical Preaching* (Abingdon Press, 1976)

James W. Cox, *Preaching* (Harper and Row, 1985) (「설교학」: 크리스챤다이제스트)

12.2. 적용에 있어서 해야 할 것들과 하지 않아야 할 것들

1. 적용을 구상할 때에 청중의 필요들과 구성을 고려하라.
2. 적용을 본문으로부터 직접적으로 그리고 논리적으로 도출해내도록 주의를 기울여라(달리 말하면, 본문의 의도를 존중하라).
3. 가능한 한 중심이 되거나 우선순위가 높은 적용에만 국한시키도록 노력하라.
4. 당신의 수석 본문이 주로 성경의 다른 곳에서 언급된 원칙을 예시하는 기능을 한다면, 이 둘 간의 진정한 관계를 나타내 보이도록 하라.

1. 적용을 불필요하게 많이 제시하지 말라(많다고 해서 반드시 좋은 것은 아니다).
2. 당신이 주석을 잘 했기 때문에 당신의 청중이 당연히 본문을 적절하게 적용할 것이라고 생각하지 말라.

3. 제시할 것이 아무것도 없어 보이는 경우에는 억지로 적용을 만들어내지 말라. 사람들을 오도(誤導)하는 것을 말하기보다는 아예 아무것도 말하지 않는 편이 더 낫다.

4. 조명(illumination)과 영감(inspiration)을 혼동하지 말라. 조명은 오직 당신이 본문으로부터 정서적으로, 실존적으로, 개인적으로 도출해낼 수 있는 것을 가리키고, 영감은 본문이 우리 전체에게 말하도록 하나님이 의도하신 것을 가리킨다. 조명을 위해서는 당신은 신학생과 목회자가 생명을 유지해가기 위하여 꼭 필요한 귀한 자원 — 주석으로 결코 대체할 수 없는 것 — 즉, 기도에 힘쓰지 않으면 안 된다.

구약성서 주석에서
자주 사용되는 용어들_

간기(刊記, colophon): 본문의 한 단위의 끝이나 시작 부분에 나오는 표제나 그 밖의 다른 요약문. (창세기에 10번; 레 26:46 등.)

개작(deuterograph): 이차적인 저작/개작. (역대기상하는 사무엘상 2장 — 열왕기하에 대한 개작을 포함하고 있다; cf. 시편 14편과 53편 등).

고문서학/고서체학(paleography): 고대의 저작/서체에 관한 연구. 예를 들면, 서체(書體)들을 통해서 어떤 문서의 연대가 추정될 수 있다.

교차대구법(chiasm; 또는 chiasmus, inverted parallelism): 단어들 또는 개념들을 첫 번째의 것과 마지막의 것을 비슷한 것으로 배치하고, 두 번째의 것과 마지막에서 두 번째의 것, 세 번째의 것은 마지막에서 세 번째의 것과 비슷한 것으로 배치하는 등의 식으로 해서 기억을 쉽게 하기 위해 사용된 패턴(예를 들면, 사 6:10; 슥 14장; 마 9:14). 교차대구법의 중앙(한복판)에 나오는 것이 그 밖의 다른 부분들보다 반드시 더 중요한 것은 아니다. 대부분의 짧은 교차대구법들은 단지 동의(同意) 병행법들을 문체상으로 변형한 것에 지나지 않는다.

답관체(acrostic): 연속되는 각 행의 첫 글자를 모으면 히브리어의 연속적인 문자가 되는 형태로 된 것(시편, 잠언, 예레미야 애가의 일부 등).

대조하다(collate): 원문을 재구성하기 위하여 특정한 본문에 관한 여러 사본들을 비교하는 것.

테오도션역(Theodotion): 주후 175년에 칠십인역을 히브리어에 가깝게 개정한 헬라어 역본; 대부분의 다니엘서 사본들에서 예전의 칠십인역을 대체하였다.

동의적(同意的, synonymous): 본질적으로 동일한 개념을 서로 병행되는 두 개의 서로 다른 표현을 통해서 전달하는 시적 병행법을 묘사하는 말.

동화(同化, assimilation): 원문의 읽기를 다른 문서의 읽기로 대체하는 것.

두 부분으로 된(bifid): 두 개의 서로 구별되는 부분으로 이루어진. (구약성서의 많은 책들은 두 부분으로 되어 있다; 이 책들의 두 부분은 각각 초기의 것과 후대의 것도 아니고, 서로 다른 저자들의 것도 아니다. 그것들은 단지 내용을 주제에 따라 조직하는 편리한 방식들일 뿐이다.)

반의적(antithetical): 하나의 단언(斷言)과 그 대비되는 내용을 한 쌍으로 하는 것을 특징으로 하는 시적 병행법(또는 평행법)을 묘사하는 말.

병행법(또는 평행법, parallelism): 시가의 행들 간의 논리적인 균형들과 상응들(예를 들면, 동의적, 반의적, 종합적 병행법).

보격(步格, meter): 시가로 된 본문 속에 나타나는 강세들 또는 전체 음절들의 패턴. 모든 음악적인 시가는 보격을 지니고 있다.

불가타역(Vulgate): 성 제롬이 구약성서를 라틴어로 자유롭게 번역한 역본으로서 주후 405년에 완결되었다(이전의 흔히 더 나은 고(古) 라틴어역을 대체하였다).

상한 시점(上限 時期, terminus a quo): 어떤 자료의 연대로 상정할 수 있는 가장 이른 시점.

소송 양식(Rib form): 통상적으로 재판을 받고 유죄로 선고받게 하기 위하여 어떤 나라가 법정으로 소환되는 것으로 상정하는 문학 양식.

수미쌍관법(inclusio): 어떤 단락의 처음과 끝이 비슷한 내용으로 되어 있어서 그 중간에 있는 내용을 샌드위치처럼 감싸게 하는 문학적 장치.

심마쿠스역(Symmachus): 주후 175년경에 독자적이고 자유로운 문체로 구약성서를 헬라어로 번역한 역본으로서 불가타에 영향을 주었다.

아나콜루돈(anacolouthon): 어떤 사고의 첫 부분이 기대된 대로 완결되지 못해서 문법적으로 그릇된 결론에 이른 것.

아람어식 표현(Aramaism): 히브리어 가운데서 아람어에서 기원했기 때문에 후대의 것으로 추정되는 단어 또는 관용어구. (여기에 속한 거의 모든 것들이 셈어에서 유래한 것으로 후대의 것이 아닌 것으로 입증되었기 때문에, 이러한 외래어를 포함한 구약성서의 몇몇 책들의 연대를 후대로 설정하는 데에 이 증거를 사용하는 것은 옳지 않다.)

아퀼라역(Aquila): 주후 140년경에 히브리어 성경을 헬라어로 직역한 역본; 헥사플라(Hexapla)에 포함되어 있고, 칠십인역의 여러 부분들을 수정해 놓았다.

여백(lacuna): 필사본에서의 물리적인 공백.

이독(異讀, variant): 다른 읽기(따라서 그 읽기가 원문을 반영하고 있는지를 결정하기 위하여 본문 비평을 필요로 한다).

이본 합성(異本 合成, conflation): 두 개의 이독(異讀)들을 결합해서 그 두 개 중 어느 것과도 동일하지 않은 읽기를 만들어내는 것.

이사일어(二事一語 또는 접속사 특별 삽입법, hendiadys): 두 개 이상의 단어 또는 표현을 "와(and)"로 연결시켜서 단일한 개념을 표현하는 것(예를 들면, lord and master; arise and go). (이것을 정확히 번역하려면, 당신은 흔히 단어들 중 하나를 제거하거나 종속시켜야 한다; 앞의 예에서 첫 번째 예는 master를 제거하고, 두 번째 예는 get going으로 해서 arise를 종속시킨다.)

이중본(二重本, doublet): 구전 전승에서 반복적으로 이야기됨으로써 생겨난 병행되는 이야기(예를 들면, 창 12; 20; 26장).

원본(autograph): 성경의 한 책 또는 부분의 최초로 씌어진 원래의
필사본.

접속사 생략법(asyndeton): 접속사가 없거나 어구를 연결해주는 그
밖의 다른 단어들이 생략되어 있는 것. (여호와는 나의 목자시다;
내가 부족함이 없으리로다.) 독자들은 이 두 어구에 표현된 개념들
간의 관계를 추정해내어야 한다.

정형구(formula): 특정한 맥락 속에서 흔히 사용되는 한 묶음의 단
어들("여호와께서 이렇게 말씀하시니라"는 사자[使者] 정형구이다.)

제유법(提喻法) 또는 **대유법**(synecdoche): 전체를 사용하여 부분을
나타내거나 부분을 사용하여 전체를 사용하는 것("Nice threads!" —
멋진 옷이네!; "Got wheels?" — 차 샀어?; "turning the world upside
down" — 세상을 뒤집어엎다).

종합적(synthetic): 첫 번째 어구를 통해서 완전한 단언이 절반을 표
현하고 두 번째 어구를 통해서 나머지 절반을 완성하는 시적 병행
법을 묘사하는 말.

중복오사(重複誤寫, dittography): 실수로 어떤 내용을 두 번 반복해
서 필사한 오류.

중역(重譯, daughter translation): 번역문을 다시 다른 언어로 번역하
는 것. 통상적으로 칠십인역을 다른 언어로 번역한 것을 가리킨다.

중자 탈락(重子 脫落, haplography): 필사를 하는 동안에 어떤 것이 탈락되는 것(필사자의 실수로 탈락된 문자, 단어, 문장 등).

칠십인역(Septuagint): 주전 200년과 100년 사이에 원래 히브리어 구약성서로부터 번역된 헬라어 번역본인데 수정된 대목들이 많다.

케티브와 케레(Kethib and Qere): 케티브 = 마소라 학자들이 자음들을 쓰면서 본문에 그대로 포함시킨 열등한 읽기. 케레 = 마소라 학자들이 모음을 사용하여서 케티브의 자음들에 부가한 더 나은 읽기.

코덱스(codex): 두루마리 형태가 아니라 책(여러 면들을 묶은) 형태로 된 고대의 필사본.

키나 보격(애가 운율, Qinah meter): 애가에서 사용되었다고 생각된 세 강세 + 두 강세로 된 패턴(예레미야 애가에서의 보격에 대한 오해).

탈굼(Targum): 구약성서를 아람어로 번역한 역본. 주후 2-5세기에 여러 시기에 걸쳐서 여러 부분들이 번역되었다.

탈무드(Talmud): 유대 랍비들의 가르침을 모아놓은 방대한 저작: 주후 3-5세기, 미쉬나(Mishnah — 전승들)와 게마라(Gemara — 미쉬나에 관한 주석들).

테오도션역(Theodotion): 주후 175년에 칠십인역을 히브리어에 가깝게 개정한 헬라어 역본; 대부분의 다니엘서 사본들에서 예전의 칠십인역을 대체하였다.

파로노마시아(paronomasia): 단어들 또는 단어 어근들을 기반으로 한 말장난 또는 유희(귀를 즐겁게 하고 기억하기 좋게 하는 역할을 함).

페쉬타(Peshitta): 구약성서를 시리아어로 번역한 것들 중에서 가장 흔한 시리아 역본.

프로스탁시스(prostaxis): 어떤 언어에서 모든 절들을 동일한 방식으로 시작하는 경향. 히브리어에서는 프로스탁시스를 위해서 we("그리고")를 사용한다.

하팍스레고메논(hapaxlegomenon): 구약성서에 오직 한 번 나오는 단어 또는 용어(이러한 단어는 흔히 그 정의를 꼭 집어서 내리기가 어렵다).

하한 시점(terminus ad quem): 어떤 자료의 연대로 상정할 수 있는 가장 늦은 시점.

행(colon): 시가에 있어서 단위가 되는 한 행. (통상적으로 행은 "이행구[couplet] 또는 삼행구[triplet]의 한 행을 의미하지만, 언제나 그런 것은 아니다.)

헥사플라(Hexapla): (1) 히브리어, (2) 헬라어로 음역된 히브리어, (3) 아퀼라역, (4) 심마쿠스역, (5) 칠십인역, (6) 테오도션역이 실려 있는 여섯 개의 난(欄)으로 이루어진 구약성서로서 오리게네스

(Origen)가 편찬함. (그가 만들어낸 칠십인역은 심하게 합성된 것으로서, 그는 원래의 칠십인역에 첨가한 것을 나타내기 위해서 별표를 사용하였고, 칠십인역으로부터 삭제한 것을 나타내기 위해서는 단검표를 사용하였다.)

호모이오아르크톤 (유사 접두어 사용법, homoioarchton): 두 단어의 첫 문자가 비슷한 것(따라서 필사자는 실수로 그 중 첫 번째로 나오는 단어에서 첫 문자가 비슷한 다음 단어로 건너뛰게 되어 그 중간에 나오는 내용이 사라지기 쉽다).

호모이오텔류톤(유사 접미어 사용법, homoioteleuton): 두 단어의 끝 문자가 비슷한 것(따라서 필사자는 호모이오아르크톤의 경우와 마찬가지의 실수를 저지르기 쉽다).

환유법(metonymy): 단어를 치환하는 것(예를 들면, 전기를 "쥬스"라고 하고, 마태복음에서 하나님을 "하늘"이라고 하는 것; 요한계시록 13:3에서 가이사를 "관"이라고 한 것).

흔한 해석학적 오류들_

개인화(Personalizing 또는 individualizing): 성경의 어느 부분 또는 모든 부분이 당신이나 당신의 집단에만 적용되고 다른 사람들에게는 적용되지 않는다고 생각하는 것. ("발람의 나귀가 내게 말하는 것은 내가 너무 많이 말한다는 것이다.")

권위로부터의 논증(Argument from authority): "전문가들"의 견해들 또는 그러한 견해들을 우선시하는 것이 옳다고 생각하는 것. ("스미스는 일생을 룻기 연구에 매달렸으니 믿을 만 할 거야.") ("이 견해를 따르는 학자들이 거의 없는 것으로 보아서, 이 견해는 믿을 만하지 못한 것 같다.")

그릇된 결합(False combination): 두 개의 진술 또는 본문을 결합해서 혼합된 결론을 만들어내는 것. ("마태복음 25장에서 예수는 지옥을 바깥 어두움이라고도 하고 불이라고도 한다. 따라서 지옥 불은 빛을 전혀 내지 않는 특별한 신적인 불임에 틀림없다. 당신은 그 불을 느낄 수는 있으나 볼 수는 없다.")

그릇된 전제(False presupposition): 어떤 논증 또는 결론의 모든 것 또는 일부를 잘못된 전제들을 토대로 제시하는 것. ("히브리인들은 사고를 구체적으로 하였고, 헬라인들은 추상적으로 하였다. 이것이

바로 구약성서에는 제의[祭儀]들이 많이 나오고, 신약성서에는 상징
들이 많이 나오는 이유이다.")

도덕화(Moralizing): 성경의 모든 본문들 속에서 삶을 위한 원칙들
을 도출해낼 수 있다고 생각하는 것. ("우리는 탕자의 아버지가 그
의 방탕한 자녀를 어떻게 다루었는지를 주목함으로써 부모됨에 관
하여 많은 것을 배울 수 있다.") ("애굽인들은 동요하였기 때문에
홍해에 빠져 죽었다. 당신이 동요한다면, 인생에서 성공하기를 기대
할 수 없다.")

등치 오류(Equivocation): 한 용어 또는 개념을 다른 용어나 개념과
혼동하여 그 의미를 오해하는 것. ("살전 5장은 '악은 모든 모양이
라도 버리라'고 말씀하고 있기 때문에, 우리는 창녀에게 길을 물어
보아서도 안 된다.")

모범화(Exemplarizing): 성경 속에 나오는 어떤 인물이 어떤 일을
하였기 때문에 그것은 우리가 따라야 할 모범이라고 생각하는 것.
("설교 속에서 이야기들을 어떻게 해야 할지를 배우려면, 예수께서
이야기를 어떤 식으로 하셨는지를 살펴보라.") ("예수께서 제자들
을 어떻게 부르셨는지를 살펴보고, 그것을 우리의 전도를 위한 모
델로 삼으라.") ("이스라엘 사람들이 애굽에서 종살이 하면서 오랜
세월을 견디었던 것으로부터 우리는 역경에 관하여 무엇을 배울 수
있는가?")

모형화(Typologizing): 성경에 실제로 등장하는 인물들 또는 사물들
은 다른 진정한 — 그리고 더 중요한 — 인물들 또는 사물들을 예표
하기 위하여 언급된 것이라고 생각하는 것. ("여호수아는 예수와 동

일한 이름을 지니고 있다; 정복자로서의 여호수아는 참된 정복자이신 예수에 대한 예표이다.") ("에스라는 멀리서부터 그의 백성에게로 왔고, 나귀를 타고 예루살렘에 입성했고, 위기들 앞에서 기도했으며, 많은 사람들에게 새로운 율법을 가르쳤고, 민족을 정결케 하였다. 이러한 에스라의 삶은 직접적으로 구주에 대한 예표가 된다.")

보편화(Universalizing 또는 generalizing): 성경 속에서 독특하거나 흔치 않은 내용이 모든 사람에게 동일하게 적용된다고 생각하는 것. ("우리 모두는 우리의 겟세마네들을 갖고 있다.")

비유 혼동(Figure of speech confusion): 인간의 언어 속에 있는 수많은 문자 그대로의 의미가 아닌 표현들, 특히 은유들을 이해하지 못하는 것. ("가나안 사람들은 방대한 규모로 낙농업과 양봉업을 영위하였기 때문에 가나안 땅은 젖과 꿀이 흐르는 땅으로 불렸을 것이다.")

알레고리화(Allegorizing): 어떤 본문의 여러 구성요소들은 오직 기독교 진리들의 상징으로만 의미를 지닌다고 생각하는 것. ("'사랑하는 자'는 그리스도이고, '사랑받는 자'는 교회이며, '예루살렘의 딸들'은 성경이다.")

어근 오류(The Root Fallacy): 어떤 단어가 사용된 경우에 언제나 그 단어의 원래의 의미가 그 용법 속에 수반된다고 생각하는 것. ("거룩하다는 것은 구별되었다는 것을 의미한다.") [cf. terrible / terrific / terrifying]

영해(靈解, Spiritualizing): 사건들 또는 요소들이 실제로 그것들이 말하고 있는 것을 넘어서서 어떤 종교적 진리를 담고 있다고 생각하는 것. ("예루살렘 성전의 아름다운 구조는 우리로 하여금 우리 자신의 삶을 질서있게 살아가라고 권면하고 있다.")

이스라엘-교회 혼동(Israel-Church confusion): 성경의 이스라엘에게 적용되는 것들은 교회에도 그대로 적용된다고 생각하는 것. ("우리는 불순종한 자녀들을 돌로 쳐 죽이는 것에 관한 이 율법을 통해서 말썽부리는 자녀들을 어떻게 훈육하여야 하는지를 배울 수 있다.")

이스라엘-현대적 국가 혼동(Israel-modern nation confusion): 성경의 이스라엘에게 적용되는 것들은 현대적인 국가들에도 적용된다고 생각하는 것. ("대하 7:14에 의하면, 우리가 기도하고 회개한다면, 하나님은 미국을 고치실 것이다.")

이스라엘-현대적 이스라엘 혼동(Israel-modern Israel confusion): 오늘날 근동에 자리잡고 있는 이스라엘이라는 세속 국가가 성경에 언급된 이스라엘이라고 생각하는 것. ("사우디아라비아는 하나님의 택하신 백성의 원수인데, 어떻게 우리가 사우디아라비아를 지지할 수 있겠는가?")

장르 혼동(Genre confusion): 어느 한 장르를 위한 해석학적 원칙들이 다른 장르에도 적용된다고 생각하는 것. ("포도원 일꾼들에 관한 예수의 비유는 고된 노동의 가치에 관한 일곱 가지 유익한 관점을 담고 있다.") ("시편 23편은 우리에게 우리의 권세 아래에 있는 자들을 어떻게 돌보아야 하는지를 가르친다.") ("신명기 33장에 의하

면, 우리가 하나님을 의지한다면, 우리는 결코 부족함이 없을 것이
다.”) (“그러나 잠언은 우리가 하나님을 높인다면, 우리는 모든 사람
으로부터 사랑받을 것이라고 약속한다.”)

총체적 이입(Totality transfer): 한 단어 또는 어구가 사용될 때마다
그 단어 또는 어구의 모든 의미들이 거기에 적용된다고 생각하는
것. (“물론, 머리[kephale]는 강의 근원에 대한 크세노폰의 언급에서
와 마찬가지로 여기서도 ‘근원’을 의미한다.”)

침묵으로부터의 논증(Argument from silence): 성경에서 어떤 문제
가 언급될 때마다 그 문제와 관련 있는 모든 것이 언급되고 있다고
생각하는 것. (“바울은 그의 서신들 중 그 어디에서도 혼전 성관계
를 명시적으로 정죄하고 있지 않다는 것을 주목하라.”)

구약 주석 방법론

1판 1쇄 발행 2011년 9월 15일
1판 중쇄 발행 2025년 4월 1일

지은이 더글라스 스튜어트
옮긴이 박문재
발행인 박명곤 **CEO** 박지성 **CFO** 김영은
기획편집1팀 채대광, 이정미, 백환희, 이상지
기획편집2팀 박일귀, 이은빈, 강민형, 박고은
기획편집3팀 이승미, 김윤아, 이지은
디자인팀 구경표, 유채민, 윤신혜, 임지선
마케팅팀 임우열, 김은지, 전상미, 이호, 최고은

펴낸곳 (주)현대지성
출판등록 제406-2014-000124호
전화 070-7791-2136 **팩스** 0303-3444-2136
주소 서울시 강서구 마곡중앙6로 40, 장흥빌딩 10층
홈페이지 www.hdjisung.com **이메일** support@hdjisung.com
제작처 영신사